OLE REISSMANN / CHRISTIAN STÖCKER / KONRAD LISCHKA

We are Anonymous

W0012695

GOLDMANN
Lesen erleben

Sie nennen sich Anonymous. Sie haben keine Anführer. Sie kennen keine Gesetze. Sie unterstützen WikiLeaks und den arabischen Frühling. Sie kämpfen gegen Zensur und für Informationsfreiheit. Sie hacken und demonstrieren.

Das Internet ist ihre Heimat, doch der Protest ist längst auf der Straße angekommen. Mit grinsenden Masken stehen sie vor Scientology-Büros, und die Demonstranten der »Occupy«-Bewegung zelten an der Wall Street und in Frankfurts Bankenviertel.

Wer sind diese Namenlosen? Wie arbeiten sie? Was sind ihre Ziele? Dieses Buch gewährt den ersten Blick ins Innere einer neuen Bewegung zwischen Rebellion, Revolution, Hackerkultur – und Katzenbildchen.

Ole Reißmann, geb. 1983, arbeitete für die Schweizer Blogwerk AG, volontierte bei SPIEGEL ONLINE und ist dort seit Februar 2011 Redakteur im Ressort Netzwelt.

Dr. Christian Stöcker, geb. 1973, arbeitet seit 2004 bei SPIEGEL ONLINE, 2010 erhielt er den Preis für Wissenschaftspublizistik der deutschen Gesellschaft für Psychologie, seit Februar 2011 leitet er das Ressort Netzwelt.

Konrad Lischka, geb. 1979, arbeitet seit April 2007 bei SPIEGEL ONLINE im Ressort Netzwelt, seit April 2011 ist er stellvertretender Ressortleiter Netzwelt.

Ole Reißmann · Christian Stöcker
Konrad Lischka

We are Anonymous

Die Maske des Protests
Wer sie sind, was sie antreibt,
was sie wollen

GOLDMANN

Originalausgabe

Verlagsgruppe Random House FSC-DEU-0100
Das FSC®-zertifizierte Papier *Holmen Book Cream* für dieses Buch
liefert Holmen Paper, Hallstavik, Schweden.

1. Auflage
Copyright © 2012
by Ole Reißmann, Christian Stöcker und Konrad Lischka
Copyright © 2012 by Wilhelm Goldmann Verlag, München,
in der Verlagsgruppe Random House GmbH
In Kooperation mit SPIEGEL ONLINE, Hamburg, 2012
Umschlaggestaltung: UNO Werbeagentur, München
JS · Herstellung: Str.
Druck und Einband: GGP Media GmbH, Pößneck
Printed in Germany
ISBN: 978-3-442-10240-2

www.goldmann-verlag.de

Inhalt

Einleitung

>»Wir sind Anonymous. Wir sind Legion. Wir vergeben nicht. Wir vergessen nicht. Rechnet mit uns!«

Sie hacken die Rechnersysteme von Großkonzernen, blockieren Websites, kämpfen für die Freiheit des Internets, protestieren vor Büros der Scientology-Sekte. Nebenbei machen sie ordinäre Späße und brillante Witze, mit denen sie die Internet-Kultur prägen. Namenlose aus dem Netz, versteckt hinter dem Schleier der Anonymität, eine Armee aus dem Untergrund. Wer ins Visier des Web-Kollektivs Anonymous gerät, kann es mit dem Zorn von Tausenden zu tun bekommen. Im besten Fall schicken sie komplett schwarze Faxe, Lieferwagen voller Pizza oder legen Websites mit massenhaften Abfragen lahm. Dann ist Anonymous eine Horde rücksichtsloser Trolle, die sich in Vandalismus ergeht.

Sie können aber auch anders. In Mexiko verschafften Anonymous-Anhänger sich Zehntausende E-Mails von Beamten, Politikern und Behördenmitarbeitern in der Absicht, Korruption und Kooperation mit den Drogenkartellen aufzudecken. Aktivisten der Untergrundarmee griffen auch die Server von Polizeibehörden in den Vereinigten Staaten an und veröffentlichten Namen, Anschriften und andere Informationen über Ordnungshüter. In Deutschland ersetzten sie die Website der GEMA durch eine höhnische Botschaft, und auch in Österreich publizierten Anonymous-Anhänger E-Mails von Polizisten. In den Fokus der angriffslustigen Netzbewohner kann nahezu jeder geraten. Ein Mob selbsternannter Anonymous-Rächer machte es sich zur Aufgabe, einen Tierquäler in Litauen zu outen, der einen Hund von einer Brücke geworfen hatte. Ausgehend von einem Clip auf YouTube machten sich die Namenlosen gemeinsam auf die Suche, identifizierten den vermeintlichen Täter, hetzten ihm Polizei und Tierschutz auf den Hals, kontaktierten seine Facebook-Freunde und betrieben Telefonterror. Doch sie hatten den Falschen erwischt. Wer heute im Netz nach dem Namen des Unschuldigen sucht, findet weiterhin einen angeblichen Hundemörder.[1]

Sie sind nicht nur im Internet. Die weiße Grinsemaske, das Erkennungszeichen von Anonymous, ist inzwischen bei Demonstrationen weltweit zu sehen – ob es nun gegen die Finanzindustrie in Europa und den USA geht, gegen die hohe Jugendarbeitslosigkeit in Spanien, ob gegen die Atomenergie demonstriert wird oder für Datenschutz und Bürgerrechte. Regelmäßig stehen die Maskenträger (oft in schwarzem Anzug und weißem Hemd) vor den Büros von Scientology und protestieren gegen die Praktiken der Psychosekte. Was vor mehr als fünf Jahren im Internet begann, hat längst den Weg auf die Straße gefunden. Anonymous ist jetzt überall. In Mexiko, in der Türkei und in Kalifornien, in Australien und in Österreich.

Manchmal verfolgt Anonymous ein übergeordnetes Ziel, eine schlichte Vorstellung von Gerechtigkeit. Immer geht es um die Freiheit des Internets, ohne Kontrolle, Schranken, Regeln. Unternehmen und Behörden, die das Netz zivilisieren wollen, fordern in den Augen der Aktivisten Angriffe heraus. Die selbsterklärten Anhänger von Anonymous betrachten es als ihre Pflicht, ihr Netz gegen Eindringlinge zu verteidigen. Doch Anonymous ist nicht nur eine Art Web-Guerilla, sondern gleichzeitig eine Subkultur, in der vor allem Späße und Streiche, die sogenannten *lulz* zählen. »Lulz« kommt von »Laughing out loud« (lautes Lachen) beziehungsweise von der gängigen Internet-Abkürzung dafür: lol. Viele Aktionen haben kein übergeordnetes Ziel, Hauptsache, es gibt etwas zu lachen. Das macht Anonymous unberechenbar – und unheimlich.

1 Die Namenlosen, Alard von Kittlitz, F.A.Z., 17.4.2010, http://www.faz.net/-gsb-yrva

Mal setzen sich die Aktivisten für die Netzfreiheit ein und enttarnen fragwürdige Aufträge von Behörden an Sicherheitsfirmen, was ihnen den Respekt vieler Netznutzer und die Sympathie der Presse einbringt. Lange bevor die Medien in Europa und den USA von den Aufständischen in Tunesien und Ägypten berichteten, waren Anonymous-Aktivisten bereits engagiert – mit Website-Blockaden, Hacker-Angriffen und Propaganda. Mal sind sie die Helden des digitalen Zeitalters, die Jedi-Ritter des Internets, sozialkritische Aktivisten. Im nächsten Moment aber fallen sie über ein zufällig ausgewähltes Opfer her, einen armen Tor, und lachen über ihre anarchischen Späße.

»Wir sind Anonymous. Wir sind Legion.« So beginnt ihre Beschwörungsformel, eine Allmachtsphantasie mit biblischer Anspielung. »Legion ist mein Name, denn wir sind viele«, sagt im Markus-Evangelium ein von Dämonen Besessener. Jesus Christus treibt die »unreinen Geister« aus und schickt sie in eine Herde von Schweinen, die sich anschließend in einem See selbst ertränken. Anonymous als die unreinen, unsteten Geister des Internets – das trifft es ganz gut, obwohl das Bibelzitat vermutlich eher wegen seiner sprachlichen Wucht als aufgrund theologischer Erwägungen gewählt wurde. Auch die Wahl ihrer Verkleidung sagt viel über die Richter und Henker des Webs aus: Die Grinsemaske stammt aus dem Comic »V wie Vendetta«, in dem ein kostümierter Freiheitskämpfer gegen einen Big-Brother-Staat bombt, agitiert und dabei selbst zum Monster wird. Die Wachoswki-Brüder, die auch die »Matrix«-Trilogie schufen, schrieben das Drehbuch zur Hollywood-Adaption. Erinnern soll die Maske wiederum an Guy Fawkes, einen katholischen Terroristen, der im Jahre 1605 das britische Parlament in die Luft sprengen wollte und in Großbritannien bis heute verabscheut, von manchen aber auch gefeiert wird. Anonymous ist auch ein Spiel mit Zeichen und Symbolen – immer mehrdeutig, verwirrend, ein bisschen gruselig.

Wer denkt sich so etwas aus? Die an Kitsch grenzende Sprache, die aufgeladenen Symbole? Wer steckt hinter Anonymous? Journalisten schreiben aufgeregt von »Super-Hackern«, wenn wieder einmal eine Aktion angekündigt wird. Dabei kennen sich viele Anhänger allenfalls gut mit dem Computer aus, das Knacken von Firewalls und Servern beherrschen wohl nur einige wenige. Viele gehen normalen Berufen nach, arbeiten als Lehrer oder sind bei Unternehmen angestellt. Studenten sind darunter, Arbeitslose, Teenager. So unterschiedlich wie die Aktionen der Web-Guerilla sind auch ihre Anhänger. Einige Anhänger haben ihre Anonymität inzwischen verloren: Ermittler kamen ihnen auf die Schliche, in mehreren Ländern sind Menschen im Gefängnis gelandet, weil sie bei Angriffen im Netz ihre digitalen Spuren nicht gut genug verwischt hatten.

Anonymous ist keine Gruppe, bei der man Mitglied werden kann, sondern eine – manchmal ziemlich vage – Idee, der man sich zugehörig fühlt. In Foren und Chats nehmen die Anhänger Kontakt zu Gleichgesinnten auf und schließen sich spontan einer Operation an. Oder sie rufen gleich selbst eine Aktion aus. Anonymous-Anhänger wehren sich vehement gegen die Bezeichnungen »Gruppe« und »Mitglied«. Vergleichen lässt sich das am ehesten mit der Umweltbewegung oder den Atomkraftgegnern: Auch hierbei handelt es sich eher um Sammelbewegungen, niemand ist Mitglied bei den Atomkraftgegnern. Stattdessen gibt es diverse mehr oder weniger lose Gruppen und Bündnisse mit einem gemeinsamen Nenner. Das Spektrum, der Hintergrund der Anti-Atom-Demonstranten, könnte vielfältiger kaum sein. Es gibt aktionsorientierte Jugendliche, die aus dem gesamten Bundesgebiet nach Gorleben reisen, um dort die Bahnstrecke zu sabotieren, auf der Atommüll transportiert werden soll. Es gibt pazifistische Bürgerbewegungen, radikale Bauern, die Kirche, atomkraftkritische Ärzte – und so weiter. Anonymous ist in diesem Punkt ähnlich – in vielen anderen aber ganz anders.

Wer bei Anonymous mitmacht, gibt seine Identität vorübergehend ab. Im Internet nutzen die Aktivisten Pseudonyme, ausgedachte Namen. Entscheidungen werden gemeinsam getroffen, in mehr oder weniger versteckten Chaträumen. Manifeste und Pamphlete, von denen es zahllose gibt, werden oft gemeinsam verfasst, dann arbeiten mehrere Dutzend Anonymous-Anhänger gleichzeitig an solchen Dokumenten, natürlich über das Internet, ohne dass sie einander vorher schon einmal begegnet sein müssten. Wer sich als Anführer aufspielt, wird ermahnt und bei notorischer Geltungssucht selbst zur Zielscheibe. Mit etwas Pech auch außerhalb des Internets. Mit mehr Glück sucht sich die Person einfach ein neues Pseudonym und macht weiter. Für diese Form der losen Verabredung und gemeinsamer Werte verwenden die Anonymous-Aktivisten den Begriff »Kollektiv«.

Was ist Anonymous nun? Ein Kollektiv der Namenlosen, das Label einer Idee, ein wildgewordener Mob selbstherrlicher Internet-Rowdys, eine Kultur? Was hält Anonymous zusammen, unter welchen Voraussetzungen schwingen sich die Anhänger zu einer gemeinsamen Operation auf? Was wollen die Namenlosen? Antworten auf diese Fragen gibt dieses Buch. Es beschreibt eine geheimnisvolle Subkultur, ihre Codes und Praktiken. Es zeigt, wie Anonymous eine neue Protestkultur entwickeln konnte, die ohne das Internet so nicht möglich wäre. Es skizziert ein Kollektiv, das sich ständig streitet, dazulernt, sich zurückbesinnt – und gegenüber abweichenden Meinungen aggressiv reagieren kann.

Dazu haben wir uns auf die Suche nach Anonymous gemacht. Wir haben Namenlose in Chats getroffen und uns mit ihnen in Kneipen verabredet, haben Nächte in ihren Webforen verbracht, Videos des Kollektivs angesehen und Manifeste gelesen. Wir haben die Reaktionen der Öffentlichkeit beobachtet, die der Gegner von Anonymous und die von Behörden. Wir haben zugehört, Fragen gestellt und uns zwischenzeitlich auch mal verwirren lassen.

Weil sich jeder Anonymous nennen kann, ist das Kollektiv voller Widersprüche. Die Web-Aktivisten neigen zur schamlosen Übertreibung ebenso wie zum Understatement. Zunächst stellte sich Anonymous uns als durchgedrehtes, launisches Kleinkind dar, dann als chaotischer Haufen großmäuliger Besserwisser. Erst allmählich entstand das Bild einer der aufregendsten Entwicklungen des Internets der Gegenwart, jenseits von Auktionsplattform, Buchversand und Videochat. Anonymous ist eine internationale Bewegung, wie es sie noch nie gegeben hat.

Muss man Anonymous ernst nehmen? Immer wieder kündigen Unbekannte Aktionen mit viel Pomp an – die Vernichtung von Facebook, einen Volksaufstand in den USA –, von denen Wochen später niemand mehr redet. Manche Appelle versanden, bevor sie an Fahrt aufnehmen, weil jeder im Namen von Anonymous einen Angriff ausrufen kann. Das lockt Trittbrettfahrer an. Der Anonymous-Schwarm hat jedoch ein gutes Gespür dafür, welche Aktionen sich lohnen können, welche durchführbar sind.

Als wir dieses Buch geschrieben haben, im Dezember 2011, befanden sich weite Teile des Kollektivs in einer Art Wartezustand. Die Anonymous-Masken waren Teil der weltweiten Proteste gegen die Finanzbranche geworden, Demonstranten zelteten in vielen Städten in der Kälte, wenn die Lager nicht von der Polizei aufgelöst wurden oder es die frierenden Aktivisten ins Warme zog. Die einzigartige, zwischen Wut und wildem Spaß oszillierende Protestkultur der Maskenträger richtete sich nun auch gegen Bankmanager und gegen Polizisten, die allzu bereitwillig zum Pfefferspray greifen. Unterdessen gingen Teile der Anonymous-Armee im Netz weiter ihren üblichen Spielchen und Streichen nach, trieben Schabernack, griffen arglose Webnutzer an, auf der Suche nach *lulz*.

Doch fangen wir von vorne an. Im Jahr 2005, in einem obskuren Internet-Forum, in dem Homer und Bart Simpson miteinander Sex haben – der ersten Station unserer Recherche im Niemandsland.

1. Ursuppe 4chan.
Anonymous lernt sich kennen

»Über /b/ spricht man nicht.«[2]

Es gibt wohl keinen anderen Ort im Internet, an dem Genialität und Grauen so nah beieinanderliegen. Jeder kann sehr leicht an diesen Ort gelangen, doch noch immer verirren sich vergleichsweise wenige dorthin. Zum Glück, könnte man sagen. Man möchte seinen Eltern beispielsweise nicht dazu raten, die Adresse 4chan.org/b/ mit dem Webbrowser anzusteuern. Es würde sie verstören, ratlos und angewidert zurücklassen, was dort ständig auftaucht und schnell auch wieder verschwindet. Eine Momentaufnahme aus 4chan: das Ultraschallbild eines Babys, eine Meerjungfrau mit blauer Haut und Elfenohren, jede Menge Pornobilder – viele von Amateuren, manche mit gestellten Vergewaltigungen, nicht wenige mit halbtoten Oktopussen. Das Foto eines Fleischwolfs, dazu der Text »This is a Fleischwolf. It wolfes Fleisch.« Anime-Bildchen von Mädchen in Schuluniform, krakelige Zeichnungen mit kryptischen Texten. Das Angebot, jemanden ausfragen zu können, dessen Genitalwarzen gerade vereist wurden. So sieht ein ganz normaler Tag auf /b/ aus, einem von rund 50 Unterforen des millionenfach abgerufenen *bulletin boards* 4chan. Nutzer können dort Texte oder Bilder einstellen, ganz ohne Anmeldung, standardmäßig anonym, statt eines Namens wird als Autor eines jeden Beitrags »Anonymous« auf-

---

2 Die erste und zweite inoffizielle Regel des Internets: Niemand darf über das Unterforum /b/ auf 4chan.org sprechen. Eigentlich.

geführt. Andere Nutzer kommentieren die Beiträge oder tragen eigene Bilder bei.

4chan ist die Quelle von Anonymous, einer heute internationalen Bewegung, die Regierungen herausfordert, von Ermittlungsbehörden gejagt wird, die sich mit Drogenkartellen anlegt und Großkonzerne das Fürchten lehrt. Das alles begann im täglichen, anarchischen und manchmal auch sehr lustigen Chaos von 4chan.

Ja, lustig kann 4chan auch sein. Da wären zum Beispiel die *Lolcat*s – niedliche Katzenfotos mit absurden Sprüchen und möglichst vielen Grammatikfehlern. »I Can Has Cheezburger?« ist das bekannteste. Das Bild zeigt eine niedliche, etwas pummelige graue Katze, die arglos in die Kamera zu lächeln scheint, kombiniert mit diesem Satz in schiefem Englisch, auf das Bild gesetzt in kräftigen weißen Großbuchstaben. Die ersten solcher Katzenfotos tauchten 2005 auf 4chan auf. Vornehmlich samstags wurden Beiträge mit harmlosen Tierfotos zwischen all den Anstößigkeiten veröffentlicht. Der *Caturday* war geboren – Katzen am Samstag. Zwei Jahre später waren die Katzenfotos mit den Sprüchen praktisch überall im Web. Immer neu kombiniert, mit aktuellen Anspielungen auf andere Internet-Trends. Die Lolcats sind zum globalen Phänomen geworden, ein paar Jahre nach der Cheeseburger-Katze lachte das russischsprachige Web über eigene Katzenwitze: Neben einem andächtig starrenden weißen Kätzchen steht in kyrillischer Schrift: »Ich habe Putin gesehen!«

Für diese Art der Kulturverbreitung über Weitergabe und Remixe hat sich der Begriff Mem etabliert. Die Bezeichnung hat der Biologe Richard Dawkins einst erfunden, um seine These von den »egoistischen Genen«, die sich durch die Menschheitsgeschichte hindurch fortpflanzen möchten, auf Ideen auszuweiten. Ein Mem ist Dawkins zufolge ein Gedanke, ein Konzept, eine Theorie, die sich von Kopf zu Kopf verbreitet. Je haftender, je widerstandsfähiger und je fortpflanzungsfähiger sie ist, desto größer ist ihre

Überlebenschance. Der Katholizismus ist demnach ein Mem – ein besonders mächtiges –, aber auch der Gedanke, dass alle Menschen gleich und frei geboren sind, Verschwörungstheorien ebenso wie die leicht surrealen *running gags*, die 4chan über die Jahre am laufenden Band hervorgebracht hat. Dass das Internet die ideale Überlebensmaschine für Meme ist, sagte Dawkins in einem »Spiegel«-Interview[3] schon 1998 voraus.

So kam es dann auch: Im Netz breiten sich Ideen, Bilder, Videos und Witze virusartig aus. Werbeagenturen bemühen sich, für ihre Kunden virale Videos oder Websites zu lancieren – für die massenhafte Verbreitung sorgen die Internet-Nutzer im besten Falle selbst, das Buchen teurer Anzeigenspots entfällt. Wer die Mechanismen dahinter versteht, kann zum Millionär werden – so wie Ben Huh. Er hatte 1999 ein Journalistikstudium an der berühmten Northwestern University nahe Chicago abgeschlossen und war überzeugt davon, dass durch das Internet enorme Veränderungen bevorstanden. Eine eigene Firma scheiterte, danach arbeitete er bei mehreren Unternehmen – acht Jahre später stieß er zufällig auf eine Website namens »I Can Has Cheezburger?«, auf der Katzenfotos gesammelt wurden. Er freundete sich mit den beiden Betreibern an, trieb Investoren auf und machte aus dem Hype ein Geschäft. Die Nutzer stellen die Inhalte kostenlos bereit, Huh verkauft Werbung – mittlerweile betreibt er ein regelrechtes Blog-Imperium für Mem-Vermarktung, mit 75 Mitarbeitern und zahlreichen Seiten. Nicht wenige der Trends, die Huh und andere Unternehmer zu Geld machen, haben ihren Ursprung auf 4chan.

Beispielsweise das *Rickrolling*, ein spätestens seit 2007 verbreiteter Brauch im Web. Nutzer werden unter einem Vorwand dazu gebracht, auf einen Link zu klicken. Zu sehen gibt es dann aber nicht die versprochenen Nacktfotos oder Enthüllungen, sondern

---

3 Internet: »Die verbreitetste Spezies ist Pornographie«, Harro Albrecht, Der Spiegel, 1.11.1998, http://spon.de/adIN

das Musikvideo zu Rick Astleys »Never Gonna Give You Up«, einem Popsong aus den achtziger Jahren, der trotz eingängiger Melodie und Föhnfrisuren fast in Vergessenheit geraten war. Rick Astley gehörte damals wie Kylie Minogue und andere zu Recht vergessene Acts wie Mel and Kim oder Sonia zum Stall der britischen Hit-Fabrikanten Stock, Aitken und Waterman. Ein seelenloses Stück Plastikpop aus den Achtzigern, nicht schön, aber ein bösartig hartnäckiger Ohrwurm – ein ideales Stück Internet-Gemeinheit. Mehr als 40 Millionen Mal wurde der YouTube-Clip bis heute abgerufen, meistens vermutlich nicht mit Vorsatz. Durch den Internet-Hype wurde Rick Astley, der sich schon lange zuvor in den Ruhestand verabschiedet hatte, erneut zum Star. Auf einer Parade zum Thanksgiving Day in New York trat Astley 2008 als Überraschungsgast auf. Sogar das Weiße Haus hat das *Rickrolling* für sich entdeckt. Im Juli 2011 beschwerte sich ein Nutzer des Kurznachrichtendienstes Twitter genervt über die dröge Finanzpolitik. Die Antwort der mächtigen Regierungszentrale an ihn und die rund 2,3 Millionen Abonnenten des Twitter-Accounts @whitehouse: »Finanzpolitik ist wichtig, kann aber manchmal trocken sein. Hier ist etwas Lustigeres.« Darauf folgte ein abgekürzter Link, dessen Ziel sich erst nach einem Klick offenbarte: das Video zu »Never Gonna Give You Up«.

Der US-Journalist Cole Stryker hat in seinem Buch über 4chan, »Epic win for Anonymous«, den typischen Lebenszyklus eines Mems beschrieben. Über lange Zeit war Stryker professionell auf der Suche nach Memen. Sieben typische Phasen gibt es ihm zufolge im Lebenszyklus einer Internet-Idee. Irgendjemand stellt etwas Neues ins Web, etwa ein Video oder ein Bild: die Geburt. Bis zum nächsten Schritt, der Entdeckung, können Monate oder sogar Jahre vergehen. Irgendwann stellt nun jemand dieses Foto oder Video auf ein Forum wie 4chan – und mit etwas Glück provoziert der Beitrag Hunderte Kommentare. Wenn es ein Bild ist, wird es mit einem Programm bearbeitet, mit einem bereits existierenden

Mem gemischt oder mit Text versehen. Videos werden ge-remixt. Verlässt so ein Mem 4chan, steht die nächste Stufe an: Aggregation. Auf Seiten wie Reddit oder Digg können solche Beiträge eingetragen werden, die Nutzer stimmen mit einem Klick über die Popularität ab. Schafft es ein Mem nach weit oben und gewinnt so zusätzliches Publikum, folgt die nächste Stufe: Mundpropaganda. Das Publikum von Reddit und Digg entdeckt das Mem, binnen Stunden wird darüber auf Twitter und in Blogs geschrieben. Gerade im Zeitalter der sozialen Medien, in der Ära von Twitter und Facebook, sind solche kleinen Humor-Häppchen das ideale Futter für die tägliche Netzplauderei, Fundstücke, die Internetnutzer an ihre Freunde und Bekannten weiterreichen, genauso wie man einen Witz weitererzählen würde – nur dass das Verlinken eines lustigen Bildchens viel einfacher ist.

Erfolgreiche Meme schaffen es in die Top-Listen von Twitter und Google. Bekannte Blogs schreiben darüber, sammeln ein, was es bereits für Variationen gibt, und versehen das Ganze mit ein wenig Kontext. Diese Blogs werden von den Mainstream-Medien beobachtet, die über besonders lustige oder abstoßende Meme berichten. Der nächste Schritt schließlich gelingt nur in Ausnahmefällen: die Kommerzialisierung, zum Beispiel, wenn Beteiligte im Fernsehen oder in der Werbung auftreten. »Tron Guy« beispielsweise, ein leicht übergewichtiger Programmierer namens Jay Maynard, wurde 2004 berühmt, weil er sich ein Kostüm mit leuchtenden Mustern darauf bastelte, wie sie in den achtziger Jahren im Film »Tron« vorkamen. Er sah mit seiner Stahlrandbrille und seinem akkurat gestutzten Schnurrbärtchen rein gar nicht aus wie ein Filmheld und wurde so zunächst zur Lachnummer. Dann aber wuchs der Ruhm des »Tron Guy« so stark, dass er schließlich in TV-Sendungen auftreten durfte. Heute dreht Maynard Werbespots für Klebeband – natürlich immer noch in seinem »Tron«-Kostüm. Der Autor Stryker zählt noch einen achten Schritt im Mem-Zyklus auf, den Tod – muss aber selbst einräumen, dass Meme zwar irgendwann alt werden, aber kaum mehr ganz verschwinden.

4chan ist eine Mem-Schleuder, eine Brutstätte für solche ansteckenden Ideen, aber auch ein abgründiger Ort, an dem Scheußlichkeiten, rassistische und sexistische Tiraden und Bilder weit jenseits der Grenzen des guten Geschmacks veröffentlicht werden. Eine Zensur findet kaum statt – nur Kinderpornografie ist nicht erlaubt. Und wenn doch mal etwas Gesetzwidriges auftaucht, bleibt es nicht lang. Threads bei 4chan überleben üblicherweise nicht länger als eine Stunde. Es gibt nur Platz für eine gewisse Anzahl von Threads, und neue Beiträge verdrängen die alten. Meist dauert es vier Minuten, bis ein Thread wieder verschwunden ist, haben Forscher des Massachusetts Institute of Technology und der University of Southampton errechnet. In diesen ewigen Strom tauchen die Nutzer kurz ein. Wer eine Stunde später 4chan aufruft, sieht schon eine komplett andere Seite.

Die karge Architektur der Plattform brachte die Nutzer im Laufe der Jahre dazu, praktisch jedes ihrer wenigen Details für Spiele und anderes zu nutzen. So bekommt beispielsweise jedes Posting eine eindeutige, mittlerweile neunstellige Nummer zugewiesen. Welche Nummer das eigene Posting bekommen wird, ist nicht vorherzusagen – wer dennoch korrekt ankündigt, sein Beitrag werde mit einer Schnapszahl enden, darf sich der Anerkennung der übrigen Anwesenden sicher sein. Wie für fast alles innerhalb von 4chan gibt es auch für dieses Schnapszahl-Spiel eine ganze Reihe von Spezialausdrücken (»doubles!«), damit assoziierten Bildern und ritualisierte Antwort-Phrasen. Das Resultat sind für Uneingeweihte nahezu unverständliche Stakkato-Konversationen, gespickt mit rätselhaften Abkürzungen und absichtlich falsch geschriebenen Wörtern. Über den konkreten Ablauf solcher Spiele und ihre konkreten Folgen, über Eingriffe der Forums-Moderatoren wird wiederum erbittert diskutiert und gestritten.

Das Webdesign von 4chan ist archaisch – aber eine ganze Reihe veritabler Internet-Trends ist dort entstanden, gerade weil die Seite nur begrenzte Möglichkeiten vorgibt. Ein typisches Zahlenspiel sieht etwa so aus: Ein Nutzer (genannt OP für *original poster*) eröffnet einen Thread und kündigt an: »Die Antwort, deren Nummer mit 82 endet, darf entscheiden, welches YouTube-Video wir mit ›RIP‹-Botschaften trollen« – der Sieger darf also entscheiden, wer in YouTube-Kommentaren von 4chan-Provokateuren für tot erklärt wird, in der Hoffnung, dass möglichst viele ahnungslose Zuschauer diese Behauptung glauben.

Wenn ein Nutzer ein Nacktfoto seiner Freundin auf 4chan einstellt, mit der Bitte um Ratschläge, weil sie ihn angeblich nicht oral befriedigen will, kann das eine zehnseitige Debatte hervorrufen, angereichert mit weiteren, zunehmend drastischen Bildern und immer wüsteren gegenseitigen Beschimpfungen der Teilnehmer. Das populärste Unterforum von 4chan ist /b/, ein Sammelbecken, an dem pro Tag allein mehrere Hunderttausende Beiträge rauschen. Weil auf /b/ mehr Beiträge auflaufen als in allen anderen Boards zusammen, ist mit einem Verweis auf 4chan meistens /b/ gemeint. Andere Ecken des Bilder-Boards sind harmloser – dort wird über Autos diskutiert, über Manga-Comics und Animes, über Essen oder, leidenschaftlich, über Computerspiele. /b/ ist die Anarcho-Zone, ohne gesetztes Thema und (fast) ohne Tabus.

Eigentlich darf über /b/ selbst nicht gesprochen werden, so besagen es die ersten beiden »Regeln des Internets«, der *Rules of the internet,* einer Sammlung von auf 4chan häufig auftauchenden Sprüche.[4] Mindestens 65 Punkte umfasst die Liste mittlerweile. Das Sprechverbot erinnert an die ersten beiden Regeln des Fight Clubs aus dem gleichnamigen Roman von Chuck Palahniuk, den später Regisseur David Fincher verfilmte. In »Fight Club« irrt die

---

4 Die kompletten *Rules of the internet* gibt es zum Beispiel mit Erläuterungen unter http://knowyourmeme.com/memes/rules-of-the-internet

Hauptfigur schlaflos mit multipler Persönlichkeitsstörung umher und sammelt eine Truppe konsumfeindlicher Terroristen um sich, die zunächst absurde Streiche ausheckt, um schließlich mit dem »Project Chaos« den Versuch zu unternehmen, die bestehende Ordnung zu vernichten. Das erinnert gleich in mehrfacher Hinsicht an 4chan und Anonymous. Die erste Regel des Fight Club ist: »You don't talk about Fight Club.« Die zweite Regel lautet: »You don't talk about Fight Club.« Wenn im Netz irgendwo ein Verweis auf 4chan auftaucht, ist die Wahrscheinlichkeit groß, dass ein Kommentator in Großbuchstaben auf »RULES NO. 1 & 2!« verweist.

Die Teilnehmer des 4chan-Unterforums /b/ nennen sich selbst /b/tards, in Anlehnung an retards, was so viel wie »geistig zurückgeblieben« bedeutet. Immerhin ist der Humor demokratisch, man nimmt sich selbst nicht von den Gemeinheiten aus, die man anderen angedeihen lässt. Die meisten 4chan-Nutzer sind zur Ironie fähig und wissen sehr gut, wie 4chan auf Außenstehende wirkt. Die Welt von 4chan selbst aber ist dunkel, verwirrend und seltsam, wie das Innenleben eines verwirrten Provinz-Teenagers um drei Uhr morgens.

Eine typische Begrüßungsformel auf /b/: »Bist du ein Mädchen? Du kennst die Regeln. Hol sie raus.« Der Umgangston ist mehr als gewöhnungsbedürftig. Gibt sich eine Frau als solche zu erkennen oder veröffentlicht jemand das Bild seiner bekleideten Freundin, heißt es sofort: »Tits or GTFO«, entweder zeigst du uns deine Brüste, oder mach, dass du wegkommst. Auch das ist eine der vielen inoffiziellen Regeln des Boards. Neulinge werden als newfags tituliert, als Neuschwuchteln. Homosexuell, das ist bei 4chan ein Schimpfwort, Nicht-Weißen schlägt Rassismus entgegen. Ebenso verbreitet ist Antisemitismus in jeder Form. Vor allem der Begriff fag hat es den 4chan-Nutzern angetan, in immer neuen Kombinationen. 4chan-Chronist Cole Stryker sieht darin vor allem den Wunsch zu schockieren, möglichst abstoßend zu sein – allein schon, um die *newfags* zu verschrecken, die auf dem Board auftauchen, wenn sich wieder einmal jemand über die Regeln Nummer eins und zwei hinweggesetzt hat.

Auch die Kombination *niggerfaggot*, eine der wohl anstößigsten Beleidigungen der englischen Sprache, gehört auf 4chan zum Standardvokabular. Für die überwiegend männliche und weiße Nutzerschaft sei es nichts weiter als ein Spiel – so herabwürdigend Sprüche und Sprache auch seien, bringen 4chan-Verteidiger dazu vor.

Gleichzeitig gibt es immer wieder Beiträge auf 4chan, die diesem Eindruck entgegenstehen. So berichtet etwa ein schwarzer Mann, der mit seiner weißen Frau seit Jahren im US-Bundesstaat Texas lebt, vom alltäglichen Terror der wenig toleranten Mitmenschen. Und dieser Autor erhält ernsthafte Kommentare als Antwort. Im nächsten Moment zieht 4chan aber schon wieder über *nigger* her. Die oft weißen 4chan-Nutzer bekommen so das, was sie zu ihrer Erheiterung so dringend brauchen: moralische Empörung. Niemand könne auf /b/ Toleranz erwarten, schreibt Stryker. Nicht-Weiße hätten es schwer, auf 4chan akzeptiert zu werden – so sie sich denn zu erkennen geben und nicht wie die meisten Nutzer hinter Pseudonymen oder eben dem Label »Anonymous« verstecken.

Ähnlich ergeht es Frauen, in der 4chan-Sprache *femanons*: »Das Verhältnis zwischen 4chan und Frauen ist komisch und traurig«, schreibt Stryker. Auf 4chan posten manche Bilder mit einem aktuellen Datum, woraufhin in Kommentaren Brüste eingefordert werden. »In dem Moment, wo die Frauen das Gewünschte zeigen, werden sie ausgebuht.« Der Mob knüpft sich regelmäßig Frauen vor, die einerseits niedlich, andererseits nervig erscheinen. Manche steigen darauf ein, wie die Teenagerin Catherine W., die 2007 unter Pseudonym ein Video bei YouTube veröffentlicht hatte, in dem sie ein wenig debil in die Kamera grinst. Ein Jahr später entdeckte jemand den Clip, er kursierte in Foren und erreichte schließlich 4chan. /b/tards spürten W. über ihr MySpace-Profil auf und begannen, sie zu stalken. Ihre Mischung aus Naivität und Niedlichkeit zog die Trolle an. Eine Weile galt »Boxxy« als die »Königin von 4chan«, während andere gleichzeitig auf wüsteste Weise über sie herzogen. Mehrfach schrieb sie daraufhin selbst Nachrichten auf 4chan, offenbar fasziniert von der Reaktion der Nutzer. Von Boxxy genervte 4chan-Nutzerinnen posteten damals Nacktbilder von sich mit auf die Haut geschriebenen Hassbotschaften.

Die Schock-Strategie haben Subkulturen seit jeher genutzt, um sich vom Mainstream abzugrenzen. Der Effekt nutzt sich jedoch schnell ab – man sehe sich nur die deutschen Rapper Sido und Bushido an. In bestimmten Stilrichtungen des Hip-Hops, vornehmlich dem aus der Hauptstadt, gehören Zeilen wie »Berlin wird wieder hart, denn wir verkloppen jede Schwuchtel« zum guten Ton. Bushido bekam trotz solcher Liedtexte im Jahr 2011 einen Integrationspreis verliehen – der Schlagersänger Heino gab daraufhin empört seine Auszeichnung, die er vom selben Veranstalter Jahre zuvor bekommen hatte, zurück. Die richtig große öffentliche Empörung blieb allerdings aus, dass Rapper gegen Schwule hetzen, wird schulterzuckend hingenommen. Gibt es einen Unterschied zwischen 4chan und den Aggro-Rappern? Meinen Letztere es womöglich ernst? Schwer zu sagen, aber letztlich ist die Intention egal, wenn sich jemand durch die Sprüche herabgesetzt und beleidigt fühlt. 4chan immerhin ist in seiner Aggression schon wieder fast diskriminierungsfrei: Hier kann es praktisch jeden treffen. Internet-Regel Nummer sechs: »Anonymous kann ein schreckliches, gefühlloses, kaltschnäuziges Monstrum sein.« Und weil jedes Posting anonym ist, weiß man nicht einmal, ob sich da nicht gerade jemand selbst beschimpft. Das sei alles Teil des Spiels, erklärt ein deutscher 4chan-Veteran, es gehe immer nur um die Provokation. Was nicht heißt, dass zwischen all dem gespielten Hass auch das eine oder andere Posting von einem echten Rassisten, Homophoben oder Frauenhasser steht.

Beim Ton gegenüber Frauen ähneln sich Rapper und 4chan-Nutzer: In beiden Subkulturen geben Männer den Ton an, Frauen sind zunächst einmal Sexobjekte. Noch etwas teilen Hip-Hop und Anonymous: An beide werden von außen zum Teil überzogene Erwartungen herangetragen. Bei den Rappern war es die Hoffnung des Mainstreams, die Musiker aus prekären Verhältnissen würden ihre Popularität für Sozialkritik nutzen – aber dann rappten die dem Ghetto Entkommenen doch wieder nur von Blingbling, dicken Autos und Huren. Auch Anonymous wird später mit Freude Erwartungen an die vermeintlichen Weltverbesserer unterlaufen – weswegen es umso wichtiger ist, die Ursprünge der *lulz* in den 4chan-Foren nicht aus dem Blick zu verlieren. Lulz, das ist der Spaß am Unfug, an böswilligen Späßen, an der Aktion, der Überraschung und vor allem: am Effekt.

Selbst 4chan hat Grenzen. Es gibt zwar eine interne Regel, die besagt, dass nichts veröffentlicht werden darf, was »gegen US-Gesetze oder internationales Recht verstößt« – über die Einhaltung dieser Regel zu wachen ist jedoch schwierig. Zwar haben die 4chan-Moderatoren im Lauf der Jahre Zehntausende Nutzer verbannt, ein heil- und regelloses Durcheinander bleibt die Seite dennoch. Persönlichkeitsrechte und Copyright-Sorgen werden nicht gelten gelassen. Bilder werden einfach kopiert, Links auf Raubkopien urheberrechtlich geschützten Materials sind erwünscht. In dem Unterforum /t/ werden Torrent-Dateien ausgetauscht, ein spezielles Programm kann anhand dieser kleinen Dateien von anderen Nutzern die begehrte Ware herunterladen. Kinofilme und Software werden so verteilt. Und auf rs.4chan.org gibt es Links auf Dateien bei sogenannten Filehostern, die sich ohne zusätzliche Software herunterladen lassen. Für höhere

Download-Geschwindigkeiten verlangen diese Seiten eine monatliche Gebühr – die Rechteinhaber gehen auch dabei natürlich leer aus. Es sind aber nicht die plumpen Copyright-Verstöße, die 4chan so berühmt gemacht haben, sondern die Remixes, die immer neuen Kombinationen, die sich kaskadenartig verbreiten und von 4chan den Sprung in den Mainstream schaffen. Was gestern Nacht noch auf 4chan war, kann ein paar Tage später auf freundlicheren Websites auftauchen, ohne flankierende Pornos und rassistische Tiraden, daraufhin Thema in einer Late-Night-Show in den USA sein und schließlich auch in deutschen Medien ankommen. 4chan funktioniert seit Jahren auf die gleiche Weise. Weder gibt es technische Innovationen, noch hat der stete Zustrom von *newfags* die Subkultur grundlegend verändert.

Entwicklungspsychologen haben für das, was die 4chan-Gemeinde treibt, den Begriff »Freude am Effekt« geprägt: So wie ein Kleinkind, das seine Rassel immer wieder herunterwirft, um sich daran zu erfreuen, dass es jedes Mal wieder klappert, spielen die 4chan-Nutzer mit den Mechanismen des Netzes. Meist ohne tieferen Sinn, Hauptsache *lulz*. Gelingt einer der Späße, ist es ein *epic win*. Beide Begriffe werden uns später bei Anonymous wiederbegegnen. Sich selber sehen die */b/tards* denn auch nicht als »Krebsgeschwür des Internets, sondern als »nächste Stufe der Evolution«.

Was bewegt Menschen dazu, hier nicht nur Schockbilder zu suchen, sondern aktiv mitzumachen, zu kommentieren, Bilder zu posten und eigene Mash-ups anzufertigen? Fragt man in den einschlägigen Chaträumen nach, sind die Antworten eindeutig: Für die *lulz*, das sei doch klar, und überhaupt, gibt es ein Problem? Trifft man Anonymous-Aktivisten, die Anons, im realen Leben, lächeln sie verlegen. Einer, der schon 2006 Stammgast auf 4chan war, sagt: »Ein bisschen komischen Humor muss man schon mitbringen.« Ist das nicht untertrieben? Angesichts des latenten Rassismus? Angesichts von zur Schau gestellten Teenagern, deren

Nacktfotos Dritte von Privatrechnern kopiert und einfach so ins Netz gestellt haben? Der 31-Jährige 4chan-Veteran denkt nach. »Die Freiheit im Internet ist letztlich das Wichtigste.«

Weil die Vergessen-Funktion bei 4chan fest mit eingebaut ist und selbst die epischsten *wins* am nächsten Tag nicht mehr zu finden sind, speichern versierte Nutzer Bilder und ganze Threads bei sich auf dem Computer, veröffentlichen Bilder auch auf Blogs wie epic4chan.tumblr.com – oder gleich auf chanarchive.org, einem ausgelagerten Best-of-4chan. Die bloße Existenz des Archivs ist nebenbei der Beweis dafür, dass die Idee eines Daten-Verfalls-datums im Internet, wie es von Politikern in Deutschland verfolgt und im Rahmen eines Wettbewerbs der Regierung von Wissen-schaftlern vorangetrieben wird, an der Realität vorbeigeht: Wenn etwas Interesse weckt, wenn Nutzer daran gefallen finden, dann wird es auch aufbewahrt. Selbst wenn die Plattform, auf der es entstanden ist, ein eigenes, eingebautes Verfallsdatum mitbringt.

Eine weitere Anlaufstelle für 4chan-Anthropologen ist seit 2004 die »Encyclopædia Dramatica«, eine Art Wikipedia für den Netz-Untergrund und inoffizielle Hausbiografie von 4chan, die maßgeblich von den */b/tards* selbst gefüllt wird. Die ursprüng-liche Betreiberin hatte anderes im Sinn, wollte die Subkultur der Blogschreiber auf Plattformen wie LiveJournal abbilden – ließ die Trolle aber gewähren. Im April 2011 hatte sie dann doch genug von all dem Schmutz und ersetzte die Seite durch »Oh Internet«, eine gemäßigte und Porno-freie Variante, woraufhin Fans die alte Version umgehend zurück ins Netz brachten.

Im Winter 2011 war die Seite unter encyclopediadramatica.ch zu erreichen, was sich aber schnell wieder ändern kann. Unbe-kannte haben der 4chan-Wikipedia den Kampf angesagt und versuchen, das Archiv wegen diverser Rechtsverstöße aus dem Netz zu vertreiben – außerdem verursacht das Lexikon mit seinen knapp 10.000 Einträgen und noch mehr Bildern Kosten für die

Betreiber. Für Internet-Soziologen ist die »Encyclopædia Dramatica« so wertvoll wie Kindlers Literaturlexikon für Germanisten. Dort lässt sich nachlesen, wie sich die 4chan-Nutzer selber sehen:

> »4chan is many things to many people. To Faux News, 4chan is a hazardous »Leftist Internet Hate Machine« filled with domestic terrorists. To others, it is that site full of weeaboos, trolls, children, and pedophiles that churns out many of the Internet's most popular viral content. 4chan and Anonymous are defenders of the Internets, and offenders of everything else but cats.«

Eine »gefährliche, linke Internet-Hassmaschine« wurde 4chan in einem Beitrag auf einem Fox-Sender genannt – ein Vorwurf, den die Nutzer seitdem als Auszeichnung vor sich hertragen. *Weeaboos* ist ein Schimpfwort für Möchtegern-Japaner, obsessive Fans von Anime, Manga und japanischer Popkultur, die im Westen leben und meist kein Japanisch verstehen oder lesen können, eine Anspielung auf die Anime- und Manga-Fans, die 4chan bevölkern. Stolz wird verkündet, 4chan sei für den Großteil der bekanntesten viralen Inhalte verantwortlich – was nicht ganz von der Hand zu weisen ist. Vor allem aber ist 4chan eine Spielwiese für Trolle. Die Wikipedia weiß:

> »Der Begriff Troll wird in der Netzkultur für eine Person verwendet, die mit ihren Beiträgen in Diskussionen oder Foren unter Umständen stark provoziert. Mutmaßliches Ziel des Trolls ist das Stören der ursprünglich an einem Sachthema orientierten Kommunikation und das Erlangen von Aufmerksamkeit.«

Anonym trollt es sich besonders gut, wie man in vielen Internetforen beobachten kann. Schon zwei bis drei Trolle können eine Diskussion lahmlegen, tatsächlich interessierte Nutzer vergraulen und Moderatoren die Arbeit sehr schwer und unangenehm machen. Lässt man sich auf die Trolle ein, werden diese Individuen nur noch mehr angespornt. *Don't feed the trolls* ist deshalb die erste Regel im Umgang mit ihnen: Die Trolle nicht füttern, sondern ignorieren oder gleich aussperren. Die Nutzer von 4chan sind ausschließlich Trolle – und sie füttern sich fortwährend selbst.

Gegründet wurde 4chan von einem Teenager in den USA – aus Langeweile. Christopher Poole hatte in seinen Sommerferien im Jahr 2003 japanische Anime-Serien entdeckt – und 2chan, ein in Japan populäres Image-Board, ein Webforum, in dem vor allem Fotos veröffentlicht werden. Dort treffen sich Otakus, die japanischen Pendants zu Nerds, fanatische Anhänger von Comicserien, die ihre Freizeit zum Teil damit verbringen, elaborierte Kostüme anzufertigen, in denen sie selbst versuchen, ein bisschen wie ihre gezeichneten Helden auszusehen. 2chan wiederum ist der Nerd-Ableger von 2channel, einem noch viel populäreren japanischen Forum. Dort wird anonym über so ziemlich alles diskutiert – offen und ehrlich, was in der Öffentlichkeit in Japan in dieser Form verpönt wäre. Im Schutze der Anonymität können traditionelle Rollen und gesellschaftliche Tabus einfacher gebrochen werden. Wenn Unternehmen oder Medien wissen wollen, was Japaner gerade bewegt, schauen sie auf 2channel nach, in einem der mehr als 800 Foren. Poole hatte das Spin-off für Otakus entdeckt. »Ich hatte noch nie etwas Vergleichbares gesehen«, sagte er der »New York Times« in einem Interview.[5] Vor allem die schnelle Abfolge von Beiträgen beeindruckte den damals 15-Jährigen. »Man konnte sich hinsetzen und die Seite im Browser aktualisieren und immer neues Zeug sehen.« Nur leider sprach Poole kein Japanisch. Die Software aber war frei verfügbar, er übersetzte

5 Christopher Poole, founder of 4chan, Nick Bilton, New York Times, 19.3.2010, http://goo.gl/RncMO

sie ins Englische, setzte einen Server auf und schickte 20 Freunden die Adresse. Eigentlich sollte die Seite 3chan heißen, aber weil die Domain schon vergeben war, wurde daraus eben 4chan.

Die ersten fünf Jahre über hielt Poole seinen Namen geheim – im Internet war er nur als »moot« bekannt. Auch seinen Eltern verschwieg er lange Zeit lieber, dass er Betreiber einer Website mit berüchtigten Schock- und Pornofotos war. Die Nutzer nennen ihn halb liebevoll, halb spöttisch ihre Königin. Poole ist ein attraktiver junger Mann mit hohen Wangenknochen, den nicht nur weibliche 4chan-Fans wie einen Popstar verehren. Er war seiner Darstellung zufolge zeitweise pleite, lebte bei seiner Mutter und bezahlte die laufenden Kosten für die Server von 4chan mit einer Kreditkarte. Werbekunden, die bereitwillig Anzeigen neben Bildern von weit aufgerissenen Körperöffnungen und Gesprächen über Körperflüssigkeiten schalten wollen, waren eher schwer zu finden. 2010 gab Poole an, wenigsten keine Verluste mehr mit der Seite zu machen. Moots Identität wurde erst 2008 öffentlich bekannt. Das »Wall Street Journal« nannte ihn erstmals namentlich als Betreiber der Seite,[6] im Jahr darauf listete das »Time«-Magazin ihn als einen von 100 Finalisten für die einflussreichste Person des Jahres. Bei der Online-Abstimmung platzierte ihn die Anonymous-Armee vor Barack Obama, Wladimir Putin und Oprah Winfrey. Wie sehr die 4chan-Truppe die Abstimmung im Griff hatte, ließ sich zumindest zeitweise an den Anfangsbuchstaben der Plätze 1 bis 21 ablesen, von moot über Lil' Wayne bis hin zu Elizabeth Warren. Sie ergaben den Satz: »Marble cake also the game« – »Marble Cake« hieß damals ein Chatraum, in dem Anonymous Aktionen gegen Scientology plante. Poole rühmt mittlerweile in Interviews und öffentlichen Auftritten die Anonymität von 4chan und dessen kreatives Potential. Seine Website ist für ihn die Antithese zu sozi-

6 Modest Web Site Is Behind a Bevy of Memes, Jamin Brophy-Warren, Wall Street Journal, 9.7.2008, http://on.wsj.com/r9JaAs

alen Netzwerken, zu Google und Blogs. Die dunklen Seiten spart er bei seinen Elogen auf *lolcats* allerdings lieber aus.

4chan ist das Anti-Facebook. Soziale Netzwerke wie Google+ oder Facebook bauen auf der Angabe von echten Namen auf, schaffen ein Archiv der Aktivitäten ihrer Nutzer auf Lebenszeit. Wer sich dort selbst darstellt, feilt an einem Idealbild. Bei 4chan sind alle niemand, und so wird es bleiben, solange die Plattform existiert. Poole hält die Idee, es könne ein allgemeingültiges Online-Abbild einer Person geben, für abwegig. Auf einer Web-Konferenz in Dublin erklärte er 2011, Identität könne man nicht mit einem Spiegelbild vergleichen. »Tatsächlich sind Menschen mehr wie Diamanten, je nach Blickwinkel sieht man ein anderes Bild, all parts in a whole.«

Für sein neues Projekt, eine technisch ausgereifte Remix-Plattform namens Canvas, setzt Poole dann doch lieber auf ordentlich registrierte und angemeldete Nutzer. Sogar mit seinem Facebook-Account kann man sich mit der Seite verbinden. Sein Canvas soll nicht so schnell in Pornobildern ertrinken – was das Geldverdienen ungemein erleichtern dürfte.

Auf 4chan ist viel Schatten, da hilft der funkelndste Diamant nicht. Es zählen nur die *lulz*, und wenn wieder jemand vergisst, epische Bilderwitze abzuspeichern, bevor sie von der Flut immer neuer Beiträge ins Datennirwana gespült werden, sind sie für immer verloren. Auf Facebook stehen die Nutzer mit ihrem Profil für alle ihre Aktivitäten gerade, auf 4chan verliert sich die Verantwortung hinter Pseudonymen, verschwimmt in der Masse. Einer von Pooles frühen Mitstreitern, der das Pseudonym Shii benutzte und nach eigenen Angaben maßgeblich für die erste Version der 4chan-Software verantwortlich war, hat einen weniger verklärten Blick auf das Webforum als Poole. Schon vor Jahren schrieb er, dass 4chan ihm Angst mache: »Ich schaue nicht mehr so oft vorbei. Es ist ein furchteinflößender Ort.«

Dutzende, wenn nicht Hunderte andere *chans* wurden in der Folge des 4chan-Erfolges gegründet, oft ausdrücklich gegen 4chan gerichtet, manchmal explizit für die auf 4chan verpönte Kinderpornografie. Am 23. August 2006 türmten sich illegale Inhalte auf 4chan, das Forum wurde zugemüllt, *raids* wurden ausgerufen – und »moot« sah sich gezwungen einzugreifen. Erstmals bekam 4chan so etwas wie Regeln: Wer Illegales postete, wurde nun verbannt. Nach dieser Ankündigung wurde 4chan aus Protest mit massenhaften Abfragen lahmgelegt. Dieser Tag ging als */b/day* in die Geschichte ein und hatte zur Folge, dass manche */b/tards* sich von 4chan lossagten. Zensur und Unterdrückung wollten sich viele Nutzer nicht gefallen lassen, auch von »moot« nicht. In staatstragender Prosa erklärte Anonymous seine Unabhängigkeit von 4chan, während /b/ bei 4chan für zwei Tage nicht erreichbar war, sammelten sich die */b/tards* auf 7chan, wo es ebenfalls ein Unterforum /b/ gibt:

> »Wir sind Anonymous. Wir sind /b/. Unser Zuhause ist nicht mehr 4chan. In diesen unsicheren Zeiten haben wir den Staat 7chan.org als unsere neue unabhängige Nation im weltweiten Internet gegründet.«

In der Folge kam es zu einem regelrechten Bürgerkrieg. Immer neue Chans wurden gegründet, Anonymous existierte nicht mehr nur in einem Forum, sondern war verstreut und zum Teil zerstritten. Zwischen den Chans – auf shii.org/2ch/ gibt es eine Übersicht über aktive Foren – kam und kommt es regelmäßig zu Scharmützeln. Boards werden mit Spam zugemüllt, Server mit massenhaften Abfragen zum Zusammenbruch gebracht, manchmal knipsen Hacker eine Datenbank einfach aus – auch diese pubertären Spiele sind fester Bestandteil der Chan-Subkultur. 90 Prozent von all dem, was die Anonymen so anstellen, spielt sich ausschließlich innerhalb der Szene ab, schätzt ein aktiver Teilnehmer. Dazu gehören gegenseitige Angriffe, Schmähkampagnen und Spam-Wellen.

Auch ein deutsches 4chan existiert: Krautchan wurde 2007 gestartet – die Nazi-Witze sind dort noch etwas zahlreicher. Nicht selten sind es Witze, über die auch Nazis lachen können. Als Reaktion auf die Nachricht, dass Verwerter höhere Urheberrechtsabgaben auf externe Festplatten fordern, postet zum Beispiel jemand ein Hitler-Foto (hitlergrins.jpg) auf krautchan.net, garniert mit dem Kommentar »Wir brauchen einen neuen Führer, der die Finanzjuden in Schach hält«.

Ansonsten werden englischsprachige Meme übersetzt, was ungefähr so lustig ist wie eine Sendung wie »Seinfeld« oder »30 Rock« auf Deutsch zu sehen, nämlich gar nicht. Es sei denn, man kennt das Original und kann sich über die absichtlich schlechte Übersetzung lustig machen. Auf Krautchan heißen alle Nutzer »Bernd«. Kostprobe? »Das Fühl, Bernd! Das Fühl gerade in der Sauna gewesen zu sein und dich sattgesehen zu haben an jungen deliziösen Brüsten und Venushügeln.« Und dann gibt es aber auch wieder Luhmann-Debatten mit Kommentaren wie »Ach was, gerade Luhmann wiederholt sich so oft und definiert nur rum, dass man sich da einfach durchbeißen muss. Auch Systemtheorie ist doof, nichts anderes als eine symbolische Sinnwelt.«

Auch einige originäre Krautchan-Meme gibt es, etwa den Ausdruck »gepflegt grillen« für einen Suizid. Das Mem rührt von einer Serie von Familientragödien in Japan her, wo mit einem in einer verschlossenen Wohnung angezündeten Grill absichtlich Kohlenmonoxydvergiftungen herbeigeführt wurden. Das Mem schaffte es, unter Chan-typisch grässlichen Umständen, sogar in die Nachrichten: Als im März 2009 ein Teenager in Winnenden 15 Menschen und dann sich selbst mit einer Schusswaffe tötete, fabrizierte ein Krautchan-Nutzer im Nachhinein eine angebliche Ankündigung des Amoklaufs, in der auch die Formulierung vorkam, er werde mit seinen Waffen morgen »gepflegt grillen« gehen.

Am Tag nach dem Massenmord trat der baden-württembergische Innenminister Heribert Rech (CDU) vor die Kameras und erklärte, der Täter habe die Tat im Internet angekündigt. Rech verlas sogar Teile der angeblichen letzten Botschaft des Amokläufers. Wenige Stunden später musste er eingestehen, dass seine Ermittler einer Fälschung aufgesessen waren. Die deutsche Krautchan-Gemeinde feierte das selbstverständlich als »epischen Gewinn«.

Einige der Chanss verstecken sich hinter kryptischen Adressen, die dafür sorgen sollen, dass nur Eingeweihte sie aufrufen können. Vor Suchmaschinen verstecken sich die Seiten, zufällig landet in diesen dunklen Ecken des Webs nur äußerst selten jemand – eher schon, wenn die Anonymous-Armee ausrückt und so die Aufmerksamkeit auf sich zieht. Wo genau nun ein Mem entstanden ist, ob auf 4chan oder doch in einem anderen Chan, lässt sich nachträglich nicht immer genau sagen. So bemüht sich die »Encyclopædia Dramatica« oft um eine korrekte Zuschreibung, nur um festzustellen: »Aber eigentlich ist das egal, und *newfags* werden ohnehin glauben, es stamme von 4chan.«

Das Ergebnis ist paradox: Selten lagen menschenverachtender Hass und gewaltige Kreativität so dicht beieinander. Regulierungswütigen Politikern und besorgten Offline-Eltern genügt ein Blick auf 4chans /b/, um alle Vorurteile über das Internet als Hort der Verderbtheit bestätigt zu sehen. Es ist offenkundig ein dunkler Ort, weil 4chan ihn dazu macht.

Dort hat sich über die Jahre ein kollektives Bewusstsein gebildet, haben Zehntausende Nutzer in Hunderttausenden Beiträgen eine Subkultur geschaffen. 4chan ist nicht Anonymous – aber Anonymous hat sich auf 4chan gefunden. Hier lernte das Kollektiv, wozu es fähig ist. 2006 rückte die Armee erstmals gegen ein Ziel aus, das nicht zur Chan-Subkultur zählt. Ihr Opfer: »Habbo Hotel«, eine virtuelle Welt für Kinder und Jugendliche. Ihre Mission: *lulz*, was denn sonst.

Eine bunte Flirtwelt, mit Diskolichtern und niedlichen Haustieren, das ist »Habbo Hotel«. Die virtuelle Community für Teenager wurde im Jahr 2000 gestartet, und mit ihrer isometrischen Darstellung der knubbeligen Figuren, die ein riesiges Hotel bewohnen und darin ihre eigenen Zimmer einrichten, erinnert es auf den ersten Blick ein bisschen an die Städtesimulation »Sim City« aus demselben Jahr. Noch heute loggen sich Tag für Tag Millionen Jugendliche weltweit auf einem der zur Zeit elf Hotel-Server ein und steuern ihre Avatare durch die Pixelwelt. Ähnlich wie bei dem drei Jahre später gestarteten »Second Life« ist eine Basisversion kostenlos, besondere Kleidung, Ausstattung für das Hotelzimmer und diverse Aktivitäten kosten Habbo-Taler, die es im Tausch gegen echte Euro gibt. So kann man zum Beispiel für 20 Taler, das sind knapp vier Euro, ein Pferd kaufen und darauf virtuellen Reitunterricht nehmen.

In einem Raum mit Dutzenden Sesseln treffen sich die Spieler zum Flirten, unter Neonherzen und Kunstpalmen. »Gibts hier nen Mädchen des wo älter ist als 16?«, fragt SuplexKind, ein Schönling mit braunen Haaren, der an einem Eis lutscht. Ein weißes Pferd läuft zwischen den Avataren herum. In einem anderen Raum kann man seine Figur auf riesige Teddybären in Gelb, Blau oder Rosa setzen, daneben steht ein Bett, auf dem die flirtenden Paare angezogen nebeneinanderliegen können. »*hoch glubs und auf popo fall*«, sagt Cooljessica2002. Würde jemand versuchen, ein Schimpfwort zu benutzen, würde der automatische Wortfilter eingreifen und daraus ein »Bobba« machen. »Habbo Hotel« ist eine heile, wenn auch etwas klebrige Teeniewelt, weitgehend frei von Ironie.

Perfektes Ziel und leichte Beute für die Trolle. Am 12. Juli 2006 war es so weit: Hunderte 4chan-Nutzer, die sich auf /b/ verabredet und in Chaträumen zusammengefunden hatten, enterten die Habbo-Welt. Auch ein paar deutsche Aktivisten waren darunter. Ihren Avataren gaben sie eine dunkle Hautfarbe, kleideten sie in schwarze Anzüge und versahen sie mit riesigen Afro-Frisuren. 4chan-Chronist Cole Stryker schreibt: »Die Avatare störten Unterhaltungen, müllten Chaträume mit rassistischem Spam zu und gingen den Nutzern auf die Nerven. Insbesondere blockierten sie den Zugang zum Swimmingpool des Hotels. ›Der Pool ist wegen Aids geschlossen‹, ließen sie die Avatare immer wieder sagen.« Auf dem deutschen »Habbo Hotel«-Server stellten die Trolle ihre auf der Stelle tanzenden Figuren außerdem in Form eines Hakenkreuzes auf.

Weil das Wort *nigger* auf »Habbo Hotel« verboten war, nahmen die 4chan-Nutzer *nigras* als Bezeichnung für ihre dunkelhäutigen Avatare. Gingen die Moderatoren der Community gegen die *nigras* vor, warfen ihnen die Anonymous-Trolle Rassismus vor. Der Überfall ging als *The Great Habbo Raid* in die Geschichte ein: *epic win*. Die »Encyclopædia Dramatica« zählt zwei weitere *raids* für dasselbe Jahr auf, von denen allerdings einer am Halloween-Wochenende offenbar wegen geringer Teilnehmerzahl als gescheitert gilt. Seitdem wird die Aktion jedes Jahr wiederholt. *Raid* ist genau wie *epic win* und *lulz* ein Begriff aus dem Grundvokabular von Anonymous.

Ein technisch versierter Anonymous mit dem Pseudonym »LOLToast« programmierte dem Überfallkommando eine kleine Anwendung, die automatisch vor nahenden Administratoren warnte und half, massenweise Chatnachrichten abzusetzen. Ein anderer Befehl sorgte dafür, dass der Avatar die Handlungen eines anderen Avatars nachahmte, bis hin zu den Textnachrichten. Das Programm blieb aber in der Entwicklung stecken, der Urheber verschwand. Die Nutzer von »LOLToast's Raid Tool v7«, das bis heute als Download im Netz steht, mussten nicht besonders viel von Computern verstehen, um das Programm einzusetzen. Sie werden deshalb von Hackern, die diese Programme schreiben können, abfällig als *script kiddies* bezeichnet. Die Unterscheidung zwischen Nutzern von vergleichsweise einfach zu bedienenden

Anwendungen und Anleitungen im Vergleich zu echten Hackern wird später noch wichtig werden. Doch zwischen einem Teenager, der einen Pixel-Avatar vor der Leiter eines virtuellen Schwimmbeckens herumstehen lässt und damit die Poolsause für ein paar Stunden vermiest, und dem Entwickler eines komplexen Angriffswerkzeugs, das einen Server lahmlegen kann, besteht ein bedeutsamer Unterschied. Zu Anonymous aber zählen sich Menschen aus beiden Kategorien.

Die finnische Habbo-Hotel-Betreiberfirma Sulake hat inzwischen Maßnahmen getroffen, um die Trolle in Schach zu halten. Melden sich am 12. Juli eines Jahres – dem Geburtstag von Comedystar Bill Cosby – Hunderte neue Nutzer an, sind die Betreiber schon vorgewarnt. Außerdem lassen sich Zugänge nicht mehr so einfach blockieren, bloßes Herumstehen in einer Tür reicht nicht mehr aus, es müssten schon viele Angreifer einen Raum besetzen. Im Sommer 2006 folgten weitere *raids* auf »Habbo Hotel«, was den 4chan-Gründer »moot« dazu bewog, eine neue Regel aufzustellen. Die Planung derartiger »Invasionen« war fortan auf dem Webforum verboten und musste in Chaträume und auf andere Websites ausgelagert werden. Manche Chan-Foren hatten dazu eigens Unterforen eingerichtet. Auch bei späteren Anonymous-Aktionen ist die Trennung zwischen Informationsforen und den Plattformen, auf denen die tatsächlichen Angriffe geplant und organisiert werden, umgesetzt worden. 2010, beim fünften großen Sturm auf das »Habbo Hotel«, wurde der amerikanische Habbo-Server während des Angriffs zeitweise vom Netz genommen – ein Jahr darauf fiel der *raid* mangels Interesse praktisch aus. »Habbo Hotel« haben die Attacken offenbar nicht geschadet, 2010 verzeichnete Sulake das bisher beste Ergebnis: 1,6 Millionen Euro Gewinn.

Die Spielverderber gehören dazu, wie bei jedem Onlinespiel. Schon in den späten neunziger Jahren, es war die Zeit von »Ultima Online« und »Counter-Strike«, etablierte sich für sie der

Begriff *griefer*. Zunächst machten es sich Einzelne zur Aufgabe, anderen Nutzern die Spiele zu verleiden – dann entdeckten die Online-Fießlinge, dass sie zusammen noch viel mehr Spaß haben konnten. Solche organisierten *raids* gab es bereits ab Mitte 2004. Ausgangspunkt waren Seiten wie »Something Awful«, eine kostenpflichtige Community, die noch am ehesten als Vorgänger von 4chan bezeichnet werden kann, später dann die diversen Chans und /b/ selbst. Die Nutzer von 4chan und 7chan hatten bereits selbst Erfahrung mit konzertierten Aktionen. Angeblich weil die kommerzielle Entertainment-Plattform ebaumsworld.com eine Animation von der Spaßseite »You're The Man Now, Dog« geklaut hatte, rächten sich die sonst dem Copyright nicht sonderlich zugetanen Boardnutzer Anfang 2006. Mit Erfolg: »Ebaum's World« nahm die Sequenz, in der mehrere Bilder von Lindsay Lohan mit immer gleichem Gesichtsausdruck zu sehen sind, von der Seite. Wenige Jahre später war es für solche Aktionen zu spät – niemand konnte mehr verhindern, dass Meme zu Geld gemacht werden.

The Great Habbo Raid war nicht die erste kollektive Erfahrung von 4chan-Nutzern. Doch die hohe Teilnehmerzahl und die Organisation war eindrucksvoll und prägte den Stil späterer Aktionen. Die Nerds und Fießlinge aus den Webforen wuchsen zu einem Kollektiv zusammen: Anonymous erlangte 2006 langsam Bewusstsein.

Bevor es Facebook gab, war MySpace das große, weltumspannende soziale Netzwerk, eine Plattform, auf der sich Nutzer bunte Profile einrichten konnten. Populär wurde das 2003 gegründete MySpace vor allem wegen der Musik. Künstler und Bands richteten dort Profile ein, Lieder lassen sich abspielen und direkt ins eigene Profil einbetten. Drei Jahre nach der Gründung hatte MySpace 2006 schon hundert Millionen Mitglieder und wurde mit mehreren Milliarden Dollar bewertet. Nur besonders sicher war die Seite offenbar nicht: Passwörter ließen sich durch vielfache

Versuche knacken, schlicht erraten, weil die Nutzer zu einfache Begriffe verwendeten, oder mit Tricks den Nutzern abjagen, indem sie auf gefälschte Login-Seiten gelockt wurden. Das nutzten die 4chan-Nutzer für ihre Zwecke aus. Nur eines von unzähligen Beispielen:[7] Am 22. November 2006 heißt die MySpace-Nutzerin »Regina« auf einmal »Slutty Girl«, als Profilfoto wird eine Vagina in Nahaufnahme präsentiert. Selbstbeschreibung: »Pop my cherry!« Vorbild: »Paris Hilton, was für eine Schlampe.« Wen ich gerne treffen würde: »Pornostars«. Und so weiter. Regina wurde gehackt, *epic win* wurde in einem Thread auf 4chan diagnostiziert. Dort hatte jemand nicht nur das veränderte Profil eingestellt, sondern auch die Reaktionen von Reginas Online-Kontakten dokumentiert. Darunter waren offenbar auch ihre Eltern: »Regina, dein Vater und ich sind enttäuscht von dir. Dein Vater ist richtig sauer!« Auch besorgte Freunde meldeten sich zu Wort: »Was zum Teufel, Regina!«, »Das ist abstoßend, tut mir leid, aber etwas stimmt mit dir wirklich nicht.«

Das ist kein Einzelfall, sondern bis heute übliches Vorgehen mancher Anonymous-Trolle. Im Vergleich zu dem, was einem elfjährigen Mädchen vier Jahre später passieren sollte, war der Fall Regina geradezu harmlos. Jessi Slaughter (ein geänderter Name) führte ein normales Online-Leben, mit Profil auf MySpace und YouTube-Videos. Dann legte sie sich mit Nutzern von »Stickydrama« an, einer mittlerweile abgeschalteten Plattform, auf der Jugendliche sich in Videos und Kommentaren gegenseitig mit Tratsch überzogen und *camgirls,* Teenager vor ihrer Webcam, um Aufmerksamkeit buhlten. Betrieben wurde »Stickydrama« ausgerechnet von einem dreißigjährigen Pornofilmer, der auf einer anderen Seite Nacktfotos von Teenagern aus sozialen Netzwerken sammelte. Auf dieser Seite wurde Jessi ein Verhältnis mit dem Sänger der Band »Blood on the Dance Floor« nachgesagt, sie ant-

7 Ein Screenshot des expliziten MySpace-Profils: http://goo.gl/f1JjV

wortete, ein hasserfüllter Kommentarsturm brach los, sie wurde als hässlich beschimpft, Hardcore-Fans der Band wünschten ihr den Tod. Das wollte Jessi nicht auf sich sitzen lassen, schaltete ihre Webcam ein und ätzte zurück, ihren Feindinnen drohte sie, ihnen eine Pistole in den Mund zu stecken, um »Brain Slushie« zu machen.

Dieses Video stachelte 4chan-Nutzer zum Angriff an. Anonymous startete einen *raid* und fuhr die üblichen Geschütze auf: Pizza- und Prostituiertenbestellungen an die Adresse des Mädchens, Telefonstreiche, Online-Stalking, das volle Programm. Ab diesem Moment konnte Jessi Slaughter nicht mehr gewinnen, die Trolle hatten die Kontrolle übernommen. Dann tauchte ein zweites Video auf, im Vordergrund eine heulende Jessi, »Ihr habt mein Leben ruiniert«, im Hintergrund ihr Vater, einen mächtigen Schnurrbart im Gesicht und wild schimpfend: »Die Cyberpolizei ist schon unterwegs«, sagt er, »ich habe eure E-Mails zurückverfolgt.« Dann droht er ungelenk und damit höchst Mem-tauglich: »Die Konsequenzen werden nie mehr wie vorher sein.« Binnen Tagen hatten fast zwei Millionen Nutzer das Video angeklickt. Fast schon unnötig zu sagen, dass daraus gleich mehrere Meme gebastelt wurden und die Situation für Jessi sich noch einmal dramatisch verschlechterte. Die Polizei nahm die Todesdrohungen so ernst, dass sie das Mädchen vorsichtshalber an einen sicheren Ort brachte, als das Video sich viral verbreitete. Es war ein höchst fragwürdiger *epic win* für Anonymous. Nur auf 4chan war man sich einig, dass eine Elfjährige, die wüste Drohungen ausspricht und Fotos in leicht anzüglichen Posen ins Netz stellt, es ja auch gar nicht anders verdient hätte.

Nicht anders verdient hatte es auch das nächste Opfer von 4chan. Am 20. Dezember 2006 soll eigentlich Schluss sein mit der Radioshow von Hal Turner, einem amerikanischen Neonazi (*white nationalist*) und Holocaust-Leugner. Anlässlich dieses Ereignisses hatten sich Nutzer von 7chan, 4chan, »You're The Man Now, Dog« und »Ebaum's World« zu einer gemeinsamen Aktion verabredet. Allein die Koordination ist bemerkenswert, damals bekriegten sich die anonymen Nutzer der verschiedenen Foren vor allem gegenseitig. In Massen riefen sie während der dreistündigen Sendung an. Die meisten der über hundert Anrufer kamen zwar gar nicht erst bis in die Sendung, sondern wurden vorher aussortiert. So hatten es aber auch die regelmäßigen Hörer der Show schwer, eine freie Telefonleitung zu erwischen, und einige Scherzanrufer – »Hola, this is Pedro from San Diego« – kamen eben doch durch. Auf 4chan wurde die gemeinsame Aktion frenetisch gefeiert, vom zweifachen Weihnachten war die Rede, ein anderer schrieb: »Dieses Zeitalter ist besser als das der Aufklärung, das garantiere ich.«

Einer der Anrufer lässt sich über seine angebliche Schule aus, die künftig mehr als 9000 Schwarze aufnehmen will – schon da wussten geneigte Zuhörer, dass der Interviewgast offenbar mit Chan-Kultur vertraut war. »Over 9000« ist ein maßgeblich auf 4chan kultiviertes Mem, eine Anspielung auf eine japanische Anime-Serie namens »Dragon Ball Z«, in der Vegeta, ein Charakter mit stacheligen Haaren, sich über das Energielevel eines Gegners auslässt. Das ist nämlich »mehr als neuntauuuuseeeeeeeend« – was ohne Vergleichswert natürlich herzlich wenig aussagt und in seiner vorgetragenen Dringlichkeit schon an sich ziemlich komisch ist. Der Anrufer baut im Verlauf seiner zweiminütigen Hasstirade[8] auf Schwarze noch die Worte *epic*, *fail* und Aids ein, erfindet einen »Professor moot« und schlägt als Lösung schließlich vor, den Swimmingpool zu schließen. Den Swimmingpool schließen? Hal Turner versteht diese Referenz auf den Überfall auf »Habbo Hotel« wohl nicht, erkennt aber mit einem müden Lachen, dass er gerade hereingelegt wird – und wirft den Anrufer aus der Leitung.

8 http://youtu.be/MvFIEx_E-XU

Nach seiner Sendung verletzte Turner dann eine der Grundregeln im Umgang mit Trollen. Er stellte die Telefonnummern der Chan-Nutzer auf seine Website, woraufhin seine Fans aus dem extrem rechten Spektrum die Adressen zu den Nummern herausfanden. Die Trolle fühlten sich herausgefordert und sammelten ihrerseits persönliche Informationen zu Turner, seine Adresse, aber auch Auszüge aus seinem Strafregister. So eine umfassende Liste wird im Jargon *dox* (für Dokumente, Docs) genannt. Diese *dox* wurden über die Chans gestreut, und die Anonymous-Armee begann ihr Werk. Nach Hunderten Telefonanrufen nahm Turner die Liste mit den Anrufern vom Netz. Den Neustart seiner Radiosendung, den er unterdessen beschlossen hatte, rettete das nicht vor der Rache der 4chan-Nutzer, auch in der darauffolgenden Sendung musste Turner sich gegen Scherzanrufer wehren. Weil er in einem Beitrag auf seiner Website, in dem er den Anrufern mit Strafverfolgung drohte, statt »Telephones« »Telphoens« geschrieben hatte, wurde daraus flugs ein kleines Mem gebastelt. Auf Bildern tauchten Sprüche wie »Someone is telphoens us« und »Ima use mah telphoens« auf. Die zweite Show nach dem eigentlichen Ende der Radiosendung Anfang Januar 2007 wurde als Web-Radio-Stream versendet – nun legten Anonymous-Aktivisten sie mit massenhaften Abfragen lahm, Turner musste sich einen neuen Provider suchen. Die Anonymen sabotierten zunächst recht erfolgreich den Versuch, eine rechtsradikale Radioshow im Web zu starten. Auch der rechte Rand, der sich auf eigenen Foren im Web sammelte, bekam Besuch von Anonymous-Aktivisten. Neonazi Turner wiederum zog gegen 4chan-Nutzer vor Gericht, wollte herausbekommen, wer hinter den Aktionen steckte. Weil er aber später auf offizielle Schreiben nicht antwortete, wurde das Verfahren Ende 2007 eingestellt, ohne dass jemand identifiziert worden wäre.

Der Kleinkrieg dauerte hingegen an. Für den 21. April 2007 kündigte Anonymous schließlich den nächsten *raid* an. Nicht im Internet, wie üblich, sondern vor Hal Turners Haustür. Die »Encyclopædia Dramatica« berichtet allerdings von einem *epic fail*. Zwei Leute seien aufgetaucht und hätten mit der Polizei vor Turners Haus ein wenig herumgelungert, Turner sei mit einer Waffe herumgelaufen, das sei alles gewesen: »Rein gar nichts ist passiert. Kein Tränengas, keine ferngelenkten Flugzeuge, keine Raketenwerfer, gar nichts.« Anonymous war einfach noch nicht ganz so weit. Die Geschichte zwischen Anonymous und Hal Turner war damit aber nicht zu Ende. 2008 veröffentlichten Unbekannte E-Mails, aus denen hervorgehen soll, dass Turner ein Informant des FBI ist, der Geld dafür bekommt, über Rechtsextremisten Auskunft zu geben. Eine Behauptung, die ein Anwalt Turners schließlich in einem anderen Verfahren bestätigte. Weil Turner in seiner mehrfach neugestarteten Radioshow zunehmend auffällig wurde, schaltete sich die Justiz ein. Zunächst, weil er seine Hörer dazu aufrief, zu den Waffen zu greifen und Politiker und Beamte anzugreifen, dann, weil er wüste Todesdrohungen gegen drei Richter aussprach. Mehrfach wurde er festgenommen, entging bisher aber einer langjährigen Gefängnisstrafe.

»Niemand hält Hal Turner für eine angenehme Person«, so drückte es ein Jurymitglied in einem Gerichtsverfahren aus.[9] Diese Einschätzung lässt sich durchaus teilen – für Anonymous wurde das zum Problem. Denn in den Augen der Öffentlichkeit, so sie von der Geschichte etwas mitbekam, hatten die Internet-Anarchisten den Richtigen getroffen, einen üblen Hetzer, kein unschuldiges MySpace-Mitglied. Spätestens der missglückte Besuch bei Hal Turner zu Hause führte auf 4chan dann auch zu ersten Zerwürfnissen. »Wir sind nicht politisch, wir sind keine Freiheitskämpfer«, sekundierte ein Unbekannter und erinnerte an die gemeinsame Mission: *lulz* und sonst nichts. »Wir wollen

9 Jury Acquits Blogger Of Threatening State Lawmakers, Inciting Violence, David Owens, The Hartford Courant, 16.9.2011, http://goo.gl/3Fi1y

die Gesellschaft nicht besser machen. Wir wollen nicht irgendwas beitragen.« Politischer Aktivismus wurde abgetan als Hippiekram. Und überhaupt: diese naseweißen Jugendlichen, die als Anonymous in der Öffentlichkeit auftraten, seien ja nun das Gegenteil von anonym.

Schon damals fürchteten die Alteingesessenen 4chan-Nutzer einen Zustrom an *newfags*, an neuen Teilnehmern. Dieser Konflikt sollte sich in den kommenden Jahren noch verschärfen. Anonymous-Anhänger, die damals schon dabei waren, sprechen heute trotzdem von den guten alten Zeiten von Anonymous und 4chan. Sie sehen sich als die erste Generation, nennen sich *oldfags* und haben ein Problem mit Weltverbesserung. Dennoch zeigt schon der *raid* auf Hal Turner, der von Dezember 2006 bis mindestens April 2007 andauerte, alle Charakteristika späterer Aktionen: Es gibt einen unsympathischen und leicht reizbaren Gegner, anfangs große Geschlossenheit von Anonymous, vielfältige Angriffswerkzeuge (Telefonanrufe, massenhafte Zugriffe auf eine Website, Hacker-Angriffe, öffentliche Bloßstellung, persönliche Besuche vor Ort) und nicht zuletzt die Schaffung eigener Meme. Was dann Anfang 2008 als bis dahin größte Aktion von Anonymous gestartet wurde, bediente sich gleicher Mittel – sollte aber alles Vorherige in den Schatten stellen. Vorher gab es aber noch ein wenig Spaß.

Im Sommer 2007 war es endlich so weit: Der siebte Band der Fantasy-Buchreihe »Harry Potter« erschien, Verkaufsstart 21. Juli, eine Minute nach Mitternacht britischer Zeit. Allein in Deutschland gab es 1,5 Millionen Vorbestellungen, ein neuer Rekord, wie die Branche stolz vermeldete. Mit einigem Aufwand hielt der Verlag das 768 Seiten dicke Buch streng unter Verschluss, niemand sollte vorab erfahren, was sich die Bestseller-Autorin Joanne K. Rowling für Potter und seine Gefährten dieses Mal ausgedacht hatte. Fans der Saga wollten nachts vor Buchhandlungen anstehen, im

Internet wurden die Adressen von Buchläden mit Öffnungszeiten kurz nach Mitternacht herumgereicht. Die bange Frage: Wen tötet der Gegenspieler von Harry Potter, der finstere Lord Voldemort?

Das Internet wusste es schon eine Woche vorher. Ein Unbekannter fotografierte die entscheidenden letzten Seiten und stellte sie online, trotz aller Sicherheitsvorkehrungen. Außerdem hatte ein Hacker mit dem Pseudonym »Gabriel« nach eigenen Angaben einem Mitarbeiter des Verlags Bloomsbury einen Trojaner untergeschoben und sei so an das Manuskript herangekommen. Mindestens drei Raubkopien des Buchs kursierten vor dem Verkaufsstart schließlich im Netz, für eine der illegalen Versionen hatten Unbekannte den kompletten Band mit einer Digitalkamera abfotografiert. Zehntausende zogen sich Potter vorab aus dem Netz. Doch den Trollen reichte das nicht – sie organisierten *The Great Deathly Hallows IRL Raid of 2007*.

In mehreren Städten machten sich Chan-Nutzer – damals noch ohne die typische Maske – auf, um den vor den Buchläden wartenden Potter-Fans das Ende ihrer geliebten Geschichte zu verraten. Auf YouTube existieren etliche Beweisvideos, die nach der Aktion von stolzen Teilnehmern für die *lulz* hochgeladen wurden. In einem der Clips[10] sind drei Jungs zu sehen, mit riesigen Afro-Perücken und in schwarze Anzüge gekleidet, die sich immer wieder mit einem Megafon vor Geschäften aufbauen und der Menge entgegenrufen: »Voldemort bringt Snape um.« Außerdem erklären sie, auf welcher Seite Harry stirbt, wann er wieder aufersteht und was mit anderen wichtigen Figuren passiert. Dann nehmen sie Reißaus vor wütenden Fans, einmal rufen sie noch: »Der Swimmingpool ist geschlossen.« Die *nigras* aus »Habbo Hotel« waren zurück, wieder auf der Jagd nach Teenagern. Nur diesmal nicht nur im Internet. Auch in Chicago sollen sechs *nigras* unterwegs gewesen sein. Die drei britischen Jungs in dem

10 http://youtu.be/c16wK-low4E

YouTube-Clip bezeichnen sich als Truppen von »Ebaum's World«, jener Witzeseite, auf der damals ein ähnlicher Internet-Humor wie in Webforen wie 4chan und 7chan gepflegt wurde, mit der 4chan aber eigentlich verfeindet war. Aber es galt damals noch als ausgemacht, dass in der Öffentlichkeit kein Wort über 4chan und insbesondere /b/ verloren wird.

Die Bezeichnung Anonymous oder Anons verwenden sie nicht – auch wenn es die Begriffe zu dieser Zeit schon gab. Dass /b/ nicht genannt wurde, sondern die Schuld bei einer anderen Seite abgeladen wurde, gilt auch als *epic win*, wie überhaupt die komplette Aktion: »Anons deliver«, Anonymous liefert Ergebnisse. Auf 4chan wurde der Leak des finalen Potter-Bandes gefeiert. »Anonymous wins« steht über Bildern des alles entscheidenden Buchs. »Zieht los und postet das, ihr kleinen Fieslinge von Anonymous.« Auch wenn die Hälfte der anonymen Nutzer verkündet, es handele sich um einen Fake – andere behaupten, sie hätten das komplette Buch als Datei vorliegen, alles habe seine Richtigkeit. Dann wurden die Adressen von Foren genannt, in denen sich Potterfans treffen. Anonymous rückte natürlich auch in Foren aus, um den *potterfags* und *pottertards* das Ende zu verraten. In einem anderen Thread wurden Fotos und Berichte von den *raids* aus verschiedenen Städten gesammelt. »Heute ist eine glückliche Nacht, freut euch!« Der mediale Durchbruch von Anonymous, den die /b/tards bei Harry Potter noch verhindern wollten und bei Hal Turner ablehnten, sollte nur wenige Tage später kommen. Dazu verhalf ihm das amerikanische Fernsehen – ganz ohne Magie.

Außerhalb der düsteren Welt der Internet-Jungs und (im geringeren Ausmaß) -Mädchen nahm zunächst kaum jemand Notiz von dem Schwarmbewusstsein, das dort in Chans und Chaträumen heranwuchs. Von den Rivalitäten zwischen den Boards, deren Nutzer regelmäßig zu kleinen Spam-Feldzügen ausrückten und nebenbei eine elaborierte Subkultur prägten, voller Meme und Referenzen, voller dunklem Humor. Dann kam das Fernsehen. Der Fox-Sender KTTV aus Los Angeles berichtete am 26. Juli 2007 atemlos von »Hackern auf Steroiden«:[11]

Ein Moderator kündigt den kommenden Beitrag an: »Sie nennen sich Anonymous, sie sind Hacker auf Steroiden, für die das Internet ein Computerspiel in echt ist. Sie plündern Websites, hacken MySpace-Accounts und zerstören das Leben Unschuldiger. Wenn Sie sich wehren, sollten Sie besser auf der Hut sein. Destroy, Die, Attack, das ist von einer Gang Computer-Hacker, die sich Anonymous nennen.« Betroffener: »Ich hatte sieben verschiedene Passwörter, und sie haben sie alle.« Journalist: »Sie greifen Unschuldige an, wie eine Internet-Hassmaschine.« Die Silhouette eines Mannes ist zu sehen, mit verzerrter Stimme liest er das Anonymous-Manifest vor: »Wir sind Anonymous ...« Journalist: »Wer sich wehrt, bekommt Todesdrohungen.« Das Bild eines Anrufbeantworters, darauf die Nachricht »Ich werde ihm die Kehle aufschlitzen«. Journalist: »Anonymous hat sogar angedroht, Bomben in Sportstadien zu zünden.«

Diese Drohung hat es tatsächlich gegeben. Ein 4chan-Nutzer hatte angekündigt, in sieben Footballstadien am 22. Oktober 2006 Bomben mit radioaktivem Material hochgehen zu lassen, und in dem Zusammenhang von »America's Hiroshima« geschrieben. In seinem Beitrag phantasierte er von einem Bürgerkrieg, der daraufhin ausbrechen werde – das Datum sei schließlich das Ende des Fastenmonats Ramadan in Mekka, automatisch würden Muslime für den Terroranschlag verantwortlich gemacht werden. Ein Anonymous-Aktivist, der damals auf 4chan dabei war, erinnert sich: »Das war totaler Quatsch, niemand hat das ernst genommen.« Die US-Bundespolizei FBI sah das anders. Es ist einer der relativ wenigen Fälle, in denen 4chan-Gründer Christopher

11 http://youtu.be/DNO6G4ApJQY

»moot« Poole es mit den Sicherheitsbehörden zu tun bekam. Der Urheber des Schreibens konnte offenbar nicht an sich halten und prahlte mit seinem erfolgreichen Scherz – die Fahnder rückten aus und nahmen den 20 Jahre alten Jake Brahm aus Wisconsin fest. Statt eines Terrorplots mit Kleinlastern und schmutzigen Bomben entpuppte sich das Ganze als Wette unter Freunden, es mit einer möglichst extremen Geschichte in die Nachrichten zu schaffen.

Verpixelte Frau: »Ich glaube, das sind einheimische Terroristen.« Das Bild eines Lieferwagens, der von einer Bombe zerfetzt wird. Journalist: »Ihr Name stammt von ihrer geheimen Website. Dort müssen alle anonym posten. MySpace-Nutzer gehören zu ihren beliebtesten Zielen. Leute wie David. Anonymous hackte seinen Account und pflasterte sein Profil mit Schwulensexfotos zu. Seine Freundin hat ihn verlassen.« David: »Sie dachte, ich gehe mit Jungs aus.« Journalist: »Sie brachten seinen Computer mit einem Virus zum Absturz und benutzten seine eigene E-Mail-Adresse, um jeden zu infizieren, der auf seiner Freundesliste stand.« David: »Ich hatte 90 Freunde, sie vernichteten die Computer von 32 von ihnen.« Journalist: »David war ganz offenbar nur ein zufälliges Opfer. Wir haben sein MySpace-Passwort auf einer Untergrund-Hackerseite gefunden, die zu Anonymous gehört. Auf der Seite gibt es buchstäblich Tausende gestohlene Passwörter. Die Opfer bleiben ratlos zurück: Warum passiert mir all das?« Silhouette und verzerrte Stimme: »Sie werden sagen, wir wollen Chaos und Verwirrung stiften und das Leben von anderen Leuten ruinieren.« Journalist: »Dieser Hacker, der uns gebeten hat, seine Identität zu verbergen, hat Monate damit verbracht, Seiten von Anonymous zu untersuchen.« Hacker: »Denen macht das Spaß, sie holen sich damit, wie sie es nennen, lulz.«

4chan-Nutzer sind sich ziemlich sicher, den verpixelten Szenekenner aus dem Beitrag identifiziert zu haben – voller Name und persönliche Details inklusive. Demnach soll Alex einst die Nutzer auf 7chan aufgefordert haben, etwas gegen ein Mädchen zu unternehmen, das ihn abblitzen ließ. Dazu hatte er ihren Namen und ein Foto veröffentlicht und in Beiträgen mit dem Gedanken gespielt, sie zu vergewaltigen und sie zu töten. Nur hatte Alex mit seinem Aufruf gegen eine der Grundregeln verstoßen: »/b/ ist nicht deine private Armee.« So gerne 4chan auch über Opfer herfällt, so reagiert das Kollektiv doch allergisch gegen Aufrufe, Menschen bei ihren Rachefeldzügen zu helfen. Alex wusste das eigentlich, er entschuldigte sich in seinem Beitrag sogar für das Übertreten dieser Richtlinie. Die Trolle taten also, was Trolle tun müssen: Sie fielen über Alex her. Mit allem, was dazugehört. Bis heute findet sich der Screenshot eines Online-Shops mit der mutmaßlichen Adresse von Alex im Web.

Journalist: »Lulz – das ist eine Verfälschung von LOL, was für laughing out loud steht. Anonymous holen sich große *lulz*, indem sie zufälligen Opfern Streiche spielen. Zum Beispiel: An Online-Kinderspielen wie ›Habbo Hotel‹ herumpfuschen. Die Streiche sind oft antisemitisch oder rassistisch – und immer im Internet. Aber wahrhaft epische lulz gibt es bei raids und Invasionen, auf der Anonymous-Website gekennzeichnet mit einem i.« Das 4chan-Unterforum /i/ ist zu schon, was damals noch für »Invasion« stand. Journalist: »So wie ihre landesweite Kampagne, das Ende des neuen Harry-Potter-Bandes zu verraten.« Ausschnitt aus einem Amateurvideo, in dem ein Mann mit Megafon in einem Geschäft sagt, wen Voldemort tötet. »Ihr berüchtigtster Stunt: Eine Bombendrohung gegen sieben Footballstadien, die es landesweit in die Medien schaffte.«

Erst hier wird berichtet, dass ein Mann deswegen bereits ein Jahr zuvor festgenommen wurde und es sich wohl um einen (schlechten) Scherz handelte. Schließlich kommt noch eine Mutter zu Wort, die »gegen Anonymous kämpft, weil ihre ganze Familie zur Zielscheibe geworden ist«. Dem Bericht nach wurden Fotos, Anschrift und Telefonnummer auf 4chan gepostet, dazu die Nachricht: »Ihr habt alle Infos, die ihr braucht. Go, go, go.« Das klingt realistisch. 4chan ist für solche Aktionen berüchtigt, für Mobbing, Drohanrufe, Todesdrohungen. Ein paar Jungs vor dem Rechner lachen sich tot, und jene, die zufällig in die Schusslinie geratenen, haben mit den Folgen zu kämpfen.

> Journalist: »Sie installierte eine elektronische Alarmanlage, ein System zur Anrufrückverfolgung und kaufte einen Hund. Dann begann sie damit, Anonymous-Mitglieder zu identifizieren, und schaltete das FBI ein – doch sie hat Angst, dass die nichts unternehmen, bis es zu spät dazu ist.«

Die Internet-Hassmaschine, die Hacker auf Steroiden, der Familienhund, all das ist seitdem fester Bestandteil der Chan-Kultur. Zur Abwehr von Anonymous: einfach einen Hund kaufen. Für die 4chan-Nutzer war der reißerische Bericht, bei aller Belustigung, so etwas wie ein Ritterschlag. Das Magazin »Wired« erklärte den Fernsehbeitrag selbst am Tag darauf zum bisher besten Streich von Anonymous – und merkte wohl treffend an, dass die vermeintlichen Super-Hacker dann doch eher gelangweilte 15-jährige Jungs seien.[12]

Anonymous war nun nicht mehr die Bezeichnung für die anonymen Schreiber der 4chan-Beiträge oder der Sammelbegriff für die Nutzerschaft des Webforums. Anonymous war die Fortsetzung der Chan-Kultur mit anderen Mitteln. Mit Hilfe von Internet-Werkzeugen konnten sie sich blitzschnell koordinieren, ihre Opfer hatten keine Chance, einen Angriff auch nur vorauszuahnen: »ultra-coordinated motherfuckery«. Integraler Bestandteil

12 Investigative Report Reveals Hackers Terrorize the Internet for LULZ, Ryan Singel, Wired, 27.7.2007, http://goo.gl/RSVKj

war die Idee, das Internet müsse frei sein, frei von der Gängelung durch Aufsicht und Kontrolle. Im besten Fall ein libertärer Ansatz, tatsächlich gleichzeitig der selbstherrliche Anspruch der frühen, überwiegend männlichen und weißen Nutzer, doch bitte ungestört weitermachen zu können wie bisher. Im Jahr 2008 sollte sich das ändern, statt ewiger Nabelschau und fröhlichem Hedonismus wurde Anonymous plötzlich politisch.

2. Projekt Chanology.
Die erste Generation

»Es ist an der Zeit, /b/.«[13]

Man darf sich Tom Cruise als glücklichen Menschen vorstellen. Verheiratet mit einer schönen, erfolgreichen Frau, drei Kinder, einer der reichsten und berühmtesten Schauspieler Hollywoods – und eine bekannte Figur bei Scientology, einer kostspieligen Glaubensrichtung, die der Fantasy-Autor Lafayette Ronald Hubbard ins Leben gerufen hat. In den USA ist Scientology als Kirche anerkannt, in Deutschland steht die Organisation als Sekte unter Beobachtung mehrerer Verfassungsschutzbehörden. Der Spiegel schrieb 1991 über Scientology:

> »Aggressive Anwerber, gesalzene Preise für bombastische Heilsversprechen und enormer Leistungsdruck haben das Unternehmen – als eingetragener Verein steuerprivilegiert – zu einem Marktführer der Kult-Branche gemacht.«

Aussteiger berichten von regelrechter Gehirnwäsche und warnen vor totalitären Tendenzen der auf Profit ausgelegten Organisation. Am 14. Januar 2008 stellte ein Unbekannter ein Video auf YouTube, das offenbar für den internen Gebrauch bei Scientology produziert worden war. Knapp zehn Minuten lang versucht »Tom Cruise, Scientologe«, wie er vorgestellt wird, seine Begeisterung

---

13 So beginnt der Aufruf an die 4chan-Nutzer, etwas gegen Scientology zu unternehmen.

für die Psycho-Sekte zu erklären. Unterlegt ist der Clip mit einer Endlosschleife der Titelmusik aus »Mission Impossible«, der mittlerweile vier Kinofilme umfassenden Reihe mit Tom Cruise, Scientologe.

Das minutenlange Gestammel ist, vorsichtig gesagt, nicht völlig verständlich. Cruise driftet im Verlauf seines Monologes immer mehr ab, ständig fragt er: »Weißt du?« Eine Kostprobe: »Wenn man Scientologe ist, dann kann man nicht wie jeder andere an einem Unfall vorbeifahren. Während man vorbeifährt, weiß man, dass man etwas tun muss. Weil man der Einzige ist, der helfen kann.« Zum Schluss bricht Cruise in manisches Gelächter aus.[14] Die Ansprache war seine Dankesrede für die »Freedom Medal of Valor«, einen Scientology-Preis, der ihm 2004 verliehen wurde. Ein Wunder, dass Scientology den Clip überhaupt produzieren ließ. Kein Wunder, dass nach der Veröffentlichung außerhalb der Organisation sofort Anwälte in Bewegung gesetzt wurden, um das peinliche Video wieder einzufangen.

So funktioniert das Internet aber nicht, wie spätestens seit 2003 bekannt sein dürfte. Damals wollte die Schauspielerin Barbra Streisand 50 Millionen Dollar einklagen, weil ein Foto ihres Anwesens auf einer Internetseite veröffentlicht worden war, auf der etliche Fotos der kalifornischen Küstenlinie gesammelt waren. Erst durch den Rechtsstreit wurde allerdings bekannt, dass eines der fotografierten Anwesen ihr gehörte – diese Verbindung hatte vorher niemand hergestellt. Danach verbreitete sich das Bild viral im Netz, Hunderttausende sahen sich die Prachtvilla an. Bis heute ist das Foto von Streisands Haus in der englischsprachigen Wikipedia zu finden, als Illustration des Eintrags zum »Streisand-Effekt«. Mit dem Versuch, Information aus dem Netz zu klagen, erreicht man oft das genaue Gegenteil: Vervielfältigung. Doch dieses schlichte Faktum wird gern ignoriert, so auch von

14 http://youtu.be/UFBZ_uAbxSo

Scientology fünf Jahre später. Zu der Zeit stand die Organisation verstärkt in der Kritik, in Deutschland dachten die Innenminister der Länder laut über ein Verbot nach. In den USA sollte eine Biografie über Tom Cruise, die der Scientology-Kritiker Andrew Morton geschrieben hatte, am 15. Januar veröffentlicht werden. Das Video kam also gerade richtig. YouTube reagierte umgehend auf den Einspruch der Scientology-Anwälte und löschte den Clip wegen einer Urheberrechtsverletzung. Doch zu spät: Das Video wurde von anderen Nutzern immer wieder neu hochgeladen, außerdem entschied sich das Blog »Gawker«, den Clip zu zeigen. Millionenfach wurde er abgerufen. Für den Ruf von Tom Cruise, Scientologe, war die Veröffentlichung verheerend.

Was dann folgte, war die bis dahin größte Aktion von Anonymous: »Projekt Chanology«. Sie dauert bis heute an, wird sowohl im Internet als auch auf der Straße ausgetragen und brachte Anonymous weltweit in die Schlagzeilen.

Anfang 2008 waren die 4chan-Nutzer vor allem mit sich selbst beschäftigt, sieht man von ein paar Belustigungen über den Republikaner Ron Paul ab, der sich damals als Präsidentschaftskandidat aufstellen lassen wollte, und von pubertären Scherzen auf Kosten eines Transsexuellen, der Videos von sich ins Netz gestellt hatte. Mitten herein in den 4chan-Alltag platzten das Cruise-Video und die Scientology-Anwälte. Für die Vertreter der Chan-Kultur war das Anliegen der Anwälte so etwas wie eine Kriegserklärung. Ein lustiges Video mit juristischen Mitteln aus dem Netz entfernen? So etwas gilt Anonymous als Zensur. An einem Montag wurde das Video erstmals veröffentlicht, am darauffolgenden Tag, es war der 15. Januar 2008, startete ein »Anonymous« auf 4chans legendärem Unterforum /b/ einen neuen Thread:

»Ich glaube, es ist an der Zeit für /b/, etwas Großes zu tun. Den Leuten muss klar werden, dass man sich nicht mit /b/ anlegt, dass man nicht zehn Minuten über nichts redet und erwartet, dass Menschen ihr Geld einer vollkommen sinnlosen Organisation geben. Ich spreche davon, die offizielle Scientology-Website zu »hacken« oder »auszuschalten«. Es ist an der Zeit, dass wir mit unseren Ressourcen etwas anstellen, was wir für richtig halten. Es ist für /b/ wieder an der Zeit, etwas Großes zu tun. Sprecht euch ab, findet einen besseren Ort für die Planungen, und dann tut, was getan werden muss. Es ist an der Zeit, /b/.«

Es war der Anfang des »Projekts Chanology«. Der Name setzt sich zusammen aus dem »Chan« der Chan-Kultur und dem Begriff »Scientology«. Zunächst gab es innerhalb der Szene noch Vorbehalte, wie schon bei dem *raid* gegen den rechten Radiomoderator Hal Turner wurde auch diesmal eine unnötige Politisierung beklagt. 4chan stritt und diskutierte, bis am darauffolgenden Tag schließlich feststand: Wir blasen zum Angriff auf Scientology. Geplant wurde die Attacke aber nicht auf /b/, dazu zogen sich die Unbekannten auf Wikis und in Chaträume zurück, unter anderem nutzten sie das Wiki »Partyvan« und das Webforum 711chan dazu, auf dem es noch ein Unterforum /i/ für »Invasion« gab. Auf 4chan war so ein Unterforum zwischenzeitlich abgeschafft worden, »moot« wollte nicht der Polizei dabei helfen müssen, Nutzer zu identifizieren, die womöglich Straftaten begangen hatten. Am 17. Januar 2008 war die Scientology-Website dann erstmals nicht mehr zu erreichen, massenhafte Abfragen hatten den Server überlastet. Außerdem verschickten Aktivisten nach eigenen Angaben Faxe an Scientology – mit komplett schwarzen Seiten. Auf diese Weise sollten Tinte und Papier der Scientology-Faxgeräte möglichst schnell aufgebraucht und der Organisation ein (wenn auch winziger) wirtschaftlicher Schaden zugefügt werden. Außerdem sind schwarze Faxe so etwas wie die Überlastungsangriffe des analogen Zeitalters: Ein Fax ohne Tinte, das ständig neue schwarze Faxe empfängt, taugt nicht mehr für seinen eigentlich Zweck, genauso wie ein über massenhafte Anfragen überlasteter Webserver. Auch die Hotlines der Sekte wurden nach eigenen Angaben massenhaft angerufen, einige Anonymi wollen beim Zustandekommen einer Verbindung Rick Astleys »Never Gonna Give You Up« abgespielt haben. Scientology wurde ge-*rickrolled*.

Auch am Freitag und Samstag der gleichen Woche dauerten die Angriffe an, erst am Sonntag besserte sich die Situation aus Sicht der Scientologen. Weil aber gleichzeitig die ersten Medienberichte erschienen waren, unter anderem auf der BBC-Website, brach die Scientology-Seite erneut zusammen. Es waren nun nicht mehr nur Anonymous-Anhänger beteiligt, sondern, ganz unabsichtlich, auch alle Netznutzer, die einfach mal nachsehen wollten, ob die Aktion noch andauerte. Jeder Seitenaufruf vergrößerte das Problem für Scientology. Auf 4chan wurden bereits die nächsten Website-Blockaden verabredet. »Sechs Uhr heute Abend«, schrieb jemand. »Nehmt euch die Seiten vor, die auf Partyvan aufgelistet sind. Anonymous muss als Einheit zuschlagen. [...] Kein Wort über /b/, 4chan, ebaums oder irgendeine andere Seite.«

Am Montag begann Anonymous die zweite Angriffswelle mit einem YouTube-Video, der heute legendären »Nachricht an Scientology«. Am 17. Januar hatten sich fünf Anons in einen privaten Chatkanal zurückgezogen, um eine Pressemitteilung zu verfassen. Sie wollten erklären, was es mit der Aktion auf sich hatte, und fürchteten, die Botschaft könne ansonsten im Chaos untergehen. Mit dabei war der 1976 geborene Programmierer Gregg Housh aus Boston, ein Internet-Aktivist, der seit Jahren mit 4chan vertraut war. Nach einem Rechtsstreit – Scientology hatte ihn angezeigt – wurde sein Name später in der Öffentlichkeit bekannt. Housh wehrte sich und bekannte sich zum Protest gegen die Sekte. Damit wurde er so etwas wie ein Sprecher für Anonymous, der gegenüber der Presse Auskunft gab. Der Zeitung »The Boston

Phoenix« erklärte er noch im selben Jahr, wie es zu dem Video kam:[15]

> »Wir waren zu fünft, einer sagte, er sei Autor, einer Korrekturleser, ich hatte ein paar gute Ideen für eine Struktur. Wir bastelten also etwas zusammen, was zum Schluss aber mehr wie das Script zu einem Video aussah, nicht wie eine Pressemitteilung. Dann haben die anderen beiden Typen gesagt, dass sie Videos produzieren können und die Werkzeuge dafür hätten, einer sagte, er habe bedrohlich wirkende Wolkenbilder. Und ehe wir uns versahen, stand am 21. Januar die ›Nachricht an Scientology‹ auf YouTube.«

In dem Clip verliest eine Computerstimme einen Text, in einer Zeitrafferaufnahme ist ein eingefärbter Wolkenhimmel zu sehen. Das Original war auf Englisch,[16] ein paar Tage später gab es auch eine deutsche Übersetzung:

> »Wir grüßen euch, Führer von Scientology. Wir sind Anonymous. Wir haben euch über Jahre beobachtet. Eure Desinformationskampagnen, Unterdrückung von Abweichlern, eure Klagewellen, alle diese Dinge sind uns aufgefallen. […] Anonymus hat daher entschieden, dass eure Organisation zu zerschlagen ist. Für eure Anhänger, für die Menschheit, für den Spaß daran: Wir werden euch aus dem Internet entfernen und die »Kirche« Scientology in ihrer aktuellen Form auseinanderbrechen. […] Ihr könnt euch nicht verstecken; wir sind überall. Ihr werdet euer Heil nicht im Angriff finden, denn für jeden, der fällt, treten zehn Neue in unsere Reihen. Wir können nicht sterben; wir sind ewig. Wir wachsen von Tag zu Tag, nur durch die Macht unserer Ideen, so bösartig und feindselig sie oftmals auch sind. Wenn ihr eurem anonymen Gegner einen Namen geben wollt,

15 Battling Scientology, Chris Faraone, The Phoenix, 23.10.2008, http://goo.gl/znjeI
16 http://youtu.be/JCbKv9yiLiQ

dann nennt uns Legion, denn wir sind viele. [...] Wissen ist frei. Wir sind Anonymous. Wir sind Legion. Wir vergeben nicht. Wir vergessen nicht. Rechnet mit uns.«

Vielleicht eine Woche lang, so schätzte Housh, würde das Video angesehen werden. Dann entdeckten es »The Register«, »Gawker« und CNN. Die ganze Sache nahm mächtig Fahrt auf. Die 4chan-Armee konnte MySpace-Teenager belästigen – aber konnte sie es mit einer Zehntausende Mitglieder starken Organisation aufnehmen, die es gewohnt war, kritisiert zu werden und unter öffentlichem Druck zu stehen? Wäre da nicht der tagelange Ausfall der Scientology-Website gewesen, man hätte diese Ankündigung leicht als Größenwahn abtun können. Während Scientology mit ihrer Website hastig zu einem Anbieter umzog, der mit einem größeren Rechenzentrum und besserer Anbindung dafür sorgen sollte, dass die Seite nicht wieder lahmgelegt werden konnte, plante Anonymous die nächsten Schritte: »Was hier passiert, ist *epic*, das ist nicht nur irgendein neuer Habbo- oder MySpace-*raid*.« Hinter den Kulissen verabredeten sich die Unbekannten zu Demonstrationen vor Scientology-Büros. Die Blockaden waren ihnen nicht mehr genug, der überwältigende Zuspruch auf den Foren und Websites stachelte sie an.

Für ihre Angriffe auf Websites nutzten die Anonymous-Aktivisten eine Software-Waffe namens »Low Orbit Ion Cannon« oder »Loic«. Ursprünglich wurde das Programm 2006 entwickelt, um zu Testzwecken massenhaft Datenpakete zu verschicken. Ein Webserver aber, der von mehreren Rechnern binnen kurzer Zeit Zehntausende Anfragen erhält, kommt mit dem Bearbeiten der Anfragen irgendwann nicht mehr hinterher und bricht im schlimmsten Fall unter der Last völlig zusammen. Außerdem ist die Seite für andere Besucher nur noch schwer oder überhaupt nicht mehr zu erreichen. So einen Angriff nennt man »Denial-of-

Service«-Attacke, werden mehrere angreifende Computer dabei miteinander koordiniert, spricht man von einer »Distributed Denial-of-Service«-Attacke oder kurz DDoS. Website-Betreiber halten solche Aktionen für kriminell, ebenso die meisten Gesetzgeber. In Deutschland ist so ein Angriff strafbar nach Paragraph 303b des Strafgesetzbuchs. In besonders schweren Fällen, etwa wenn man Teil einer Bande ist, stehen darauf sechs Monate bis zehn Jahre Haft. Für Aktivisten sind es Protestaktionen, die im Web teils frenetisch gefeiert werden. Sie nennen eine DDoS-Attacke einen »digitalen Sitzstreik«.

Normalerweise werden DDoS-Angriffe von Rechnern aus gestartet, deren Nutzer davon gar nichts mitbekommen. Ihre Computer wurden mit einem Trojaner infiziert und können ferngesteuert werden. So ein Netz verseuchter Zombie-Rechner unter fremder Kontrolle heißt Botnet, als kriminelle Ressource lassen sich solche Rechnerverbünde stundenweise mieten. Vor allem Windows-Rechner sind betroffen, die Nutzer bemerken oft nur, dass ihre Internetverbindung langsamer als sonst ist. Genutzt werden solche Botnetze auch für den Versand von Spam oder andere kriminelle Machenschaften. Anonymous dürfte den ersten freiwilligen Zusammenschluss zu einem Botnetz organisiert haben. Im September 2010 wurde der Software eine Funktion namens »Hivemind« hinzugefügt. In diesem Modus wartet das Programm darauf, dass in einem bestimmten Chatkanal ein Ziel bekannt gegeben wird, um automatisch loszuschlagen. Dazu muss der Besitzer nicht einmal in der Nähe sein, er kann seinen Rechner auch einfach laufen lassen.

Twitter und Facebook sind dabei nur öffentliche Plattformen, auf denen die Erfolge gefeiert und neue Aktionen angestoßen werden. Die eigentliche Koordination der Attacken läuft über Chatkanäle. Die Kommunikation in solchen Chaträumen sieht so aus, wie sich Laien Hacken vorstellen: Internet Relay Chat (FRC) ist eine Technologie, die schon in den achtziger Jahren erfunden wurde und die nur mit Textbefehlen funktioniert. Grafische Benutzeroberflächen helfen den Nutzern mittlerweile ein wenig, dennoch sieht das Ergebnis aus wie die Benutzeroberfläche von MS-DOS: Karger, in prähistorisch wirkenden Schriftarten formatierter Text, keine Bilder, keine Icons. Dazu kryptische, selbstgewählte Spitznamen, chaotische, für Außenstehende verwirrende Kommunikation, selbstverständlich gespickt mit Anspielungen auf Mem- und Chan-Kultur. IRC gehört zu den ältesten Sedimentschichten des Internets, ein archaisches Werkzeug, das weit unter der polierten Oberfläche des Hochglanz-Webs von heute auf Kundige wartet, die sich seine einfachen, aber mächtigen Mechanismen zunutze machen. Dazu gehört, dass theoretisch jeder mit der nötigen Hardware und einem Internetzugang einen IRC-Server aufsetzen und sich eigene Chaträume aufbauen kann. Genau das taten viele Anonymi in den folgenden Jahren. Sie schufen sich ihre eigene Kommunikationsinfrastruktur. Im Prinzip zunächst öffentlich, praktisch aber kaum zugänglich für all jene, die sich nicht so gut mit Computern und dem Netz auskennen. Zudem bietet IRC die Möglichkeit, private Chaträume einzurichten, in die man nur auf Einladung hineinkommt. Für das »Projekt Chanology« wurde das Chat-Netzwerk AnonNet eingerichtet – wer sich hier einwählte, war Teil der Anti-Scientology-Bewegung.

Eine klare Trennung zwischen Tätern und Zuschauern gibt es dabei nicht: Jeder kann mitmachen, es dauert nur Minuten, denn Hacker-Qualitäten braucht man nicht. Selbst der, der die »Ionenkanone« Loic nicht einsetzt, sondern nur während einer Attacke nachschaut, ob eine Seite wirklich weg ist, trägt zur Überlastung der Seite bei. Der Einsatz der Software ist einfach: Einen Serienbrief mit Word zu erstellen ist schwieriger, als an einem Loic-Angriff teilzunehmen. Allerdings ist diese Teilnahme mit einem nicht unerheblichen Risiko für die freiwilligen Überlastungshelfer verbunden. Das sollten diese – zumindest kurzzeitigen – Anonymus-Anhänger in den folgenden Jahren noch auf schmerzliche Weise zu spüren bekommen, wie wir später noch sehen werden.

Widerstand gegen solche Angriffe ist nur bedingt möglich. Jeder Versuch, den Angreifern die Ressourcen abzuklemmen, scheint sinnlos: Es gibt keine wirkliche Gruppe, nur einen auf allen Internet-Kanälen kommunizierenden losen Verbund zeitweilig Gleichgesinnter. Die Infrastruktur der vermeintlichen Gruppe sind die Instrumente des Netzes selbst – was auch immer sich da gerade anbietet. Ein DDoS-Angreifer und Anonymous-Unterstützer, das mag der Junge von nebenan sein, eine Hausfrau, die eine Scientology-kritische *TV*-Dokumentation gesehen hat – oder der freundliche Einwohnermeldeamts-Beamte. Wer will, lädt binnen Minuten die »Ionenkanone« herunter, gibt das Ziel ein oder die Software für den koordinierten Fernsteuerungs-Modus frei und kann dann weiter seiner Arbeit nachgehen. Die Attacke läuft ganz beiläufig im Hintergrund. Es ist eine Hack-Attacke von Netznutzer Mustermann, oft noch jugendlichen Alters. Der merkt plötzlich, dass er im Web Macht ausüben kann – oder zumindest für mächtig viel Unruhe sorgen.

Für derartigen Internet-Protest gibt es seit Mitte der neunziger Jahre den Begriff Hacktivismus: Hacken für einen politischen Zweck, nicht nur im strengen Sinne des Einbrechens in ein Computersystem, sondern weiter gefasst. Hacktivismus ist Einsatz von Technik zu einem Zweck, für den die Technik ursprünglich nicht vorgesehen war, und zwar zu einem explizit politischen. Der simple Einsatz der »Ionenkanone« kann also zum Hacktivismus gezählt werden, auch wenn versiertere Hacker normale Anwender von Werkzeugen wie der »Ionenkanone« als *script kiddies* belächeln. Mit der Verbreitung des Internets, das in immer mehr Lebensbereiche vordrang, wurde Hacktivismus attraktiv. Angriffe trafen nicht länger nur obskure und kaum genutzte Bildschirmtextangebote oder Mailboxen, sondern Dienste, auf die Millionen Nutzer zugriffen oder die wichtig für den Betrieb von Behörden und Unternehmen waren. Die zunehmende Vernetzung eröffnete den Hackern und Hacktivisten neue Betätigungsfelder. Tim Jorand und Paul A. Taylor beschreiben in ihrem Buch »Hacktivism and Cyberwars«, wie der Computer-Untergrund, der vor allem aus Bastlern und Programmierern bestand, die Spaß am Gerät haben wollten, mit den neuen Hackern konfrontiert wurden mit Aktivisten, die den Computer für ihre politischen Ziele einsetzen wollten. Hacktivisten setzen sich oft für die freie Rede ein, wehren sich gegen Internet-Zensur und regulatorische Maßnahmen.

Eine Mitte der achtziger Jahre gegründete Gruppe namens Cult of the Dead Cow (CDC) stellte den Hacktivisten Software bereit, mit der sich Rechner kapern und fremdsteuern ließen – und hackten selber. Oberste Maxime: der freie Fluss von Informationen. Als Hacktivisten 1999 das Netzwerk der WTO-Konferenz in Seattle angriffen, verurteilte CDC diese DoS-Attacke. Das Treffen der Welthandelsorganisation war umstritten, so wie die Organisation selbst, die Straßenschlachten, die sich Polizei und linke Demonstranten lieferten, brutal. Und doch, erklärte CDC, sei der Hacktivismus zu weit gegangen. Das Angreifen eines Netzwerks behindere den freien Datenverkehr – und das könne niemals im Sinne der Hacker sein. Die Anti-Globalisierungsbewegung hingegen setzte alle Mittel ein, die ihr zu Verfügung standen. Dazu gehörte auch das Lahmlegen von Netzwerken, auch wenn sich das nicht mit der Hacker-Ethik vereinbaren ließ, die Zugang zu Information als eines ihrer zentralen Prinzipien postuliert. Doch mittlerweile dürfte klar geworden sein, dass sich Anonymous nicht besonders um Ethik schert. Das Kollektiv praktiziert Grenzübertretungen nur um des Schockeffekts willen. Der Einsatz von DDoS-Werkzeugen kann daher nicht überraschen. Doch schon hier wird deutlich, dass die Chan-Kultur sich nicht immer mit der Subkultur der Hacker vereinen lässt.

Der Schaden jedenfalls, den die DDoS-Angriffe auf die Website von Scientology und mehr als ein Dutzend weiterer Scientology-Angebote anrichtete, ist überschaubar.

In den ersten Wochen des Jahres 2008 überraschte sich Anonymous selbst. Zuerst waren da Gregg Housh und seine Kumpel, die mit der Flut der Neuankömmlinge zurechtkommen mussten: Als bei dem Angriff auf die Scientology-Website die Chaträume wegen der vielen Zugriffe unbenutzbar zu werden drohten, organisierte Housh neue Kanäle, nach Städten und Ländern sortiert. Auch einen verstecken Kanal richtete er ein, für das Organisationsteam.[17] Ihm war klar: Ein harter Kern musste dafür sorgen, dass die Aktionen weiterliefen. Einer aus dem Presseteam, so erinnert sich Housh, habe die Idee gehabt, dieses Potential zu nutzen und ganz real gegen Scientology zu demonstrieren. Sie produzierten ein neues Video, »Call for Action«, in dem sie zu Protesten am 10. Februar aufriefen. Außerdem stellte Mark Bunter, ein langjähriger Kritiker von Scientology, am 28. Januar eine »Nachricht an Anonymous« auf YouTube.[18] Er freue sich zwar über die Aktionen, erklärte er darin, seiner Meinung nach müsse der Protest aber mit legalen Mitteln bestritten werden. Und am besten auch nicht bloß online, sondern auf der Straße. Die so auf die Abwesenheit von Anführern bedachte Bewegung hielt einen Moment inne – und hörte sich an, was ein älterer Herr mit Bart zu sagen hatte. Ein Wunder geschah: Anonymous verlachte den Mann nicht von vorneherein, sondern diskutierte seinen Einwand, und sie fanden Gefallen an der Idee. Bunter nannten die Anonymi fortan »Den weisen Mann mit dem Bart«. Natürlich ist auch er seitdem ein Mem auf 4chan.

17 They're watching. And they can bring you down, Joseph Menn, Financial Times, 23.9.2011, http://on.ft.com/pZVtLp
18 Bunters YouTube-Account wurde zwischenzeitlich gelöscht, Backup der »Nachricht an Anonymous«: http://youtu.be/O-bRE1NZovg

Vorbereitet wurden die Proteste auf einer eigenen Website, »Enturbulation«, was in der Scientology-Sprache so viel bedeutet wie jemanden zu verstören oder aufzuwühlen. Die Seite sollte eine Anlaufstelle für alle Scientology-Kritiker sein, nicht ausschließlich für Anonymous-Aktivisten und Nutzer, die mit 4chan groß geworden waren. Sie meinten es ernst mit »Projekt Chanology«, das zeigte schon die weitgehende Abwesenheit von *lulz*. »Eine Informationsquelle über Aktivismus gegen Scientology« war der Untertitel der ganz seriös in Gelb und Schwarz gehaltenen Seite, Links führten auf Unterseiten mit den Titeln Aktivismus, Forum, Übersicht über Scientology, »Wer wir sind« und zu einem Spendenaufruf. Mit seiner geradezu hierarchischen Form, so bemerkt es die »Encyclopædia Dramatica«, und dem Zwang zur Registrierung von Nutzernamen passe »Enturbulation« auch gar nicht recht zu Anonymous. Tatsächlich kam es Monate später zum Streit zwischen Anonymous und den Administratoren von »Enturbulation«, unter anderem über Links auf illegale Inhalte, und die Website ging schließlich vom Netz. Bis dahin aber half sie mit, dass im Februar und März Tausende gegen Scientology protestierten, in den USA, in Europa und Australien.

Den ersten Testlauf starteten Anonymous-Aktivisten am 2. Februar 2008 in Orlando im US-Bundesstaat Florida, knapp 200 Kilometer von der Scientology-Zentrale in Clearwater entfernt. In der Stadt mit rund 100.000 Einwohnern, so berichten es Scientology-Gegner, werden etliche Firmen von Mitgliedern der Sekte geführt. Den Kritikern würden schon mal Geschäfte verweigert. Als Datum für den großen Auftritt wählte Anonymous den 10. Februar aus – den Geburtstag von Lisa McPherson, die 1995 in der Obhut von Scientology in Clearwater ums Leben gekommen war. Die Umstände ihres Todes sind umstritten und waren Gegenstand juristischer Untersuchungen, die trotz anfänglicher Hinweise auf ein Verschulden seitens Scientology ohne Verurteilung endeten. Die damals 36-jährige McPherson war am 18. November

1995 in einen kleineren Autounfall verwickelt. Die angerückten Rettungskräfte wollten sie zuerst nicht mit ins Krankenhaus nehmen – dann aber zog sie ihre Kleider aus, sodass sie über Nacht eingewiesen und psychologisch untersucht werden sollte. Nach dem Besuch von Scientologen bestand sie jedoch darauf, entlassen zu werden, und begab sich in eine Einrichtung ihrer Sekte. Scientology lehnt Psychiatrie strikt ab, eine eigene Unterorganisation widmet sich der angeblichen Aufklärung angeblicher Verbrechen von Psychologen und Psychiatern. Unter der Aufsicht von Scientology verschlechterte sich McPhersons Zustand, sie verweigerte die Nahrungsaufnahme und wurde schließlich am 5. Dezember in ein Krankenhaus gebracht, wo sie nicht mehr wiederbelebt werden konnte. Der Autopsiebericht, der ursprünglich fehlende Wasseraufnahme und Bettlägerigkeit aufführte, wurde von Scientology heftig angefochten und die Todesursache schließlich von »unbestimmt« auf »Unfall« geändert. Ein strafrechtliches Verfahren gegen Scientology wurde 2000 eingestellt, das zivilrechtliche Verfahren, das McPhersons Familie angestrengt hatte, mit einem vertraulichen Vergleich abgeschlossen. Ein komplizierter Fall und ein denkwürdiges Datum.

Um 11 Uhr am 10. Februar 2008, es wäre McPhersons 49. Geburtstag gewesen, gingen rund 5500 Demonstranten in hundert Städten auf die Straße. Optimistischere Zählungen des »Projekts Chanology« kommen auf mehr als 8500 Teilnehmer. Auf Fotos sind Anonymous-Aktivisten im schwarzen Anzug zu sehen, manche tragen Masken, einige mit großer Afroperücken.

Die Guy-Fawkes-Maske, die inzwischen zu einem offiziellen Markenzeichen von Anonymous geworden war, tauchte hier erstmals im öffentlichen Bewusstsein auf. Die Masken sind eine Anspielung auf den Film »V wie Vendetta«, der wiederum auf dem gleichnamigen Comic der Briten Alan Moore und David Lloyd basiert. Im Film kämpft ein maskierter Rächer auf teils brutale Weise gegen das totalitäre System, von dem ein postapokalyptisches Großbritannien beherrscht wird. Stets trägt er eine Guy-Fawkes-Maske, wie sie in England am 5. November, dem Guy-Fawkes-Day, oft getragen wird. An diesem Tag im Jahr 1605 wollte der katholische Terrorist Guy Fawkes das britische Oberhaus mit einer ganzen Batterie von Fässern voller Schwarzpulver in die Luft sprengen. Briten feiern am 5. November das Scheitern des Anschlags, zünden Feuerwerk und verbrennen Fawkes-Figuren aus Stroh auf gewaltigen Holzfeuern. Auch im Comic von Moore und Lloyd ist der Mann mit der Fawkes-Maske eine ähnlich zwiespältige Figur wie der echte Fawkes, der noch heute Bewunderer wie erbitterte Feinde hat. Der Maskenmann im Comic ist eine Art gespaltener Superheld mit sehr finsteren Seiten. Im Film kommt der Rächer, der sich selbst nur »V« nennt, etwas besser weg. Autor Moore distanzierte sich von der Film-Umsetzung. Am Ende des Films, als die Jagd auf den einsamen Guerillero ihren Höhepunkt erreicht, tauchen plötzlich Aberhunderte von Menschen mit den gleichen Masken auf den Straßen Londons auf und machen es dem faschistischen Sicherheitsapparat so unmöglich, den Gesuchten in der Menge zu finden. Solidarität in gemeinsamer Anonymität – dieses Bild gefiel vielen Anons so gut, dass sie es, die zwiespältige Historie der Maske ignorierend oder bewusst akzeptierend, kurzerhand zum Symbol ihres anonymen Kollektivs erklärten.

Andere Anti-Scientology-Demonstranten trugen schlichte Freizeitkleidung und hatten sich Tücher um den Mund gebunden. Sie hatten Schilder und Transparente dabei, mit Botschaften gegen Scientology – aber auch mit Internet-Memen wie etwa der Zeichnung einer überlangen Katze: »Longcat is loooong«, einer Abwandlung des *Lolcat*-Mems. Auf 4chan erschienen nach und nach die Meldungen aus den teilnehmenden Städten: 200 in Washington, Seattle und Orlando. Auch in Clearwater stellten sich der Sekte 200 Demonstranten entgegen, viele hatten ihre Gesichter hinter Masken, Tüchern und Sonnenbrillen versteckt.

»Scientology tötet« war auf Plakaten zu lesen. Vor dem Hotel, in dem McPherson unter der Aufsicht von Scientology ums Leben kam, wollten sie Blumen niederlegen, wurden von der Polizei aber daran gehindert. Auch in San Francisco, Berlin, London, Sydney, Melbourne wurde demonstriert. Ein Foto aus Atlanta zeigt Polizisten in Kampfmontur, die offenbar die örtliche Scientology-Niederlassung schützen, andere Bilder Dutzende oder sogar Hunderte Demonstranten, überwiegend junge Menschen, viele maskiert. In Zeitungsberichten wurde notiert, dass es nicht nur »typische Nerds aus dem Internet« waren, sondern auch »ganz normale Leute«, darunter Lehrer, Angestellte und Rentner.

4chan und /b/ erwähnen die Demonstranten nicht, dafür die »Operation Clambake«, zu erreichen unter xenu.net. Dahinter verbirgt sich die Arbeit des Scientology-Kritikers Andreas Heldal-Lund aus Norwegen, der seit 1996 Informationen über den »gefährlichen Kult« sammelt und auch internes Material der Kirche veröffentlicht. Weil Scientology regelmäßig – und das erfolgreich – gegen ähnliche Websites vorgeht, führt die Organisation nach den Worten von Heldal-Lund einen »Krieg gegen das Internet«. Wegen der Veröffentlichung von Schulungsmaterial der Sekte versuchte Scientology gegen »Operation Clambake« vorzugehen. Bei Heldal-Lunds Provider in den Niederlanden waren sie damit nicht erfolgreich, ein anderer Provider kappte der Firma aber eine Verbindung, nachdem Scientology interveniert hatte. Erfolgreicher war Scientology bei Google: Auf Grundlange des Digital Millennium Copyright Act (DMCA) zwang die Organisation die Suchmaschine dazu, Seiten mit urheberrechtlich geschütztem Material aus dem Index zu nehmen. Daraufhin rutsche die Seite in den Suchergebnissen weiter nach unten – Google aber entschloss sich, künftig seinen Nutzern anzuzeigen, ob Ergebnisse von einer Trefferliste auf juristischem Wege unterdrückt worden sind. Gegen die Feinde des Internets kämpfen, das gefiel den Anonymous-

Anhängern. Im Selbststudium informierten sich etliche auf Seiten wie »Operation Clambake« über die Machenschaften der Sekte. Was sie da zu lesen bekamen, bestärkte sie in ihrem Engagement.

Beim nächsten Protest wurden rund 8000 Scientology-Gegner gezählt. Scientology-Anhänger waren vor den Kopf gestoßen: Der 13. März ist der Geburtstag des verstorbenen Sektengründers Hubbard, wegen der für den 13. bis 15. März angesetzten zweiten Protestwelle zog Scientology wenige Tage vorher gleich zweimal vor Gericht, um eine Verfügung gegen Anonymous zu erwirken: keine Drohungen mehr und 150 Meter Abstand von Scientology-Gebäuden. In den Schreiben an das Gericht bezeichnete Scientology den Hubbard-Geburtstag als einen Feiertag und verglich es mit dem Weihnachtsfest für Christen, Rosh Hashanah für Juden und Mawlid al-Nabi für Muslime. Die Proteste in Clearwater sollten eingeschränkt werden – als Beweise wurden nicht nur Videos mit Botschaften des Web-Kollektivs aufgezählt, sondern außerdem 26 mutmaßliche Anonymous-Anhänger mit Name und Adresse genannt. Die Organisation, die Proteste gegen sich filmen ließ, hatte sich darangemacht, die Identitäten ihrer Kritiker festzustellen. Scientology beklagte außerdem 3,6 Millionen böswillige E-Mails von Anonymous, 8139 Telefonanrufe, 22 Bombendrohungen, 10 Sachbeschädigungen und acht Todesdrohungen. Nachdem die regionale Zeitung darüber berichtet hatte, bekam sie einen anonymen Anruf: Ein Unbekannter teilte der »St. Petersburg Times« mit, Anonymous distanziere sich von Gewalt und Aufrufen zu Gewalt.

Bei ihrem zweiten *raid*, am 15. März 2008, gratuliert Anonymous Hubbard. In London wünschten sich die zum Teil mit Guy-Fawkes-Masken ausgestatteten und überwiegend schwarz gekleideten Demonstranten herzlichen Glückwunsch, ebenso in vielen anderen Städten. »Wir hatten Kuchen, wir trugen Hüte, es war *epic*«, heißt es in einem Video aus der britischen Hauptstadt.[19] Die Aktivisten hatten Kuchen mit Guy-Fawkes-Glasur gebacken und verteilten Schokoladen-Muffins mit der Webadresse von »Operation Clambake«. Die Anons tanzten und hüpften, der Protest sollte Spaß machen, die Aktivisten aus dem Internet wollten sich selbst nicht besonders ernst nehmen. Wer ernst ist, verliert nur – einer der grundlegenden Mechanismen der Chan-Kultur und damit auch von Anonymous. Ein Anonymous-Aktivist aus der Hamburger Gruppe, der von Anfang an dabei war, erinnert sich an die ersten Chanology-Proteste:

> »Zuerst war das vor allem Spaß. Scientology hat immer gleich reagiert. Sobald wir auftauchten, haben die ihre ›Handler‹ rausgeschickt, das war offenbar deren Regel. Scientology muss immer offensiv handeln, sofort aktiv werden. Diese Scientologen versuchten, uns ganz freundlich in Gespräche zu verwickeln und vom Protest abzulenken. Überall war das so, ob in San Francisco oder in Hamburg, die konnten gar nicht anders. Das war natürlich reizvoll. Gleichzeitig haben wir uns mehr über Scientology informiert und die ganzen Sachen mitbekommen. Da wurde es dann ernsthafter, was nicht alle in den Chans so toll fanden.«

Für den Protest gegen Scientology wurden 2008 eigene Foren gegründet, Wikis gestartet und ein Chat-Netzwerk eingerichtet. Auf »Enturbulation« – später wurde daraus »Why We Protest« – veröffentlichten Aktive Manifeste, in der »Encyclopædia Dramatica« stellte jemand eine lange Liste mit lokalen Anonymous-Zellen zusammen. Allein 66 Städte wurden für die USA aufgeführt, in Deutschland waren es Hamburg, Berlin, Düsseldorf und München. Kommuniziert und koordiniert wurde vor allem über eigene FRC-Kanäle. Innerhalb der Anonymous-Kultur hatte sich eine

19 http://youtu.be/FML8otoZktY

lose Gruppe zusammengefunden, die auf AnonNet und »Enturbulation« und »Why We Protest« miteinander kommunizierte.

War das alles nun ein *epic win*, oder war Anonymous dabei, ein
Haufen *moralfags* zu werden? Vorerst hielt sich die Kritik in den
einschlägigen Foren und Kanälen in Grenzen, die überwiegende
Mehrheit fand den Kampf gegen Scientology unterstützenswert –
zumal die Reaktion der Organisation zuverlässig für *lulz* sorgte.
Medien griffen das Thema auf, porträtierten die Maskenmänner
von Anonymous meist positiv und nahmen die Berichterstattung
zum Anlass, über Vorwürfe gegen Scientology zu berichten. Das
US-Magazin »Radar« zeigte im März ein Bild von Tom Cruise
auf der Titelseite, der Arm eines Demonstranten ragt hinein, der
Cruise mit einer Sprühdose einen Ziegenbart in pink verpasst,
ganz wie die Guy-Fawkes-Maske. Überschrift: »Scientology wird
belagert«. In dem Artikel[20] wurde daran erinnert, dass Scientology
den Umgang mit missliebiger Kritik gewohnt sei – und dabei auf
rabiate Methoden zurückgreift. Erinnert wurde an die Journalistin Paulette Cooper, die 1971 ein kritisches Buch über die Sekte
verfasst hatte. Anschließend wurde sie jahrelang von Scientology
verfolgt und bedroht. Die Organisation überschritt dabei auch
rechtliche Grenzen: Wie eine Untersuchung des FBI später fest-
stellte, hatte Scientology sich Fingerabdrücke von Cooper besorgt
und mit diesen Bombendrohungen an sich selbst verschickt. Weil
sie deswegen zwischenzeitlich für verrückt gehalten wurde, zer-
brach ihre Beziehung, und sie galt als selbstmordgefährdet. FBI-
Durchsuchungen in Los Angeles und Washington förderten 1977
zu Tage, dass Scientology im Rahmen einer »Operation Freakout«
genau das geplant hatte: Cooper sollte als Verrückte abgestempelt,
ihre Kritik somit unglaubwürdig werden.

20 Cult Friction, John Cook, Radar, 19.3.2008, dokumentiert unter http://
   goo.gl/TYJwj

2007 beschrieb BBC-Reporter John Sweeney, wie Scientology ihn bei den Dreharbeiten für eine Dokumentation über die Organisation begleitet haben soll: Sechs Tage lang folgten seinem Kamerateam Fremde, Treffen mit Scientology-Vertretern ließ die Organisation von ihrem eigenen Team filmen. So auch Sweeneys Besuch der Scientology-Ausstellung »Psychiatrie – die Industrie des Todes«. Dort traf Sweeney Scientology-Sprecher Tommy Davis, der – so Sweeneys Darstellung – ihm sechs Tage lang folgte, nachts mit einem Kameramann im Hotel auf ihn wartete, ihn zu Diskussionen anstachelte. In der Ausstellung warf Davis Sweeney vor, unkritisch mit Scientology-Gegnern umzugehen und in einem Interview auf kritische Rückfragen verzichtet zu haben. Da rastete Sweeney aus, brüllte, Davis würde nicht das ganze Interview kennen, Davis würde nur die zweite Hälfte zitieren, Davis sei nicht dort gewesen. Mitschnitte dieses Ausbruchs tauchten auf YouTube auf, kurz bevor die BBC die Scientology-Dokumentation ausstrahlte. Zusätzliche Aufmerksamkeit in den Massenmedien bekam das Video einen Tag vor Ausstrahlung der Dokumentation: Schauspieler John Travolta forderte in einem nicht offenen, aber von Presseagenturen in Auszügen übermittelten Brief von der BBC: »Dieser Mann sollte kein Forum für seine Vorurteile, seine Scheinheiligkeit und seinen Hass bekommen.« Am Montag, dem Tag der Ausstrahlung, stand das morgens in den großen britischen Zeitungen. Rechtzeitig, damit alle Zuschauer das YouTube-Video vor der am Abend laufenden BBC-Dokumentation sehen konnten. Solche Vorfälle erschwerten eine öffentliche Diskussion über Scientology.

»Radar« berichtet außerdem von einem freien Journalisten, der von Scientology bedroht worden sein soll. Berichte von Aussteigern, die zum Teil bis in die obersten Ränge der Organisation aufgestiegen waren, lassen sich auf den Seiten von »Operation Clambake« nachlesen. Geradezu magische Fähigkeiten werden den Anhängern der Sekte offenbar versprochen, bis hin zum Gedankenlesen und Verlassen des eigenen Körpers.

Sicher ist aber auch, dass der Aufstieg innerhalb der Organisation mit Kosten verbunden ist, Kursgebühren und andere Zahlungen werden fällig. Kritiker sprechen Scientology deswegen den Religionsstatus ab. Bekannte Kritiker und Aussteiger sprachen dem »Projekt Chanology« ihre Unterstützung aus und nahmen an den Protesten teil, darunter Mark Bunter und Tory Christman. Je mehr Anonymous-Aktivisten über Scientology erfuhren, desto ernsthafter engagierten sich etliche von ihnen beim »Projekt Chanology«.

Die Anonymous-Proteste gegen Scientology erreichten im März 2008 ihren Höhepunkt und werden bis heute regelmäßig fortgeführt. Das fordert Scientology heraus. An der Zentrale in Clearwater bewachten angeheuerte Polizisten außerhalb ihrer Dienstzeit die Demonstration, Anhänger fotografierten und filmten Gesichter und Fahrzeuge der Protestierenden. In den USA bekamen Anonymous-Aktivisten im Vorfeld der Proteste Post von Scientology-Anwälten persönlich zugestellt, sie wurden auf angeblich illegale Aktionen von Anonymous hingewiesen. In Hamburg fühlten sich die Anonymous-Aktivisten auf ihren Rückwegen vom Scientology-Büro in der Innenstadt zum Hauptbahnhof regelmäßig verfolgt. »Die haben einen Privatdetektiv auf uns angesetzt«, sagte einer der Hamburger Aktivisten. Einmal hatte ein Scientology-Helfer Pech: Als er eine Demonstration am 5. September begleitete und abfilmte, lief ihm ein Passant vor die Linse. Der reagierte sichtlich ungehalten auf das Filmen und ging den mutmaßlichen Scientologen körperlich an – weil auch die Anonymous-Aktivisten Kameras dabeihatten, lässt sich die Szene auf YouTube ansehen, versehen mit dem Kommentar »Anonymous verurteilt Gewalt«.[21] Nur ein anwesender Polizist konnte Schlimmeres verhindern. Spätestens solche Szenen

21 http://youtu.be/pqJEy-MoWBA

zeigten: Scientology war darauf bedacht, die angeblich anonymen Demonstranten zu enttarnen.

Erst in den USA, dann auch in Deutschland verteilten Scientologen eine DVD, auf der sie Anonymous sogenannte Hassverbrechen vorwerfen.[22] Es ist ein Zusammenschnitt aus dem Zusammenhang gerissener Szenen von teils fragwürdiger Provenienz. Eine Bombendrohung gegen Scientology ist darin zu sehen, von der Anonymous bestreitet, dass sie echt ist. Außerdem wurde den Demonstranten vorgeworfen, sie würden die Meinungsfreiheit der Organisation angreifen. Die am 15. März erstmals verteilte DVD, die später in einer leicht veränderten Form erneut ausgegeben wurde, spart die friedlichen Proteste am 10. Februar aus – genauso wie den Versuch der Scientology-Organisation, das Tom-Cruise-Video aus dem Netz zu klagen. Die von Scientology eingerichtete Adresse anonymous-exposed.org führt zu einem YouTube-Kanal mit den Videos der Sekte, in denen Anonymous als Gruppe von Cyber-Terroristen verurteilt wird. Scientology-Mitglieder hätten Morddrohungen erhalten, Gebäude der Organisation seien beschädigt worden, vielen Bombendrohungen seien eingegangen. Der Vorwurf des Cyber-Terrorismus wird Anonymous von da an noch öfter gemacht werden, nicht nur von Scientology-Mitgliedern. Eine Scientology-Sprecherin, die von der »St. Petersburg Times« anlässlich der zweiten Protestwelle befragt wurde, verglich Anonymous mit dem Ku-Klux-Klan und den Nazis im Dritten Reich.

Wir wollten wissen, wer diese angeblichen Cyber-Terroristen sind, und haben mit einer Hamburger Zelle gesprochen: ein Abend im November 2011, unter der Woche, in einer Tiefparterre-Kneipe im Hamburger Univiertel. Drei Anonymous-Aktivisten haben sich bereit erklärt, Auskunft zu geben. Per E-Mail haben wir uns

22 http://youtu.be/rHDavtWxwdQ

verabredet. Laut ist es, Erstsemester trinken Verbrüderung, tätowierte Bedienungen servieren Bier und fettige Beilagen. »Die anderen kommen auch gleich«, sagt ein junger Mann mit dünnen, langen Haaren. Er trägt weder Maske noch Kinnbart, stattdessen einen olivfarbenen Pullover. Zwei weitere junge Männer kommen dazu, einer ganz in Schwarz gekleidet, mit Barrett auf dem Kopf und rötlichem Bart, einer im sandfarbenen Multifunktionshirt und Baseballmütze. Sein Klappfahrrad stellt er neben den Tisch. Sie trinken Cola und Saft. Sie wollen über die Revolution sprechen, die im Netz stattfindet, über den Protest gegen Scientology, über die Missverständnisse, die es gibt, weil Journalisten zu wenig Ahnung von 4chan haben. Also reden wir.

Ihre Namen wollen sie nicht nennen, nur so viel: Der Jüngste von ihnen ist Mitte 20, die anderen beiden sind schon berufstätig und knapp über 30 Jahre alt. Im Netz nennen sie sich »liekmudkip«, »wopot« und »winter«. Die Hamburger Anonymous-Zelle besteht aus zwölf Aktivisten, drei davon weiblich. Sie waren auch schon mal mehr, als der Scientology-Protest 2008 Fahrt aufgenommen hatte. Sie sprechen über Anonymous – und setzen sich damit Angriffen aus, wer sich exponiert und angibt, für das Kollektiv zu sprechen, womöglich noch unter seinem echten Namen, muss mit Angriffen rechnen. Die drei Hamburger Anons wissen das, es gibt Präzedenzfälle. Deshalb sprechen sie auch nur für sich, unter ihren Pseudonymen, und legen Wert auf die Feststellung, dass es bei Anonymous keine Anführer gibt. Aber was ist mit denen, die Chaträume betreiben? Die dort das Thema des Chats bestimmen, was gleichzeitig der Angriffsbefehl für die »Ionenkanone«, für eine DDoS-Attacke sein kann? »Die Techniker halten sich mit ihrer eigenen Meinung zurück. Und wenn nicht, dann wird deren Server eben abgeschossen, das kann sehr schnell und brutal gehen.« Überhaupt befänden sich diverse Anonymous-Gruppen in einem ständigen Cyber-Kleinkrieg. Einmal aus Spaß, dann aber auch, weil um den richtigen Weg gestritten wird, den das Kollektiv einschlagen soll. Spätestens jetzt wird klar: Wer an so etwas wie einen herrschaftsfreien Diskurs dachte, wo nicht Rang und Titel zählen, sondern alle als »Anonymous« miteinander diskutieren, muss davon Abstand nehmen. Anons müssen nicht nur die richtige Sprache sprechen, sich mit der Chan-Kultur auskennen, sondern am besten auch den eigenen Worten mit Hackerangriffen Nachdruck verleihen können. Jeder kann sich Anonymous nennen – aber wer nur so tut, fällt auf. Die Offenheit dient einem Zweck: »Ihr könnt uns nicht beseitigen, denn wir sind transparent«, heißt es in einer der zahlreichen Videobotschaften.

Was die drei Anons schon fast zur Ausnahmeerscheinung im Anonymous-Universum werden lässt: Sie waren von Anfang an dabei, zumindest einer von ihnen hat selbst die Überfälle auf »Habbo Hotel« mitgemacht. Für viele der neueren Operationen haben sie nicht viel übrig. Sie lächeln milde. Schade sei es, dass die Neuen so wenig Ahnung von der Chan-Kultur hätten, von den guten alten Tagen auf 4chan. Mit dem Protest gegen Scientology sei erstmals eine große Welle Neulinge auf Anonymous und 4chan aufmerksam geworden – die hätten sich noch vorbildlich integriert, mit den Bräuchen der Subkultur vertraut gemacht. »Die haben sich auch /b/ angeguckt, wenn das dann nichts für sie war, haben sie es wenigstens respektiert«, sagt einer von ihnen. Wie war das also mit Scientology?

»Der Hype war so groß, wir dachten, da kommen hundert.« Dann waren es aber doch nur ein gutes Dutzend Anonymous-Aktivisten, die im März vor der deutschen Zentrale von Scientology in Hamburg standen. Es war ein Sonntag um 11 Uhr mittags. »Da war natürlich nicht viel los, wir hatten die Zeit für den *real life raid* aus den USA einfach umgerechnet.« Sie lernten sich kennen und planten die nächste Aktion. Die klappte dann schon besser – auf einem YouTube-Clip ist der Protestzug zu sehen, wie er vom Hauptbahnhof zum Scientology-Büro läuft, Frauen und Männer, alle eher jung, zum Teil mit weißen Grinsemasken. Einer trägt einen schwarzen Ledermantel, ein anderer enge Shorts und weißes T-Shirt. Sie tanzen. Die Zentrale der Sekte liegt zwischen Innenstadt und HafenCity, gegenüber dem Pressehaus, in dem »Die Zeit« ihre Redaktion hat und in dem auch »Stern« und »Spiegel« einst produziert wurden. In dem Clip[23] ist zu sehen, wie aus einem der oberen Stockwerke des Scientology-Hauses ein Mann mit Sonnenbrille die Demonstration filmt.

Für die Bewertung dessen, was sich 2008 im Internet und auf der Straße abgespielt hat, hilft der Abgleich mit dem kritischen Begriff *slacktivism*. Damit ist folgenloser Online-Protest gemeint, der sich meist in wenigen Klicks erschöpft. Wenn Facebook-Nutzer wieder einmal eine Petition gegen Hunger virtuell unterschreiben, wird davon niemand satt. Auch bloße Klicks für Demokratie und Menschenrechte können ganz reale Demonstrationen bisher nicht ersetzen und stürzen keine Diktatoren. Die Illusion, sich engagiert zu haben, obwohl man seinen Hintern nicht hoch und vom Computer weg bekommen hat, das ist *slacktivism*. Die Anonymous-Aktivisten haben das Gegenteil geschafft. Vielleicht gelang der Protest auch deshalb, weil das Internet ohnehin eine Bedrohung für Scientology darstellt, eine Organisation, die von der Verknappung von Wissen lebt. Wie auch Scientology haben solche Geschäftsmodelle im Zuge der Digitalisierung zu kämpfen. Das betrifft Musik- und Filmindustrie wie Mobilfunkunternehmen, deren Kunden sich wegen schlechter Leistungen zusammenschließen, und letztlich selbst die Machthaber in autoritären Regimen. Die werden nicht von Klicks aus dem Amt gejagt, aber YouTube-Videos von Demonstranten, die von Sicherheitskräften zusammengeschossen werden, tragen ihren Teil dazu bei. Nachdem es jahrelang eher still um Scientology gewesen war – weil die Sekte Erfolg mit ihren Taktiken hatte oder weil die Öffentlichkeit schlicht das Interesse verlor, sei dahingestellt, es spricht

23 http://youtu.be/bx256bE0SS8

vieles dafür, dass beides gleichermaßen zutrifft –, war die Zeit nun gekommen.

Hamburg leistete sich damals noch die Arbeitsgruppe Scientology unter Leitung von Ursula Caberta, einer Expertin, die Scientology offen kritisierte. Für die Anonymous-Anhänger war das ein glücklicher Umstand, denn als sie sich näher mit der Sekte beschäftigten, wurden sie auf Cabertas Arbeit aufmerksam und besuchten Informationsveranstaltungen. Caberta holte Aussteiger und Kritiker zu Diskussionsrunden zusammen, an denen sie teilnahmen. Zu einer Veranstaltung im Juli 2008 in der Handwerkskammer war auch Anonymous eingeladen – sogar Masken durften sie tragen, wenn sie denn wollten.

Für Anfang September 2008 lud die Hamburger Zelle zu einem Anonymous-Treffen ein, parallel zu einer kritischen Scientology-Konferenz, die von der Innenbehörde ausgerichtet wurde. Aktivisten aus München, Stuttgart, Berlin, Großbritannien und Irland kamen, rund 50 Anonymous-Aktivisten nahmen teil, am Tag darauf demonstrierten sie wieder einmal mehr vor der Scientology-Zentrale. Die schon erwähnte Prügelattacke eines Passanten auf einen der ständig filmenden Scientology-Anhänger ereignete sich an diesem Tag.

Wie ernst der Protest gegen die Sekte werden konnte, zeigte sich nicht nur an Anhängern oder Beauftragen von Scientology, die die Protestzüge beobachteten. Nach einer Veranstaltung der Sektenbeauftragten war ein Mann auf sie zugekommen, der offenbar für das Landesamt für Verfassungsschutz arbeitete, erzählen die drei Hamburger. »Der hat uns gefragt, ob wir denn wüssten, wer bei uns so mitmacht.« Dann habe er auf ein neues Mitglied der Hamburger Gruppe gezeigt und gesagt, sie seien von Scientology unterwandert worden. Den Hamburger Anonymi war der Neuzugang bis dahin nicht allzu sehr aufgefallen: »Der hatte von Internet nicht so viel Ahnung, aber wir haben uns darüber keine Gedanken gemacht. Danach haben wir ihn zur Rede gestellt, da hat er dann erst etwas von seinen Eltern erzählt, die Mitglied bei Scientology seien. Schließlich ist er abgehauen, wir haben ihn danach nie wieder gesehen.«

Die drei Anonymous-Anhänger bedauern, dass der Protest gegen Scientology mit der Zeit abgenommen hat. Sie protestieren zwar immer noch – doch so viele wie zu den Hochzeiten 2008 sind es längst nicht mehr. Sie bezeichnen sich dafür, ein wenig stolz, als erste Generation von Anonymous.

Wie passen *lulz* und ernste Aktionen wie Chanology zusammen? »Am Anfang war auch Chanology vor allem lustig, das wurde erst nach und nach ernster. Wir haben auch nichts dagegen, dass Leute irgendwelchen Quatsch glauben, wir ärgern uns nur über eine Organisation, die ihre Mitglieder abzockt – und die das Internet zensieren will. Die sollen sich aus unserem Internet raushalten.« Für die drei, die seit Jahren mit der Chan-Kultur vertraut sind, stellt sich die Frage gar nicht. 4chan gehört zu ihrem natürlichen Lebensraum, dieser seltsame Ort, der von einem Epochenwechsel kündet, von dem große Teile der Bevölkerung noch nie etwas gehört haben, für die das Internet vor allem E-Mail, Online-Banking und eBay bedeutet. Sie sind Anonymous, und deswegen ist der Protest gegen Scientology auch Anonymous.

Die Hamburger Zelle jedenfalls hat sich über das »Projekt Chanology« gefunden, und sie will weitermachen. Und wie es sich für Anonymous gehört, sind sie bei Weitem nicht mit allem einverstanden, was unter dieser Flagge so geschieht.

Nicht nur für diese Truppe war der Protest gegen Scientology ein Kristallisationspunkt. Viel von der nun folgenden Geschichte von Anonymous wird erst durch die Wechselwirkungen verständlich, die die Aktionen gegen die Sekte auslösten. So erhielt das »Projekt Chanology« Unterstützung von WikiLeaks, der Enthüllungsplattform, die Julian Assange zu dieser Zeit aufbaute. Im März 2008 veröffentlichte WikiLeaks erst ein Dokument, das Scientologys wenig lautere Propaganda-Methoden entlarvt. Als Nächstes stellten die Enthüller eine Sammlung mit mehr als 600 Seiten ins Netz – das Geheimwissen von Scientology, detaillierte Beschreibungen der acht Stufen, die ein Scientologe im Laufe seiner Glaubenskarriere erklimmen kann. Damit waren Informationen frei zugänglich, die Mitglieder der Sekte sonst erst nach jahrelangem Training und Zahlung hoher Summen bekommen sollen. Die 17 Megabyte große Datei, die WikiLeaks ins Netz stellt, war offenbar die erste gesammelte Online-Veröffentlichung, die nicht auf den Druck der Scientology-Anwälte wieder verschwand, sondern bis heute als Torrent-Datei abrufbar ist. Das heißt, dass das Dokument über einen Filesharing-Dienst von verteilten Rechnern im Netz heruntergeladen werden kann und die Datei nicht direkt auf den Servern von WikiLeaks gespeichert ist. Auch wenn es sich nicht um einen brandheißen Leak handelte – die Dokumente waren für die Scientology-Gegner äußerst interessant und nun einfach und frei zugänglich.

Zwei Tage später, am 27. März 2008, meldet sich die Scientology-Organisation »Religious Technology Center« bei WikiLeaks und erklärt, man halte das Copyright an dem Material, das sofort gelöscht werden müsse. Die Enthüllungsplattform sah damit die Echtheit der Dokumente als bestätigt an – und weigerte sich, das Material zu entfernen. Stattdessen kündigte WikiLeaks an, weitere Scientology-Dokumente zu enthüllen. In den folgenden Monaten wurden weitere interne Papiere veröffentlicht sowie Dokumente aus der Sammlung neu aufbereitet – was von den Anonymous-Anhängern registriert und gutgeheißen wurde. WikiLeaks hatte sich Freunde gemacht. 2008 war die Plattform erst dabei, bekannt zu werden und Dokumente einzusammeln, die großen Enthüllungen folgten erst später. Anonymous-Anhänger berichten, sie hätten anfangs geglaubt, WikiLeaks stehe mit der Chan-Kultur und dem »Projekt Chanology« in enger Verbindung, dabei gab es wohl keine personellen Überschneidungen, sondern nur ein gemeinsames Anliegen: unterdrückte, zurückgehaltene Informationen zugänglich machen. Die Scientology-Kritiker lernten so WikiLeaks kennen – und als die Enthüllungsplattform Jahre später wegen anderer Veröffentlichungen unter massiven Druck geraten sollte, erwies sich diese lose Bekanntschaft als hilfreich.

Die Aktivisten des »Projekts Chanology« demonstrierten nun nicht nur Monat für Monat – im August 2011 zum Beispiel in Bikinis und Short bei einer »beach party against Scientology« vor deren New Yorker Zentrale. Die Aktivisten begannen auch, politische Forderungen zu stellen. Weil die Sekte in den USA als Religion anerkannt ist, muss sie keine Steuern zahlen. Die Idee ist nicht neu und wurde von Scientology-Kritikern immer wieder vorgetragen – hatte jedoch nie ausreichende Unterstützung gefunden. Auch die monatlichen Proteste von Anonymous sollten daran nichts ändern.

Wie bemisst sich die Wirksamkeit des Protests also? An den Scientology-Mitgliedszahlen? An der Zahl der erschienenen Medienberichte? Reichen die *lulz* der Anons? »Wir haben kein Ziel, nur eine Richtung«, heißt es in einem der vielen Manifeste.

Ein Scientology-Aussteiger sagte der alternativen Wochenzeitung »SF Weekly« im September 2011, dass die anhaltenden Proteste sehr wohl einen Effekt hätten[24]. Schließlich habe Hubbard seinen Anhängern gesagt, je mehr sie bekämpft würden, desto klarer sei ihr Sieg. »Aber wie lange kann man schon sagen, dass man gewinnt, wenn es innerhalb der Büros leer ist und davor steht Anonymous und protestiert?« Nach und nach würden Scientologen aufwachen und sich im Internet über die Proteste informieren. Außerdem berichtete der ehemalige Insider von der Order an die Mitarbeiter, die Demonstranten vor dem Büro in

---

24 Scientology Apostate Part III: Anonymous› Effect on the Org, Lauren Smiley, 28.9.2011, http://goo.gl/DhTT8

San Francisco nicht zu konfrontieren. Dies stehe im direkten Gegensatz zu dem Training, das die Scientologen erhielten. In einem speziellen Kurs werde ihnen beigebracht, »potentielle Quellen von Ärger« zu konfrontieren und sich ihnen entgegenzustellen. Für Anonymous war dies anfangs ein zusätzlicher Anreiz, weil die Sektenmitglieder immer gleich reagierten, vorhersagbar. So ließ sich Scientology trollen. Zumindest an den größeren Standorten, an denen es regelmäßig jeden Monat Proteste gab, verabschiedete sich Scientology aber offenbar von dieser Strategie.

Für zwei Anons bedeutete der Protest gegen Scientology Gefängnis. Keine kurzzeitige Festnahme, weil sie lautstark vor einem Büro der Sekte herumgepöbelt, sondern Haftstrafen, weil sie von ihren Rechnern aus mitprotestiert hatten. Die Website-Blockaden, an denen Hunderte teilgenommen hatten, wurden von der Los Angeles Electronic Crimes Task Force (LAECTF) untersucht, einem Zusammenschluss von lokalen Polizeibehörden, Secret Service und FBI. Die Ermittler wurden fündig, und zwar in New Jersey. Am 18. November 2009 wurde Dmitriy Guzner, der zum Zeitpunkt der Angriffe 18 Jahre alt war und sich bis dahin nichts zu Schulden hatte kommen lassen, zu einer Haftstrafe von einem Jahr und einem Tag verurteilt[25], außerdem zur Zahlung von 37.500 Dollar. Scientology hatte 119.00 Dollar gefordert. So hoch bezifferte die Organisation die Kosten, die ein Umzug der Website in ein ausfallsicheres Rechenzentrum gekostet habe. Strafmildernd wirkte sich das Geständnis aus, das Guzner im Mai abgegeben hatte. Er bestritt jedoch, Mitglied bei Anonymous zu sein. Er habe an der Aktion aus Spaß mitgemacht und sei sich über die Tragweite nicht im Klaren gewesen, sagte der erste verurteilte Chanology-Aktivist. Auf die Spur hatte die Ermittler ein YouTube-Video von einem Protest gegen Scientology in New York gebracht, in dem

25 Dmitriy Guzner: Teen Sentenced In Scientology Cyber Attack, AP, 18.11.2009, http://huff.to/9CXfA

Guzner zu sehen sein soll – mit einer Guy-Fawkes-Maske verkleidet. Die Polizisten schafften es offenbar, das Pseudonym »Aendy« mit Guzner in Verbindung zu bringen. Beim Durchsuchen seiner Wohnung in Brooklyn stellten die Beamten eine der weißen Masken sicher.[26]

Am 24. Mai 2010 wurde ein zweiter US-Aktivist wegen der DDoS-Attacken zu einer einjährigen Gefängnisstrafe verurteilt.[27] Laut Anklage nahm der 20-jährige Brian Thomas Mettenbrink von seinem Studentenwohnheim an der Iowa State University aus an den Angriffen teil. Mettenbrink wurde zusätzlich zur Zahlung von 20.000 Dollar verurteilt. Auch er gestand, auch er distanzierte sich von Anonymous. Da es bei Anonymous ohnehin keine Mitgliedschaft gibt, ist die Distanzierung nicht unglaubwürdig. Weniger wahrscheinlich sind hingegen die Beteuerungen von Anons, die Beschuldigten hätten bei ihnen überhaupt nicht mitgemacht. Solche Distanzierungen dienten vermutlich eher dazu, Angeklagten vor Gericht zu helfen. Sieht man von den 4chan-Nutzern ab, die sich mit illegalen Alleingängen – einer falschen Bombendrohung, einem Einbruch in Sarah Palins E-Mail-Konto – strafbar machten und ins Visier der Polizei gerieten, waren dies die ersten verurteilten Anonymous-Straftäter. Es sollten nicht die letzten bleiben. Scientology hatte zurückgeschlagen.

Eben noch Internet-Anarchisten, die brutale Späße und ihre Insider-Kultur pflegten – und dann plötzlich eine Gruppe organisierter Sektengegner, die den Protest auf die Straße verlegt hatte? Nicht ganz. »Projekt Chanology« und Anonymous ließen sich schon bald nicht mehr gleichsetzen. Zwar engagieren sich Aktivisten, die sich zu Anonymous zählen, im »Projekt Chanology«.

26 Verona man admits role in attack on Church of Scientology's websites, Nic Corbett, The Star-Ledger, 16.11.2009, http://goo.gl/ZuqaO
27 Second man jailed over Scientology DDoS attacks, John Leyden, The Register, 25.5.2010, http://reg.cx/1J47

Doch die Scientology-Kritiker bemühten sich, offen für weitere Gegner der Sekte zu bleiben. Sie taten sich mit langjährigen Kritikern zusammen, bildeten sich über Psychosekten fort und sorgten dafür, dass nicht nur mit der Chan-Kultur Vertraute an den Protesten teilnehmen konnten.

Gleichzeitig ging der ganz normale Wahnsinn auf 4chan unvermindert weiter – Schockvideos wurden gepostet, rassistische Witze gerissen, Transsexuelle verhöhnt, wie jeden Tag. Die Scientology-Gegner wurden dort schnell halb spöttisch, halb bewundernd als *moralfags* tituliert. Vielen 4chan-Nutzern ging das Engagement, auch wenn es nur für die *lulz* war, zu weit. Am 8. Januar 2009, ein Jahr nach Beginn der Proteste, bekamen die Scientology-Demonstranten Besuch. Von Anonymous.

Ein 18-jähriger Anon hatte sich bis auf seine Shorts ausgezogen und sich mit einer Mischung aus Vaseline, Schamhaaren und Zehennägeln eingerieben.[28] So ausgestattet stürmte er ein Scientology-Büro in New York, während einige seiner Freunde dort in Scharen anriefen und komplett schwarze Seiten per Fax schickten, um so für Ablenkung zu sorgen. Weil ein inoffizielles Gesetz von 4chan seit jeher »Pics or it didn't happen« lautet, ohne Bilder ist es nicht passiert, wurde der Schamhaar-Demonstrant von einem weiteren Anon mit Videokamera verfolgt. Der Kameramann stolpert hinterdrein, sein Video zeigt, wie der schleimige Störenfried einmal durch den Laden rennt, mit ziemlich vielen Oberflächen in Berührung kommt und dann schnell wieder verschwindet. *Lulz!* Scientology empörte sich postwendend, einen heiligen Ort habe der Eindringling entweiht.

So etwas findet Anonymous natürlich lustig. Doch die Aktion war auch eine Botschaft an alle *moralfags*, all jene, die den Protest gegen Scientology zu ernst nahmen und Anonymous als seriöse und gut informierte Aktivisten präsentierten. Es war eine Erin-

28 http://youtu.be/yrZkoC91mfg

nerung daran, dass dem Kollektiv das mitunter bösartige Trollen wichtiger ist als alles andere – oder zumindest sein sollte.

Andere gingen noch weiter. Während der Scientology-Protest Fahrt aufnahm und sich andere 4chan-Trolle wiederum über die *moralfags* lustig machten, fielen Unbekannte in ein Internetforum für Epilepsie ein und platzierten dort JavaScript-Code. Riefen Nutzer die Seiten auf, brachte der Code den Bildschirm dazu, stroboskopartig zu flackern. »Wired« berichtete von Epileptikern, die daraufhin Krampfanfälle erlitten.[29] Geplant wurde der Angriff offenbar auf 7chan, einem der zahlreichen 4chan-Klone. Weil auch dort standardmäßig alle Nutzer »Anonymous« sind, gehört auch diese Episode zur Geschichte der Subkultur.

Anonymous als Ganzes hatte sich also bei Weitem nicht zu einer wohlmeinenden, an Wahrheit und Freiheit orientierten Bewegung gewandelt. Rücksichtslosigkeit und möglichst extreme Tabubrüche gehörten für viele Anons nach wie vor zum Lebensgefühl. Die Trolle waren wieder los und sorgten 2008 mit drei weiteren Aktionen für Aufmerksamkeit.

An einem Donnerstag im Juli 2008 stand auf Platz eins der »Hot Trends«-Liste von Google[30] kein Wort, sondern ein Hakenkreuz. Auf einer normalen Qwertz- oder Qwerty-Tastatur, so viel ist sicher, findet man das von den Nazis zu ihrem Logo erklärte Symbol nicht. Wie also konnten Tausende von Menschen eine Google-Suche danach in Gang setzen? Google verrät nicht, wie die »Hot Trends« genau zusammengestellt werden – sicher ist, dass die Liste nicht die meistgesuchten Begriffe enthält (sonst müsste, schließlich geht es hier ums Internet, immer »Sex« ganz oben stehen). In »mehreren Annäherungen«, so steht es auf der Seite, werden Begriffe herausgefiltert, die in jüngster Zeit beson-

29 Hackers Assault Epilepsy Patients via Computer, Kevin Poulsen, Wired, 28.3.2008, http://goo.gl/H6wRC

30 http://www.google.com/trends/hottrends

ders häufig als Suchwort benutzt worden sind. Dabei kommen oft sehr seltsame und für den Außenstehenden unverständliche Trendbegriffe heraus. Aber ein Hakenkreuz?

Kurz nach seinem Auftauchen verschwand das Hakenkreuz jedenfalls vollständig von der Liste. Google teilte auf Anfrage der »Los Angeles Times« mit, man habe ein automatisches System installiert, das »unangemessenes oder beleidigendes Material aus den Hot Trends entfernt«. In den seltenen Fällen, in denen das System versage, »entfernen wir diese Ergebnisse manuell von unserer Hot-Trends-Liste«. Man entschuldige sich »bei allen Nutzern, die sich durch diese Situation beleidigt fühlten«. Das Swastika-Thema taucht in verschiedenem Gewand immer wieder einmal im Netz auf – einmal beispielsweise, weil Nutzer mit Hilfe von Google Earth an verschiedenen Stellen Gebäude entdeckten, deren Grundriss von oben betrachtet ein Hakenkreuz bildet. Wilde Verschwörungstheorien sind oft die Folge.

Nun schossen 2008 die Spekulationen ins Kraut, wie das Symbol überhaupt auf der »Trends«-Liste hatte landen können. Eine erste Erklärung grub »L.A. Times«-Blogger David Sarno aus:[31] Auf 4chan hatte jemand den HTML-Code für das Hakenkreuz-Symbol veröffentlicht. Nachzuvollziehen war das zu dem Zeitpunkt nicht mehr, da der 4chan-Thread schon wieder verschwunden war. Andere Nutzer mussten den Code aus dem Forum nur noch kopieren und ins Google-Suchfenster einfügen. In Sarnos Blog bekannten mehrere 4chan-Besucher, das Hakenkreuz dort entdeckt und anschließend gegoogelt zu haben: »Ich war spätnachts/frühmorgens auf 4chan und sah das Symbol in irgendeinem Post zum ersten Mal. Ich entschloss mich sofort, danach zu suchen, ich weiß auch nicht warum. Ich vermute, einer Menge Leute ging es genauso.«

Auch bei Google scheint man dieser Erklärung den Vorzug

---

31 Rise and fall of the Googled swastika, David Sarno, LA Times, 12.7.2008, http://goo.gl/xIzDN

gegeben zu haben: »Es scheint, dass der HTML-Code für diese Suchanfrage in einem populären Internetforum veröffentlicht wurde, was dazu führte, dass recht viele Menschen danach suchten, um mehr über das Symbol herauszufinden«, so eine offizielle Erklärung. In diversen Blogs diskutierten Leser über die Bedeutung des Hakenkreuzes, erinnerten an seinen durchaus positiv besetzten Sanskrit-Ursprung und an die Tatsache, dass das Zeichen in China bis heute als Symbol für Glück gebräuchlich ist. Ein Doktorand der University of Nebraska wies darauf hin, dass in China schließlich die olympischen Spiele vor der Tür stünden »und die Chinesen deshalb Glück im Sinn haben«. Tatsächlich wirft eine Google-Suche mit dem Symbol in erster Linie Seiten aus, die aus chinesischen Schriftzeichen bestehen.

Mit einem sprunghaft angestiegenen Interesse an Nazi-Symbolik hatte der seltsame Hakenkreuz-Trend nichts zu tun. Wohl aber mit der »Freude am Effekt« der Chan-Gemeinde. Mit der »Hot Trends«-Liste hatten die Nutzer des Bilderforums erneut ein kleines Stückchen Web-Öffentlichkeit gefunden, das sie, mit schierer Masse, nach ihrem Gusto manipulieren und für böse Späße missbrauchen konnten. Die Trolle hatten ein neues Spielzeug gefunden.

Kurz nach Googles Entschuldigung tauchte auf der Liste der populären Suchbegriffe der Suchstring »Fuck you Google« auf – alle Buchstaben standen auf dem Kopf. Am gleichen Tag landete noch ein weiterer Satz überraschend in den »Hot Trends«: »Scientology is a Cult.«

»Wo haben Sie Ihren Mann kennengelernt?« Die Antwort auf diese Frage konnte der Student David Kernell leicht beantworten: Die Republikanerin Sarah Palin, zu diesem Zeitpunkt Gouverneurin von Alaska, hatte ihren künftigen Ehemann an ihrer Schule Wasilla High getroffen. Kernell hatte soeben die Sicherheitsfrage geknackt, mit der sich das Passwort des privaten E-Mail-Kontos der Politikerin bei Yahoo zurücksetzen ließ. Er entschied sich für »Popcorn« als neues Passwort. Unmittelbar vor der Präsidentschaftswahl hatte er die Vizepräsidentschafts-Kandidatin aus ihrem E-Mail-Konto gov.palin@yahoo.com ausgesperrt. Dann konnte der Täter nicht an sich halten und prahlte auf 4chan mit seinem Einbruch. Auf /b/ stieß er mit seiner Geschichte auf die übliche Mischung aus Verachtung und Desinteresse. Um seiner Erfolgsmeldung Nachdruck zu verleihen, veröffentlichte er die Logindaten.

Kurz darauf änderte offenbar einer der Forumsteilnehmer das Passwort und benachrichtigte ein Mitglied von Palins Stab. Der Autor der E-Mail an die Palin-Mitarbeiterin identifizierte sich offenbar als Anonymous-Vertreter. Dem widersprach ein »Sprecher« von Anonymous in einem Web-Forum. Er gab an, man habe nichts mit der Sache zu tun. Wie dem auch sei, einige der Mails waren fortan öffentlich zugänglich. Unter anderem war es geradezu eine Ehrensache für WikiLeaks, die privaten E-Mails zugänglich zu machen. Palin revanchierte sich später, als Wiki-Leaks geheime Dokumente der US-Armee veröffentlicht hatte, und bezeichnete Julian Assange als einen Feind der Amerikaner, der Blut an den Händen habe. Doch Palins Gegner hatten sich zu früh gefreut: Sehr brisantes Material war offenbar nicht dabei. Peinlich war die Sache für Palin dennoch. Denn sie hatte einen privat angelegten Yahoo-Account für Dienstpost genutzt, und das verstößt gegen Richtlinien für Amtsinhaber in den USA. Schon vor dem Hack waren Palin und ihr Stab in die Kritik geraten, weil sie private E-Mail-Adressen für Geschäftskorrespondenz benutzten.

Die »Washington Post« zitierte am 10. September einen Anwalt mit den Worten: »Es gibt einen Grund, warum die Gouverneurin ihre offiziellen E-Mail-Kanäle benutzen sollte, nämlich Sicherheit und Verschlüsselung.« Der Anwalt, der eine ehemalige Palin-Vertraute vertritt, die nun zur Palin-Kritikerin geworden ist, fügte hinzu: »Sie führt Staatsgeschäfte von Yahoo aus?« Auch die »New York Times« griff das Thema auf – und bekam von einem Mitglied von Palins Stab die Bestätigung, dass der innere Kreis um die Kandidatin private Mail-Adressen für offizielle Korrespondenz benutzt. Die Plattform WikiLeaks, die eine Datei mit Screenshots aus dem gehackten Palin-Account zum Download anbot, rechtfertigte das Vorgehen ebenfalls mit Palins eigentümlichen E-Mail-Gewohnheiten: »Gouverneurin Palin ist in die Kritik geraten, weil sie private E-Mail-Accounts benutzt, um Regierungsgeschäfte zu führen, und somit Transparenz-Gesetze verletzt«, hieß es in einer Mitteilung auf der Website. »Die Liste ihrer Korrespondenz in Verbindung mit dem Account-Namen scheint diese Kritik zu bestätigen.«

Es waren Untersuchungen gegen Palin und ihr Umfeld anhängig, weil sie angeblich Vertraute mit gut dotierten Posten belohnt hatte und die Entlassung ihres Ex-Schwagers aus seiner Anstellung bei den Alaska State Troopers betrieben haben soll. Im Rahmen der Untersuchungen wurden einstweilige Verfügungen erwirkt, um Zugriff auf E-Mail-Korrespondenz zu bekommen – die aber beziehen sich nur auf die offiziellen Kanäle. Auch der Regierung Bush war in der Vergangenheit bereits vorgeworfen worden, private Mail-Adressen zu benutzen, um die Gesetze über öffentliche Unterlagen zu umgehen. »Wired« zitiert mehrere Betreffzeilen aus dem gehackten Mailaccount, die nahelegen, dass es tatsächlich um offizielle Themen ging. Eine Mail von ihrem stellvertretenden Stabschef Randall Ruaro trage den Betreff »Entwurf des Briefes an Gouverneur Schwarzenegger«, eine weitere den Betreff »Nominierungen fürs Berufungsgericht«. Eine weitere Nachricht betrifft offenbar den Wahlkampf von Palins Kollegen Sean Parnell, der in den Kongress gewählt werden möchte. Eine Nachricht von ihrem Stabschef Michael Nizich dreht sich laut Betreff um Möglichkeiten, die »Spritkosten für Bewohner Alaskas zu senken«, eine weitere um eine »VERTRAULICHE Ethik-Frage«.

Kein Zweifel besteht darüber, dass das Eindringen in den E-Mail-Account gegen das Gesetz verstößt.

Palins Wahlkampfleiter Rick Davis veröffentlichte eine Stellungnahme: »Dies ist eine schockierende Verletzung der Privatsphäre der Gouverneurin.« Man habe die Angelegenheit den Behörden übergeben und hoffe, »dass alle, die an diese E-Mails gekommen sind, sie vernichten werden«. Das FBI ermittelte zusammen mit dem Secret Service, der für die Bewachung der Präsidentschaftskandidaten zuständig ist. Schon wenige Tage später standen die Polizisten bei David Kernell vor der Tür. Er feierte gerade eine Party in seiner Studentenbude. Der Sohn des demokratischen Politikers Mike Kernell gestand die Tat – im darauffolgenden April wurde er für schuldig befunden, die Ermittlungen behindert zu haben, und zu einer Gefängnisstrafe von einem Jahr und einen Tag verurteilt. Damit hatte er noch Glück gehabt: Der zusätzliche Tag ermöglicht eine vorzeitige Entlassung bei guter Führung, wie sie erst bei Haftstrafen über zwölf Monate möglich ist. Die Staatsanwaltschaft hatte 18 Monate Haft gefordert. Im Januar 2011 trat Kernell seine Haftstrafe in einem Gefängnis mit niedriger Sicherheitsstufe an, im November 2011 wurde er aufgrund von guter Führung entlassen.[32]

Die ganze Episode war jedenfalls alles andere als ein *epic win* für Anonymous. Wie schon die missglückte Wette, bei der ein paar Freunde mit einer gefälschten Nachricht in die Medien kommen wollten und damit große Angst vor Attentaten mit schmutzigen Bomben auslösten, zeigt auch diese Episode: Aus Spaß im Internet kann schnell Ernst werden, wenn die Behörden auf den Plan treten und wegen einer Straftat ermitteln. Auf 4chan machen sich die Anons dann über diejenigen lustig, die sich erwischen lassen und ihre Identität nicht ausreichend verschleiert haben. Noch waren

32 AP Enterprise: Todd Palin Repaid For Hacker Trial, npr, 22.11.2011, http://n.pr/u9oNfM

das Einzelfälle – doch im Zuge der nächsten großen Aktion sollten Hunderte Aktivisten ins Visier der US-Bundespolizei geraten. Zunächst aber gelang Anonymous noch einmal ein bitterböser Streich, der messbare Folgen für Apples Aktienkurs hatte – aber keine für die Verantwortlichen.

>> **Steve Jobs wurde vor wenigen Stunden in eine Notaufnahme eingeliefert, nachdem er einen schweren Herzinfarkt erlitten hatte.** <<

So stand es Anfang Oktober 2008 auf der Website von CNN. Schon damals war der Gründer der Computerfirma Apple lebensbedrohlich erkrankt. Drei Jahre später starb er an Krebs. Die Nachricht vom Herzinfarkt war jedoch eine Fälschung, die den Kurs der Apple-Aktie in der Spitze um fast elf Prozent einbrechen ließ.[33] Die Börsenaufsicht leitete Ermittlungen ein, sie fürchtete offenbar eine gezielte Manipulation des Aktienkurses. Anhaltspunkte dafür wurden jedoch nicht gefunden – schuld war offenbar wieder einmal 4chan, die Belohnung für die Anonymen waren nicht günstige Aktien, sondern *lulz*.

Die Gelegenheit schien günstig: Im August hatte der Nachrichtendienst »Bloomberg« versehentlich einen Nachruf auf Steve Jobs veröffentlicht, den die Redaktion vorsorglich angelegt hatte. Eine peinliche Panne, die klarmachte, dass es um den Apple-Chef nicht besonders gut stehen konnte. Der angebliche Herzinfarkt wurde nur wenige Wochen später gemeldet. Zunächst hatten es die Unbekannten bei macrumors.com versucht und dort die falsche Nachricht zur Veröffentlichung eingereicht. Doch Arnold Kim, der Betreiber des Apple-Blogs, traute der Meldung nicht. Also zogen die Trolle weiter – und veröffentlichten die Nachricht gegen vier Uhr morgens auf der Website von CNN. Dazu mussten

---

33 Apple stock tumbles nearly 11% on false report of Jobs' heart attack, Gregg Keizer, Computerworld, 3.10.2008, goo.gl/vhRfW

sie nicht erst die Seite hacken: Unter dem Namen »iReport«, der mit dem kleinen »i« an Apple-Produkte wie iMac oder iPhone erinnert, können Nutzer selbst Meldungen schreiben – ungefiltert. Manche Beiträge der unbezahlten Zuträger schaffen es bis in das Hauptprogramm des Nachrichtensenders. In diesem Forum für Bürgerjournalismus stand also eines Tages gegen vier Uhr morgens das unbestätigte Gerücht, Steve Jobs habe einen Herzinfarkt erlitten.

Was dann geschah, hat die US-Nachrichtenseite »CNet« rekonstruiert:[34] Um 6.25 Uhr übernahm das Branchenorgan »Silicon Alley Insider« die Geschichte. Apple und CNN konnten offenbar nicht so schnell für eine Stellungnahme erreicht werden, weswegen das Gerücht ungeprüft weitergereicht wurde, mit Verweis auf einen Bürgerjournalisten von CNN. Um 6.41 Uhr reagierten die Aktienhändler, der Kurs der Apple-Aktie fiel, zeitweise um mehr als zehn Prozent, was mal eben mehrere Milliarden Dollar Wertverlust ausmachte. Elf Minuten später, um 6.52 Uhr, ergänzte der »Silicon Alley Insider« seine Meldung. Apple hatte sich gemeldet und das Gerücht zurückgewiesen. An diesem Tag schloss die Aktie trotz allem im Minus. Der Ursprung dieses börsenrelevanten Scherzes lasse sich zu 4chan zurückverfolgen, schreibt »CNet«.

Während sich viele Anons mit Scientology anlegten, ging der pubertäre Chan-Spaß im Internet unvermindert weiter. Anonymous war nun Spaßguerilla, Anarcho-Clique und Protestorganisation mit ernsthaften Zielen in einem.

---

34 Who's to blame for spreading phony Jobs story?, Greg Sandoval, CNet, 4.10.2008, http://cnet.co/f6dpH1

3. Masken und Manifeste.
Was Anonymous zusammenhält

»Anonymous. Weil keiner von uns alleine so grausam sein kann wie wir alle zusammen.«[35]

Jede Subkultur braucht ihre Symbole, braucht eine gemeinsame Sprache. Ideen, gemeinsame Ziele allein reichen für den Zusammenhalt meist nicht aus. Heavy-Metal-Fans haben ihre Kutten, ihre Jeansjacken mit Aufnähern, mit denen sie sich gegen die Mehrheitsgesellschaft abgrenzen, Punks ihre bunten Haare, Goths ihre schwarzen Gewänder, Hip-Hopper ihre Markenklamotten in Übergrößen. Auch lose Bewegungen wie die Atomkraftgegner haben ein gemeinsames Zeichen. An der roten, entspannt lächelnden Sonne auf gelbem Hintergrund erkennen sie einander: »Atomkraft? Nein danke«. Auch ein loser Verbund wie Anonymous kommt ohne Symbole der Zugehörigkeit und des Zusammenhalts nicht aus. Passend zur Vielgestalt der formlosen Bewegung gibt es gleich mehrere Symbole und Logos. Einige sollen nach außen wirken, andere sind mehr ein Signal an die Anhänger. Im Internet nutzen die Anons ein Schwarzweißbild, das einen Mann im schwarzen Anzug zeigt, anstelle des Kopfs ist entweder gar nichts oder ein Fragezeichen zu sehen.

Bei Protesten auf der Straße setzen die Aktivisten Masken auf. Vor allem ein Modell hat es ihnen angetan: die weiße Plastikmaske, die den katholischen Terroristen Guy Fawkes darstellt, so wie ihn sich der Comiczeichner David Lloyd vorgestellt hat. Die

35 Ein Kommentar auf 4chan

Grinsemaske ist das nach außen hin sichtbare Markenzeichen von Anonymous. Ihre Geschichte reicht weiter zurück als die der Anonymous-Bewegung, die zum Protest auch mal den Platz vor dem Computer verlässt. Für sich entdeckt haben die Anonymous-Anhänger die Maske, wie vieles andere auch, auf 4chan. Lange Zeit vor den Chanology-Protesten, am 30. September 2006, hatte dort ein simples Strichmännchen einen großen Auftritt. Die kuriose Komik dieses 4chan-Threads, aus der schließlich ein Symbol mit globalem Wiedererkennungswert erwuchs, ist ein schönes Beispiel für die schwer fassbare Funktionsweise des Anonymous-Schwarmes. Sechs Panel umfasst die kleine Bildergeschichte. »Was ist das nur da drin?«, fragt sich das Strichmännchen und schaut in eine Mülltonne. »Das muss ich mir genauer ansehen.« Die Figur steckt ihren Kopf in die Tonne, als sie wieder hervorkommt, trägt sie eine Maske, wie sie in dem Film »V für Vendetta« vorkommt, der ein paar Monate zuvor in den Kinos gestartet war. »Well hello there«, ja hallo erst mal, sagt das Strichmännchen mit der Grinsemaske. Die Strichfigur selbst war auf 4chan ein paar Tage zuvor zum Mem geworden, eine traurige Gestalt, die bei so ziemlich allem scheitert, was sie auch anstellt. Der Name des Tropfs: »Epic Fail Guy«, der Typ, der monumental bei allem scheitert. Neben längeren Geschichten, die aus mehreren Bildern bestehen, dient die Strichfigur auch als kurzer Kommentar zu Beiträgen anderer Nutzer. Eine nervige Frage? Ein anonymer 4chan-Nutzer wird sich finden, der einen »Epic Fail Guy« als Antwort postet.

Nun trug der Fail Guy eine Maske und war plötzlich irgendwie cool. 4chan hatte ein neues Maskottchen, Anonymous machte die Maske zu ihrem Symbol. Denn, Zufall oder nicht, sie passte ganz hervorragend zu dem Bild, das die Anonymous-Anhänger von sich selbst haben. Die Grinsemaske stammt nicht nur aus einem Film mit einer diabolischen Rächerfigur, sondern soll auch Guy Fawkes darstellen.

Ausgerechnet Guy Fawkes. Die Markengeschichte der Maske beginnt also eigentlich am 5. November 1605 in London. An diesem Tag wollten der katholische Fanatiker Guy Fawkes und einige Mitverschwörer als Protest gegen die Ächtung ihrer Konfession das Parlament in die Luft sprengen, den englischen König James I. und die anwesenden Parlamentarier töten. 36 Fässer mit Schießpulver schafften sie in einen Raum unter dem Parlamentsgebäude. Der Terroranschlag flog auf, Guy Fawkes wurde verhaftet, verurteilt, hingerichtet.

Dass Guy Fawkes heute noch bekannt ist, verdankt er wohl ausgerechnet jenen Menschen, die er töten wollte. Im Januar 1606 beschloss das englische Parlament, dass im Land fortan Jahr für Jahr am 5. November gefeiert werden sollte, dass der König den geplanten Anschlag überlebt hatte. Die Formulierungen im entsprechenden Antrag des Abgeordneten Edward Montagu zeigen, dass dieser Festtag auch dazu dienen sollte, den Hass auf den Papst und Rom wachzuhalten. Montagu schreibt, die Verschwörer seien »heimtückische und teuflische Papisten, Jesuiten und Seminarspriester« gewesen. Und so kam es, dass der 5. November zum Guy-Fawkes-Tag wurde, an dem Scheiterhaufen im Land brannten und Menschen Guy-Fawkes-Strohpuppen in die Flammen warfen. Über die Jahrhunderte wandelte sich der Katholiken-Jagdtag zu einer Art britischem Halloween. Der antikatholische »Observance of 5th November Act 1605« wurde im 19. Jahrhundert aufgehoben, doch die Scheiterhaufen und die Strohpuppen brannten weiter an jedem 5. November.

1949 beschrieb der »Spiegel« den Guy-Fawkes-Day als eine Art Volksfest, viele Engländer würden Sympathie für den »Edelmann« Fawkes empfinden, weil er damals die Namen seiner Mitverschwörer erst nach furchtbarer Folter preisgab und »mannhaft starb«. In Oxford maskierten Studenten sich zur Feier als Skelette, kletterten auf Baugerüste, schossen mit Feuerwerkskörpern durch Fenster und gossen Wasser auf die Köpfe von Fußgängern. Der

Guy-Fawkes-Day als eine Art Karneval, ein geregelter Moment der Anarchie – in Maßen.

Zum Symbol des Widerstands machten der Comicautor Alan Moore und der Zeichner David Lloyd Guy Fawkes Anfang der achtziger Jahre mit ihrer Comicserie »V for Vendetta«. Moore beschreibt in dem Essay »Behind the painted Smile« die Genese des Freiheitskämpfers. Die Idee habe Lloyd gehabt, Moore zitiert eine Notiz, die der Zeichner ihm damals schickte:

> »Warum zeigen wir unseren Helden nicht als einen auferstandenen Guy Fawkes, mit einer dieser Pappmaché-Masken, dem Umhang und kegelförmigem Hut? Das würde bizarr aussehen und Guy Fawkes das Image geben, das er all diese Jahre verdient hat. Wir sollten den Kerl nicht an jedem 5. November verbrennen, sondern ihn feiern für seinen Versuch, das Parlament zu sprengen!«

V, der namen- und gesichtslose Held in dem Comic und der Verfilmung von 2006, ist Opfer und Produkt eines faschistischen Regimes, das in Großbritannien nach einer nuklearen Katastrophe die Macht übernommen hat. V wurde in einem Internierungslager als Versuchsobjekt für medizinische Experimente missbraucht, Jahre später rächt er sich an seinen Peinigern und an dem Regime.

V ist allerdings eine ganz andere Figur als Robin Hood oder Superman, den man bei einer solche Konstellation erwarten würde: Er genießt es sichtlich, seine Morde mit großem Aufwand zu inszenieren. Er foltert über Wochen hinweg ein Mädchen, das anfangs mit seinen Taten sympathisiert. V spielt ihr vor, sie sei vom Regime inhaftiert worden. Er quält sie mit einer Art Waterboarding, verlangt in der Rolle als Verhörspezialist immer wieder Informationen über V, droht ihr mit dem Tod. All das tut der Held dem Mädchen an, um sicherzugehen, dass sie schweigen kann, dass die Machthaber keine Gewalt mehr über sie haben. Er tut ihr das an, was ihm angetan wurde – um sie zu dem zu machen, was er ist.

Alan Moore hat in einem Interview 2005 erzählt, warum er seinen Helden mit so einer düsteren Seite versah. In den ersten Episoden der Comic-Reihe sei V fröhlich mordend herumspaziert, und das Publikum habe das geliebt. Die Leser hätten das im Rahmen des üblichen Schemas romantischer Anarchist gegen die bösen Nazis interpretiert. Moore: »Irgendwann entschied ich, dass ich das nicht sagen will. Ich halte es nicht für richtig, Menschen zu töten.« Also zeigte er V nicht nur als Mörder, sondern auch noch als brutalen Folterer einer Unschuldigen. Moore beschreibt seine Entscheidung so:

> »Ich habe es moralisch sehr, sehr vieldeutig gestaltet. Die Kernfrage ist: Hat dieser Typ recht? Oder ist er verrückt? Was denkst du, Leser, darüber? Das erschien mir als der richtige anarchistische Weg: Ich wollte den Menschen nicht sagen, was sie denken sollen. Ich wollte ihnen nur sagen, dass sie denken sollen und dabei einige der kleinen, extremen Ereignisse bedenken, die sich in der Menschheitsgeschichte recht regelmäßig wiederholen.«

Heute verweist Moore darauf, dass V in dem Comic eine Nachfolgerin bestimmt, die sich weigert, Menschen zu töten. Moore: »V erkennt, dass für Mörder wie ihn kein Platz in jener besseren Welt ist, die er zu schaffen hofft.«

Wegen dieser Ambivalenz ist die Guy-Fawkes-Maske als Symbol von Anonymous viel passender, als manche der selbsternannten Aktivisten es selbst wohl wahrnehmen. Unter der Marke Anonymous haben Menschen zur Lynchjustiz aufgerufen, Existenzen vernichtet und es mit Scientology aufgenommen. Auf die dunklen Seiten von Anonymous angesprochen, auf die Aufrufe zur Selbstjustiz gegen vermeintliche Pädo-Kriminelle beispielsweise, antwortet Moore, er persönlich habe von solchen Aufrufen nicht gehört. Aber ganz allgemein sei jeder, der so etwas tue, »in gewissem Maß emotional, intellektuell und ethisch beschränkt«. V, so Moore über seine Figur, sei mit Sicherheit kein »einfach gestricktes rechtslastiges Mitglied einer Bürgerwehr«. Wer an so etwas Interesse habe, der könnte mit einer anderen Verkleidung besser bedient sein, denkt Moore: »Mit Frank Millers Batman etwa.«

Tatsächlich entspann sich zwischen den beiden Comic-Veteranen Miller und Moore – beide gelten schon seit den achtziger Jahren als Vordenker und Stars des Mediums – Ende 2011 ein rüder Streit über die Maskenträger. Miller hatte die Demonstranten der Occupy-Bewegung, die zunächst an der New Yorker Wall Street, später fast rund um den Globus die Exzesse des Finanzkapitalismus anprangerten, als »Rüpel, Diebe und Vergewaltiger« beschimpft. Sie sollten sich lieber Arbeit suchen und die USA beim Kampf gegen den Terror unterstützen. Moore konterte trocken: Es sei ihm schon länger klar, »dass Frank Miller und ich in nahezu allen Punkten vollkommen entgegengesetzte Sichtweisen haben.« Die Occupy-Bewegung sei ein »absolut gerechtfertigter Ausbruch moralischer Empörung«. Sowohl Moore als auch der »V für Vendetta«-Zeichner Lloyd beteiligen sich an einem Projekt, das die Geschichte von Occupy Wall Street in Comic-Form erzählen und den Protestierenden zusätzliche Mittel einbringen soll.

Wer eine Guy-Fawkes-Maske überzieht, solidarisiert sich dadurch nicht unbedingt mit den Mordplänen eines katholischen Fanatikers, mit den Morden und Folterpraktiken einer Comicfigur. Er trägt einfach nur eine Maske, die über die Jahrhunderte hinweg zum Symbol einer sehr starken Marke ohne Botschaft geworden ist. Nur herrscht inzwischen im Netz an jedem Tag ein wenig Volksfest-Anarchie. Damit die Guy-Fawkes-Maske zum Symbol von Anonymous werden konnte, musste sie ein weiteres wichtiges Kriterium erfüllen: Sie ist käuflich.

Guy Fawkes ist eine Marke, mit der Geld verdient wird – und sie gehört nicht Anonymous, sondern einem Hollywood-Riesen. Zumindest in Form der Grinsemaske, wie sie für den Film geschaffen und anschließend als Merchandising-Produkt auf den Markt gebracht wurde, 19 Zentimeter breit und 21 Zentimeter hoch, aus Kunststoff. Die Rechte an der Grinsemaske hält Time Warner, Mutterkonzern von Warner Bros., einem der sieben großen Filmstudios. Rubie's Costume lässt die Masken fertigen und verkauft sie, auch an Zwischenhändler, zum Beispiel in Deutschland oder Großbritannien. Für jedes Exemplar, hergestellt entweder in China oder Mexiko, bekommt Warner Bros. eine Lizenzgebühr, die Kunden zahlen für eine Anonymous-Maske rund zehn Euro. Somit finanzieren die Anons, wenn auch nur in geringem Ausmaß, ein Hollywood-Filmstudio.

Ob dies den Protest in irgendeiner Form relativiert? V-Schöpfer Alan Moore sieht das ganz anders. Er antwortet auf die Frage so: »Natürlich nicht. Ich bin mir sicher, dass viele der Demonstranten auch Schuhe tragen, die womöglich in Ausbeuterbetrieben in Südostasien gefertigt wurden. Und ich bin mir genauso sicher, dass dies die Integrität ihres Protest in keiner Weise berührt.« Moore erzählt, er habe zuletzt im Fernsehen Fawkes-Masken gesehen, die nach billigen Kopien aussahen: »Raubkopien mit anderen Worten, die ich als Schöpfer dieses Werks vollkommen gutheiße.«

Moore erzählt, dass er es mit einer Mischung aus Erstaunen, großem Interesse und viel Bewunderung beobachtet, wie eine Idee, die er vor 30 Jahren ersann, heute von Demonstranten aufgegriffen wird. Eine leicht erhältliche Maske sei für Demonstranten in »unserer gegenwärtigen Überwachungskultur« von großem Nutzen. Und natürlich verstehe er, dass »die Romantik, die Dramatik, der Spaß«, die nun mit der V-Maske assoziiert sind, die oft zermürbende Aufgabe beleben, gegen staatliche Ungerechtigkeit zu demonstrieren.

Der Schöpfer von V sieht die Entwicklung mit einer gewissen Freude: »Ich bezweifle, dass der Time-Warner-Konzern es mit großer Freude sieht, wie geistiges Eigentum, das sie sich angeeignet haben, zu einem Symbol im globalen Protest gegen Konzerne wurde.«

Die Situation ist in der Tat von einer gewissen Komik: Die Markenrechte an der Maske hält ein Konzern, der wie alle Filmstudios unter online verteilten Raubkopien leidet und deshalb für eine stärkere Kontrolle des Internets lobbyiert. Ziele, die denen von Anonymous diametral gegenüberstehen und sich keinesfalls mit den Werten des Kollektivs vertragen. Im Gegenteil, sind die Bemühungen der abfällig Rechteindustrie genannten Produzenten von Musik und Filmen doch Anlass für eine der nächsten Operationen.

Nachdem der Scientology-Protest losgebrochen war, wurde der Masken-Nachschub knapp. Händler in Europa meldeten: ausverkauft, Restexemplare wechselten bei eBay den Besitzer. Auf Demonstrationen in Berlin wurden Masken zum Selbstkostenpreis von zehn Euro verkauft. Auf ihrer Website mahnen die Berliner Scientology-Gegner zur Vermummung: »Es ist egal welche Maske du hast, Hauptsache, man sieht dich nicht. Auch ein hochgezogener Schal und eine Sonnenbrille erfüllen ihren Zweck.« Aber erst der massenweise Einsatz der Maske sorgt für die nötige Portion Aufmerksamkeit, für den leicht unheimlichen Überraschungseffekt. Der Kinofilm war da schon fast zwei Jahre alt, die Verbindung zu Hollywood gelang also kaum auf Anhieb. Stattdessen sorgte die Maske mit dem diabolischen Dauerlächeln nicht nur für den Schutz der Demonstranten vor einer Organisation, die vom Verfassungsschutz beäugt wird, sondern für ein Zusammengehörigkeitsgefühl. Wer oder was ist Anonymous? Die mit den Masken aus dem Internet, die in vielen Ländern protestieren – das funktioniert.

Mehr als 100.000 der Masken verkauft Rubie's Costume jedes Jahr, sagte der Chef der Firma, Howard J. Beige, gegenüber der »New York Times« im August 2011.[36] Eine enorme Menge: Von anderen Film-Masken, im Angebot sind zum Beispiel Batman und die Flinstones, verkaufe man um die 5000 Stück im gleichen Zeitraum. Zunächst habe man sich gewundert, dann von Anonymous erfahren, und mittlerweile will Howard J. Beige den ganzen Rummel um die Grinsemaske nicht weiter kommentieren. Auch auf die Frage hin, ob die Polizei schon vorstellig geworden sei, um eine Liste mit allen Käufern zu bekommen, gibt er keinen Kommentar ab. Die Händler, die Guy-Fawkes-Masken im Angebot führen, sitzen womöglich auf einer Art Mitgliederverzeichnis von Anonymous. Aber lässt sich vielleicht mit der Zahl etwas anfangen? Wenn Rubie's Jahr für Jahr 100.000 der Masken verkauft und das seit dem Jahr der Scientology-Proteste so ginge, könnte es rund 400.000 Maskenbesitzer weltweit geben. Und Fotos von den Chanology-Demonstrationen zeigen, dass bei weitem nicht jeder Anhänger sich als Guy Fawkes verkleidet. Wie groß ist Anonymous also? »Over 9000« ist die prompte Antwort eines Aktivisten. Da ist es wieder, das »Dragonball«-Mem. Und Spaß beiseite? »Wir sind unendlich groß«, sagt einer der Anhänger selbstbewusst. Es käme einfach auf das Thema an, hinter einer Operation könnten sich schnell Zehntausende oder Hunderttausende versammeln. Der Anonymous-Schwarm schwillt dann zu Kampfstärke an, nur um danach wieder abzutauchen, einige Teilnehmer lösten sich für immer. In ruhigeren Zeiten warten die Nerds die Infrastrukturen, bekriegen einander ein bisschen, nur zum Spaß, und warten auf die nächste große Aktion.

Erster Rekrutierungsort für die Untergrund-Armee ist 4chan, im weltweiten Vergleich eine der bekanntesten existierenden

---

36 Masked Anonymous Protesters Aid Time Warner's Profits, Nick Bilton, New York Times, 28.8.2011, http://nyti.ms/oP9djX

Websites – sagen zumindest die Marktforscher von Alexa. Das Unternehmen wertet für seine Untersuchungen unter anderem das Surfverhalten von Nutzern aus, die sich ein spezielles Programm für ihren Browser installiert haben. Weil diese Daten alleine noch nicht aussagekräftig genug sind, zieht die Amazon-Tochterfirma weitere Datenquellen hinzu. So soll ein möglichst originalgetreues Ranking der populärsten Websites entstehen. Andere Marktforschungsunternehmen, die mit Umfragen oder Server-Statistiken arbeiten, kommen zum Teil zu anderen Ergebnissen. Weil aber kaum eine Untersuchung so umfassend ist wie die von Alexa, können die Zahlen zumindest einen groben Eindruck der Popularität von Websites geben. Was also weiß Alexa im Jahr 2012 über 4chan, das mit Abstand größte Board der Chan-Kultur?

»4chan steht auf Platz 1022 im weltweiten Ranking, basierend auf den Zahlen von Alexa aus den vergangenen drei Monaten. Im Vergleich mit allen Internetnutzern zieht 4chan mehr männliche Nutzer unter 25 Jahren an, die Nutzerschaft setzt sich vor allem aus kinderlosen Männern und Weißen zusammen, die von zu Hause oder aus der Schule heraus auf die Seite zugreifen. Die meisten haben keinen College-Abschluss. In den USA steht die Seite auf Platz 512, wo nach unseren Berechnungen 40 Prozent der Nutzer herkommen. Außerdem ist die Seite in Finnland populär, wo sie auf Platz 224 steht. Rund 6 Prozent der Nutzer kommen über Suchmaschinen auf 4chan.org.«

4chan-Gründer Christopher »moot« Poole berichtet selbst von 10 Millionen Unique Users im Monat – das hieße, dass jeden Monat 10 Millionen mal von verschiedenen Computern oder Browsern aus auf das Forum zugegriffen wird. Die Zahl der tatsächlichen Nutzer dürfte darunter liegen, weil jemand, der von zu Hause und von der Arbeit aus mit verschiedenen Rechnern online geht, in dieser Statistik zwei Mal gezählt wird. Weil es aber keine technisch zuverlässigeren Zählmechanismen gibt, hat sich der Unique User als Standard etabliert, etwa für die Werbebranche. Zum Vergleich: Auch »Spegel Online« kommt auf rund zehn Millionen Unique User im Monat und ist damit nach »Bild« die größte Nachrichtenseite im deutschsprachigen Internet. 4chan lässt sich mit diesen Zahlen nicht als Nischenphänomen abtun, als dunkle Schmuddelecke für Nerds, die noch bei ihren Eltern wohnen. 4chan ist größer, bisweilen sogar Teil des Web-Mainstreams – denn oft schwappen Ideen, Witze, Aktionen aus 4chan ins Netz.

Tatsächlich ist 4chan nur der erste Schritt einer Anonymous-Mobilmachung – schon im Fall des »Projekts Chanology« stießen Menschen dazu, die von dem Webforum allenfalls gehört hatten, aber keine regelmäßigen Besucher waren. Die Bindung an das Anonymous-Kollektiv ist lose. Mittlerweile gibt es höchst aktive Anons, die mit dem Mutterschiff nicht allzu viel anfangen können. Er möge 4chan nicht besonders, sagte ein engagierter südamerikanischer Anonymous-Aktivist uns Ende 2011. Dort würden Witze gemacht, die er nicht verstehe, die Sprache sei »verrückt«, gespickt mit unverständlichen Abkürzungen. Je internationaler Anonymous wird, desto mehr werden Teile der Chan-Kultur, die maßgeblich über Sprachwitz funktioniert, in den Hintergrund treten, zu einer Art Protest-Folklore werden.

Von mehreren Millionen anonymen 4chan-Nutzern – 2008 sollen es jeden Monat knapp sechs Millionen gewesen sein – standen in diesem Jahr letztlich weniger als 10.000 vor einem der Scientology-Büros. Es ist wie so oft: Mehr Menschen sympathisieren mit einer Sache als letztlich bereit sind, dafür auf die Straße zu gehen. Doch hat Anonymous einen Vorteil, den andere Protestbewegungen bisher nicht hatten oder zumindest nicht einsetzen konnten: Die im Umgang mit Computern versierten Sympathisanten müssen ihr Wohnzimmer nicht verlassen, um aktiv zu werden. Sie müssen sich auch nicht an die Bewegung binden, sondern können ad hoc mitmachen – bei einem *raid* oder einer

DDoS-Attacke. Sie können ein YouTube-Video mit Propaganda-nachrichten im Web verteilen. Vielleicht ist diese Art Aktivismus noch am ehesten mit einem Appell zu vergleichen, wie man ihn bei der Online-Plattform »campact« gegen alles Mögliche unterschreiben kann. Gegen industrielle Agrarwirtschaft, gegen ein Atommüllendlager in Gorleben oder um die »Banken in die Schranken« zu weisen. Ein paar Klicks, nach einer bestimmten Zeit werden die gesammelten Unterschriften übergeben. Nur dass eine Unterschriftenliste noch selten auch nur ansatzweise die Aufmerksamkeit in den Medien – und damit der Öffentlichkeit – erreicht, als das früher der Fall war, als Unterschriftensammeln noch mühsamer war.

Medienwirksamer ist ein Überfall aus dem Internet, noch dazu von mysteriösen Rächern. In einer Zeit, in der immer mehr All-tagsgeschäfte ins Netz verlagert werden, nimmt das Bedrohungs-potential der vermeintlichen Hacker-Armee zu.

Die potentielle Unterstützergemeinde von Anonymous ist also riesig, womöglich geht sie in die Hunderttausende. Nur muss sich das Kollektiv für jede Aktion erneut zusammenfinden. Gregg Housh, der Bostoner Programmierer, der nach seiner Enttarnung zu so etwas wie einem öffentlichen Vertreter von Anonymous wurde, sagte gegenüber dem ZDF[37]: »[Anonymous ist] eine sehr fragile Gruppe, letztendlich existiert sie nicht wirklich. Wenn so eine Operation vorbei ist, sprechen 99 Prozent der Gruppe nicht mehr mit den anderen Beteiligten, es ist einfach vorbei.« Housh sieht bei seinen zahlreichen Interviews nicht so aus, wie sich die Öffentlichkeit den typischen Hacker vorstellt. Er ist wohlfrisiert, trägt Hemden, spricht geschliffen. Vor allem ist er Mitte 30 und entspricht damit nicht dem Klischee des bei seinen Eltern leben-den Teenagers. Housh erklärte nicht nur den Scientology-Protest, auch bei der nächsten großen Aktion trat er als Sprachrohr der

37 http://youtu.be/PtQu8aQPrGE

Bewegung auf. Auch wenn er betont, dass er an illegalen Aktionen nicht teilnimmt, sondern nur die Vorbereitungen in den Chaträumen verfolgt. Überhaupt gebe es keine feste Gruppe von Mitgliedern: »Die Gruppe entsteht immer, wenn Menschen das Gefühl haben, dass es notwendig ist.«

Anonymous ist ein ständiges Gespräch, das auf diversen unterschiedlichen Kanälen – Chats, Foren, Blogs, Twitter – ununterbrochen geführt wird. Die Teilnehmer nutzen Pseudonyme, allenfalls ihr Alter und ihre Herkunft verraten sie, darüber hinaus gibt es meist nur vage Antworten. So schnell, wie Themen auftauchen, können sie auch schon wieder verschwinden. Manchmal aber verdichten sich die Gespräche, nimmt eine Idee Fahrt auf. Dutzende oder sogar Hunderte Anons tun sich dann zusammen und steigen in die konkrete Planung ein. So war es schon beim »Projekt Chanology«, wo 200 Anonymous-Anhänger in Chaträumen die Angriffe auf die Website von Scientology verabredet hatten und damit schließlich eine jahrelang andauernde Protestbewegung gegen die Sekte ins Leben riefen.

Während die Maske vor allem ein Zeichen nach außen ist, hat Anonymous auch nach innen gerichtete Symbole, mit denen das Kollektiv zusammengehalten wird. Dazu gehört die Beschwörungsformel »Wir sind Anonymous. Wir sind Legion. Wir vergeben nicht. Wir vergessen nicht.«. Das Kollektiv beschwört sich selbst, das Ich tritt in den Hintergrund. Das klingt dann doch sehr ernst und überzeugt, wo Anonymous doch sonst nichts, niemanden und vor allem nicht sich selbst ernst nehmen mag. Der Berliner Blogger und Buchautor Malte Welding attestierte den Anons deswegen in der »Taz« pubertäre Wichtigtuerei:[38]

---

38 Rächer im Schatten ihrer Rechner, Malte Welding, Taz, 8.11.2011, http://www.taz.de/!81454

»Während in der herkömmlichen linken Szene sprachlich die Haltung der Unterprivilegierten eingenommen und mit Hilfe eines Fern-uni-Sprech Stimmung gegen Heteronormativität und Strukturen gemacht wird, ohne dass noch jemand wüsste, was diese Strukturen eigentlich nochmal genau waren, ist die so coole wie kindliche Actionfilm-Sprache der Anons restlos von sich überzeugt.«

Der Eindruck, Anonymous bediene sich einer Actionfilm-Sprache, kommt nicht von ungefähr. Seit dem Protest gegen Scientology werden die Manifeste und Botschaften vor allem in Videoform verbreitet, unterlegt mit dramatischer Musik, die aus Filmen kommt oder kommen könnte. Außerdem ist die 4chan-Kultur vertraut mit allen Formen von Fantasy, mit Live- und Computer-Rollenspielen, mit Büchern wie dem »Herrn der Ringe« und Science-Fiction-Filmen. Es gibt Manifeste in Textform, dann oft als Bild aufbereitet, um sie in Foren und sozialen Netzwerken mit ihren begrenzten Möglichkeiten eindrucksvoller darstellen zu können – das Flugblatt des Internets. Ebenso gibt es reine Textformen, etwa das Bekennerschreiben nach einem Hacker-Angriff, die traditionell nur mit einem limitierten Zeichenset illustriert werden.

Dieses Malen mit Buchstaben und Sonderzeichen trägt den Namen ASCII-Art, weil der ASCII-Zeichensatz verwendet wird. ASCII steht für »American Standard Code for Information Interchange« – dieser Basis-Zeichensatz passt ebenso gut zur kargen, archaisch wirkenden Digitalästhetik von Anonymous wie IRC-Chat-Kanäle. ASCII-Art ist eine Kunstform, die so alt ist wie das Internet, eine Erinnerung an längst vergangene Zeiten, lange vor 4chan, als Speicherplatz und Übertragungsgeschwindigkeit so knapp und die Grafikfähigkeiten von Rechnern noch so beschränkt waren, dass man mit Sonderzeichen malen musste. Eulen zum Beispiel:

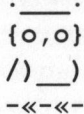

```
   .___.
  {o,o}
  /)__)
  -«-«-
```

ASCII ist ein Symbol für Tradition, für Kennerschaft und Geschichtsbewusstsein. Auch die »Release Groups« genannten Gruppen, die aus sportlichem Ehrgeiz Raubkopien von Filmen, Musik, E-Büchern und Videospielen verbreiten, benutzen diesen Zeichensatz bis heute in ihren Pamphleten und Bulletins.

Die Videos hingegen sind neu. Sie zeigen düstere Bilder von Gestalten mit Grinsemaske, Fotos von Anonymous-Aktionen, Ausschnitte aus »V für Vendetta« und immer wiederkehrende Motive wie einen eingefärbten Wolkenhimmel im Zeitraffer. Es ist die Ästhetik des Cyberpunk aus Filmen wie »The Matrix«, »Aeon Flux« und »Blade Runner«, mit der der Eindruck einer total überwachten Welt erweckt wird, in der schließlich Anonymous als dunkler Rächer auftritt. Die Botschaften starten häufig mit einer 3-D-Animation des Anonymous-Logos, dem kopflosen Anzugträger mit einem Fragezeichen zwischen den Schultern, vor einem Globus und umrahmt von einem Blätterkranz, der an Engelsflügel erinnert. Der 15 Sekunden lange Einstieg wird begleitet von bombastischer Orchestermusik inklusive Chorälen. Der Gong der 20-Uhr-Nachrichten klingt daneben wie ein müdes Scheppern. Ein wenig mysteriös sollen die Clips wirken, latent bedrohlich. Was vor allem an David liegt, der elektronischen Stimme in vielen Anonymous-Clips. Die US-Softwarefirma Cepstral hat sich auf synthetische Stimmen spezialisiert, das Programm lässt sich kostenlos testen. Die monotone Stimme verliest, was man ihr als Textdatei zur Verfügung stellt, und klingt dabei leicht blechern: »Hallo. Wir sind Anonymous«, leiert David, und weiter geht es mit Allmachtsphantasien im prototypischen Propagandavideostil: »Wir sind darauf aufmerksam geworden, dass ...« Anonymous als das allsehende Auge über dem Internet. Die daran anschließenden Botschaften sind rigoros: Man werde nicht länger zusehen, könne nicht mehr dulden, werde zu verhindern wissen, müsse jetzt eingreifen.

Wie Malte Welding bemerkte: »Die Botschaften sind inhaltlich eher schlicht gehalten, kein Vergleich zu den ausformulierten Traktaten, die andere soziale Bewegungen hervorbringen. Mit dem entscheidenden Vorteil, dass sich die Clips leicht konsumieren lassen und sich geradezu dazu anbieten, im Fernsehen gezeigt zu werden.« Tatsächlich übernahmen Nachrichtensender in vielen Ländern Ausschnitte aus den Videos, um ihre Geschichten zu illustrieren – eine perfekte Medienstrategie. Mit zunehmender Aufmerksamkeit für Anonymous und der ebenso zunehmenden Verbreitung der Botschaften stellte sich ein weiterer Effekt ein: *newfags*. Es wurden Internet-Nutzer auf das Kollektiv aufmerksam, die nicht mit der Chan-Kultur groß geworden waren, die sich der absichtlichen Lächerlichkeit und der Medienstrategie hinter den Holzhammer-Botschaften nicht immer völlig bewusst waren. Es waren mit Sicherheit viele darunter, die sich an der Vorstellung berauschen, Teil dieser Bewegung zu sein, Macht ausüben zu können – manchmal aus dem Jugendzimmer im Haus der Eltern heraus.

Selbst wenn sich die Clips, die meist über Googles Videoplattform YouTube verbreitet werden, an einen Gegner wenden, so sind sie immer auch eine Botschaft nach innen, an das Kollektiv. »Ungefähr 216.000 Ergebnisse« spuckt eine Suche auf YouTube nach dem Stichwort »Anonymous« aus, ergänzt um »Message«, Botschaft, sind es immer noch rund 22.900 Videos. Zum Teil handelt es sich um ein und denselben Clip, hundertfach verbreitet, in andere Sprachen übersetzt, minimal abgeändert. Der Schwarm verbreitet genehme Botschaften weiter, andere, mit deren Aussage und Ästhetik sich die Anons nicht identifizieren können, bekommen weniger Zugriffe. Weil jeder sich Anonymous nennen kann –

und die Herstellung der typischen Videos öffentlich dokumentiert ist –, gibt es viele Erklärungen, die nicht die Meinung des Kollektivs widerspiegeln. Doch selbst Clips, die hunderttausendfach angesehen und vielfach weiterverbreitet wurden, müssen nicht die Meinung des Kollektivs treffen. Oft sind es Versuchsballons, ob sich der »Hive«, der Schwarm der Anons, für eine Idee begeistern lässt. Es gibt Botschaften an das Militärbündnis Nato, an die deutsche Bundeskanzlerin, an die GEMA, an die Bevölkerung der Erde. Ein Manifest muss nicht bedeuten, dass eine Aktion folgen wird. Für viele Journalisten ist das unbefriedigend: Wo Menschen sich zusammentun und etwas unternehmen, suchen Berichterstatter nach Anführern, nach Ansprechpartnern, die stellvertretend für die Gruppe sprechen. Die erklären können, warum sich plötzlich Menschen in Grinsemasken mit Scientology anlegen – und wie man eine Website abschießt. Viel zu tun für Gregg Housh, der im Fernsehen auftritt und eines der Kernanliegen von Anonymous schlicht so erklärt: Scientology soll Steuern zahlen.

Das ist die eine Wahrheit: Es gibt konkrete Ziele, konkrete Anliegen, hinter denen sich die Anons versammeln, für die sie eintreten, sei es mit einem Mausklick oder der Beteiligung an einer DDoS-Attacke. Die andere Wahrheit ist: Das Einzige, was all die womöglich Hunderttausende Sympathisanten der Marke Anonymous verbinden, sind die Zeichen, die Symbole, die Sprache, die Witze, ein diffuses Gefühl der Verbundenheit, das Ideal eines freien, unreglementierten Internets und der uneingeschränkt freien Rede. Weil diese Kerngedanken sich aber so vielfältig auslegen lassen, können die Aktionen des Kollektivs völlig unterschiedliche Ausprägungen und auch sehr unterschiedliche Grade der Reflektions- und Argumentationstiefe erreichen.

Die größten Anonymous-Aktionen des Jahres 2009 zeigen exemplarisch, wie groß die Bandbreite des, nennen wir es einmal Engagements, inzwischen war.

Die Opposition im Iran hatte große Hoffnungen: Am 12. Juni 2009 wählte das Land einen neuen Präsidenten. Amtsinhaber Mahmud Ahmadinedschad hatte den Iran mit Kriegsrhetorik und atomarer Aufrüstung international weiter in die Isolation getrieben, die Reformer hofften auf einen Machtwechsel. Das Regime hingegen klammerte sich an die Macht, verbot drei Tage vor der Wahl, Facebook zu benutzen, und stoppte am Wahltag den Versand von SMS. Offenbar fürchtete die Regierung, die digitalen Werkzeuge der neuen Zeit würden den Herausforderern in die Hände spielen. Die Befürchtungen sollten sich zunächst nicht bewahrheiten, zumindest nicht im Hinblick auf den Wahlausgang. Ahmadinedschad gewann die Wahl augenscheinlich deutlich, mit mehr als 62 Prozent der abgegebenen Stimmen. Die Opposition erhob daraufhin Vorwürfe, die Abstimmung sei manipuliert worden. Tatsächlich gab es Indizien, die auf Unregelmäßigkeiten hindeuteten. Am Tag nach der Wahl kam es zu ersten Straßenschlachten in der Hauptstadt Teheran, am 15. Juni beteiligten sich zwei bis drei Millionen Iraner in mehreren Städten an Protesten. Sie trugen grüne Tücher, die Farbe der Opposition, gleichzeitig die Farbe des Islam. Schon drei Wochen vor der Wahl hatten sie protestiert, je näher der Termin rückte, desto gewalttätiger wurden die Auseinandersetzungen mit Kräften des Regimes. Nach der Niederlage kippte die Stimmung vollends. Das Land, so schien es zumindest, stand vor einer »grünen Revolution«.

Die Sicherheitskräfte prügelten und schossen, töteten Menschen. Internationale Medien wurden von den Massenprotesten ferngehalten, die Welt sollte nicht zusehen, wie das Regime mit seinen Kritikern umging. Korrespondenten wurden ausgewiesen. Ein hochrangiger Militärsprecher sprach eine offene Drohung gegen Blogger und Website-Betreiber im Land aus: Inhalte, die »Spannungen erzeugen« könnten, müssten sofort entfernt werden, andernfalls drohten juristische Konsequenzen. Irans Machthaber zeigten Angst vor dem Netz – denn einerseits war es ein zentrales Werkzeug bei der Organisation der Massenproteste, und andererseits sorgte es dafür, dass die massiven Einschränkungen, denen internationale Medien im Land unterlagen, zumindest teilweise unterlaufen werden konnten. Eine Symbiose von »alten Medien« und bewusst und explizit parteiischen »Bürgerjournalisten« bildete sich innerhalb weniger Tage. Das ging nicht anders, denn die westlichen Journalisten, die noch im Land waren, wurden bedroht, durften ihre Büros nicht mehr verlassen, nicht von den Straßen Teherans berichten – oder sie wurden gleich ganz vertrieben.

»Die Welt schaut zu«, warnte US-Präsident Barack Obama die Machthaber in Iran am 19. Juni. Einen Tag später starb die 26-jährige Neda Agha-Soltan in Teheran, auf dem Weg zu einer Demonstration. Sie hatte ihr Auto in einiger Entfernung abgestellt und wollte sich mit drei Begleitern auf den Weg machen, als sie ein Schuss in die Brust traf. Offenbar hatte ein Anhänger des Regimes geschossen, Passanten hielten ihn fest, nahmen ihm seinen Ausweis ab. Agha-Soltan starb wenige Minuten nach dem Treffer. Jemand hatte ihren Tod auf Video festgehalten, der Clip wurde auf YouTube veröffentlicht, war auf CNN und bei anderen Nachrichtensendern im Programm: Die Welt sah zu. Agha-Soltan, die laut Angehörigen nicht sonderlich politisch engagiert gewesen sein soll, wurde zur Symbolfigur der Protestbewegung.

Der Informationsfluss über Twitter, YouTube, Flickr, Picasa und zahlreiche andere Internet-Plattformen aus dem Land ließ sich nicht unterbinden. Twitter blieb, mit dem Sammelthema #IranElection, ein wichtiges Werkzeug – trotz wachsender Angst vor Unterwanderung durch den iranischen Geheimdienst. Die Plattform ließ sich kaum effektiv sperren: Der Zugang läuft nämlich nicht nur über die Website Twitter.com, sondern auch über zahllose andere Anwendungen, teils auch via Mobiltelefon. Tausende Twitter-Nutzer im Westen färbten, als Geste der Solidarität, ihre kleinen, quadratischen Profilbildchen grün ein.

YouTube erklärte sich ganz offiziell zum Sprachrohr der Protestbewegung – in einem Blog-Eintrag wurde deutlich Sympathie bekundet und auf eine eigens eingerichtete Seite verwiesen, auf der Videos aus dem Iran gesammelt wurden: »YouTube ist zu einer Bürger-getriebenen Nachrichtenagentur geworden, mit ungefilterten Videoberichten von den Straßen von Teheran.« Für die großen US-Internetunternehmen ist die Unterstützung von Freiheitsbewegungen in anderen Teilen der Welt nicht zuletzt gute PR.

Massenproteste, womöglich eine Revolution, befeuert durch das Internet? Und dann nur »zusehen«, wie Obama es ausdrückte? Anonymous rief die »Operation Iran« aus. Auf der Website »Why We Protest«, wo die Scientology-Gegner ihre Aktionen planten, wurde bereits kurz nach der Wahl ein Iran-Forum eingerichtet – Anonymous wollte der iranischen Opposition helfen, sich sicher im Internet zu bewegen. Die »Encyclopædia Dramatica« bemerkte spitz:

> »Das musste ja so kommen: Ein paar 14-jährige *raidfags* ohne jegliches Wissen oder auch nur irgendeine Verbindung zum Iran versuchen, sich nützlich zu machen – indem sie ein englischsprachiges Forum aufsetzten, das sie auf englischen Websites bewarben und hofften, es mit den längst etablierten persischen Protestforen aufzunehmen.«

Es ist der übliche Spott der Chan-Kultur, den jede irgendwie moralisch gute Sache abbekommt. Trotzdem ist die Kritik nicht von der Hand zu weisen. Es lässt sich nur schwer einschätzen, in welchem Ausmaß die »Operation Iran« der Opposition helfen konnte. Der Zuspruch jedenfalls war groß. Unter anderem half »The Pirate Bay« dabei, die Aktion bekannt zu machen, das wohl größte und bekannteste Verzeichnis sogenannter Torrent-Dateien. Über die Seite lassen sich kleine Wegweiser herunterladen, mit deren Hilfe ein Bittorrent-Programm in einem riesigen, dezentralen Netzwerk von mehreren Nutzern gleichzeitig Dateien herunterladen kann. Es sind auch legale Torrents auf »The Pirate Bay« verzeichnet – bei dem weitaus größeren und populäreren Teil dürfte es sich um Raubkopien handeln. Unnötig zu erwähnen, dass Rechteinhaber vehement gegen die Plattform vorgehen. Nur ein Jahr später sollte »The Pirate Bay« deshalb zum Auslöser einer der bis dahin größten Anonymous-Aktionen werden, doch nun ging es zunächst um die gute Sache. Auch »The Pirate Bay« färbte nach der Wahl das eigene Logo grün ein, nannte sich »The Persian Bay« und verlinkte auf die Anonymous-Aktion. Für die Zielgruppe gibt es keine bessere Werbeform, binnen kurzer Zeit sammelten sich dort Tausende:

> »Dieses Forum soll ein sicherer und verlässlicher Kommunikationskanal für Iraner und ihre Freunde sein. Benutze es, um darüber zu diskutieren, was im Iran passiert. Schreib im Forum entweder anonym als Gast, als registrierter Nutzer oder logge dich mit deinem Facebook-Account ein. Wir sind weder eine Regierungsbehörde, noch sind wir iranisch. Wir sind einfach nur das Internet und glauben an die freie Meinungsäußerung. [...] Dieses Forum wird unterstützt von The Pirate Bay, Anonymous und weiteren internetfreundlichen Kräften.«

Anonymous verbreitete Anleitungen, wie man die Internet-Zensur in Iran umgehen und wie man sich bei Massenprotesten vor den Angriffen der Sicherheitskräfte schützen können sollte. Anons sammeln Nachrichten und Berichte aus dem Iran, stellen Netz-Ressourcen bereit. Natürlich wurde auch das obligatorische Video veröffentlicht, eine Botschaft an die iranische Regierung. Die iranische Opposition bediente sich unterdessen des Internet-Dienstes eines Briten, um Websites der Regierung abzuschießen. Der 25-jährige Webdesigner, der das Tool mitentwickelt hatte, berichtete von Zehntausenden Abrufen seiner Seite.[39] Sie erlaubt das Eintragen einer bestimmten Internetadresse und im Anschluss deren wiederholten, automatisierten Abruf. Entwickelt hatte Ryan Kelly das Werkzeug, um Seiten mit Sportergebnissen oder eBay-Auktionen in regelmäßigen Abständen erneut aufzurufen. Nun stellte er überrascht und erfreut fest, dass es zum Protestinstrument umfunktioniert worden war.

Andere Programmierer entwickelten eigene Werkzeuge, mit denen sie das iranische Regime für seine Zensurversuche bestrafen wollten: Eine auf Twitter und andernorts häufig verlinkte Website präsentierte einen Button. Mit einem Klick auf »Start« rief der eigene Browser wieder und wieder ein Paket von zehn offiziellen iranischen Seiten auf, um sie zu überlasten, darunter den Internet-Auftritt von Irans geistlichem Führer Ajatollah Ali Chamenei. Bei weiteren Attacken setzten die Aktivisten offenbar auf ein ausgefeilteres Tool namens »BWraep«, das über eine Anonymous nahestehende Seite verteilt wurde.[40] Die DDoS-Angriffe auf Web-Seiten des Regimes wurden sowohl von innerhalb als auch außerhalb des Landes ausgeführt – die Demokratiebewegung hatte das Web um Hilfe gebeten. Im Iran mit seinem vergleichsweise zentral aufgebauten Internet hatten die Attacken Folgen: Anhänger der Regierung sollen deshalb in iranische Universitäten eingedrungen sein und Computer demoliert haben, Studenten sollen Speichermedien weggenommen worden sein.

Gregg Housh berichtete von Kontakten zu Oppositionellen, von Coaching, wie man die staatliche Internet-Überwachung umgehen könne. Mit fünf Iranern will er in Kontakt gestanden haben,

39 Briton's software a surprise weapon in Iran cyberwar, Peter Wilkinson, CNN, 17.6.2009, http://goo.gl/9ZjQJ
40 Activists Launch Hack Attacks on Tehran Regime, Noah Shachtman, Wired, 15.6.2009, http://goo.gl/jjrN3

dann hätten diese sich tagelang nicht mehr gemeldet.[41] Schließlich ging einer von ihnen wieder online und benutzte ein Codewort. Die anderen vier seien tot, er selbst werde sich nie wieder melden. Für die Internet-Aktivisten muss das wie ein Schock gewesen sein: Hatten sie einen Fehler gemacht, etwas übersehen bei ihrer Kommunikation, was die iranischen Behörden hatte aufmerksam werden lassen? Plötzlich bedeutete ein Fehler nicht verpasste *lulz*, sondern womöglich verlorene Menschenleben.

Die grüne Revolution scheiterte trotz der Massenproteste der Opposition, bei denen Dutzende von Demonstranten getötet wurden. Dissidenten flohen ins Ausland, unter anderem nahm auch Deutschland einige politische Flüchtlinge auf. Bei den flankierenden Aktionen im Netz hatte Anonymous allenfalls eine untergeordnete Rolle gespielt – auch wenn Medienberichte anderes suggerierten. Ein Anon, der von Anfang an dabei war, räumt ein, dass die »Operation Iran« weit weniger erfolgreich war als etwa der Protest gegen Scientology. »Aber wir haben dazugelernt, was im Internet geht, wie wir Aufständischen helfen können«, sagt er.

Nur gut einen Monat nach dem Beginn der Massenproteste im Iran fühlten sich die Nutzer von 4chan plötzlich im eigenen Land, in den USA verfolgt. An einem Sonntag im Sommer 2009, es war der 26. Juli, war 4chan für viele Nutzer in den USA nicht mehr zu erreichen – der größte Provider des Landes, AT&T, hatte bestimmte Adressen von seinen Technikern blockieren lassen, so dass /b/ nicht mehr erreichbar war. Die hypernervösen 4chan-Nutzer fühlten sich herausgefordert. Dass ein Großunternehmen wie AT&T 4chan blockieren, ja zensieren könnte, passte hervorragend in ihr Weltbild. Die Maschinisten des Internet-Hassmotors griffen in ihren Werkzeugkasten. Auf der CNN-Website iReport,

41 They're watching. And they can bring you down, Joseph Menn, Financial Times, 23.9.2011, http://on.ft.com/pZVtLp

auf der schon der angebliche Herzinfarkt von Steve Jobs lanciert worden war, tauchte umgehend eine Meldung auf: AT&T-Chef Randall Stephenson sei tot, hieß es dort. Die Falschmeldung wurde jedoch gelöscht, bevor das Gerücht weiterverbreitet wurde und der Börsenkurs des Unternehmens darunter litt. US-Branchenblogger orakelten, dass AT&T sich wohl Menschen zum Feind gemacht habe, die man lieber nicht zum Feind haben möchte. Gleichzeitig gab es immer mehr Meldungen aus verschiedenen Gegenden der Vereinigten Staaten, dass 4chan nicht abrufbar sei – und offenbar nicht nur über das Netz von AT&T, sondern auch über weitere Provider. Da es von AT&T am Sonntagabend so schnell keine Erklärung gab, rief 4chan-Gründer Poole im Statusblog der Website dazu auf, doch bei der Hotline des Telekommunikationsriesen direkt nachzufragen. Für Montag erwarteten nicht wenige den Ausbruch eines gigantischen *shitstorms* – schien es doch, als greife da ein Provider in die Meinungsfreiheit ein.

Der Fehler lag allerdings bei 4chan selbst. Am Montag meldete sich AT&T zu Wort: Von den 4chan-Servern seien große Mengen Daten verschickt worden, man habe die Kunden des eigenen Netzwerks vor einer DDoS-Attacke schützen wollen. Nachdem die Gefahr in der Nacht zum Montag offenbar nicht mehr bestanden habe, sei die Blockade wieder aufgehoben worden. Dann erklärte Poole, was geschehen war. 4chan habe unter Beschuss gestanden, schon seit drei Wochen. Dabei ging es wohl, wie so oft, um eine Fehde zwischen verschiedenen Chans, in diesem Fall sollen die Angriffe von AnonTalk gekommen sein, einem 4chan-Ableger für all die schlimmen Dinge, die Poole von 4chan verbannt hatte. Die Spezialität von AnonTalk: *lolicons* (von »Lolita«), gezeichnete Kinderpornos, und pädophile Phantasiegeschichten. Also, so Poole weiter, habe man versucht, die eintreffende Datenflut herauszufiltern. Dabei sei ein Konfigurationsfehler passiert – mit dem Ergebnis, dass von 4chan-Servern versehentlich Datenpakete verschickt worden seien, offenbar seien einige AT&T-Nutzer zufällig getroffen worden. Ein Techniker eines anderen Providers, der ebenfalls in den Netzverkehr eingegriffen hatte, erklärte Details. Demnach seien von einer bestimmten IP-Adresse aus unablässig ACK-Scans durchgeführt worden. Dabei wird ein Datenpaket verschickt, um zu sehen, ob ein bestimmter Netzwerkport angesprochen werden kann. Die Entscheidung, diese IP-Adresse zu sperren, habe er mit dem Betreiber der Einrichtung getroffen, in der die 4chan-Server ans Netz angeschlossen waren. Es habe keine Alternative dazu gegeben – und dies sei vermutlich auch der Grund für die AT&T-Blockade. Poole bemerkte, AT&T habe als Antwort auf den Fehler gleich die dickste Kanone herausgeholt. Die angebliche Datenflut könne nicht besonders groß gewesen sein, mitnichten habe sie eine Gefahr für das Netz von AT&T darstellen können. AT&T hingegen erklärte, man habe vor der Maßnahme vergeblich versucht, mit Poole Kontakt aufzunehmen. Die für technische Probleme dieser Art hinterlegte E-Mail-Adresse habe aber nicht funktioniert. Also viel Aufregung um nichts? Poole erklärte:

> »Es freut uns, dass dieses kurzzeitige Debakel zu neuem Interesse und neuen Diskussionen über Netzneutralität und Internet-Zensur geführt hat – zwei wichtige Themen, die nicht ansatzweise die nötige Aufmerksamkeit bekommen. Vielleicht erweist sich all das im Nachhinein als Segen.«

So schnell, wie die Angriffspläne auf AT&T geschmiedet waren, war die Aktion auch wieder vergessen.

Dass die Website des australischen Premierministers Kevin Rudd am 9. September 2009 für rund eine Stunde nicht zu erreichen war, ist angesichts der Vielzahl von DDoS-Attacken und anderen Website-Ausfällen fast nicht der Rede wert. Anonymous aber nutzte die Auszeit, für eine Botschaft. Australien plante 2009, staatliche Internetsperren gegen unliebsame Websites auszuweiten – für Internet-Aktivisten nichts Geringeres als Zensur. Schon seit Jahren wacht in dem Land eine Einrichtung namens »Australian Communications and Media Authority« (ACMA) über das, was Australier sich im Netz ansehen können. Die ACMA legt schwarze Listen mit Inhalten an, die die Internet-Provider dann aus dem Web-Traffic filtern sollten – in erster Linie ging es dabei zunächst um Kinderpornografie. Doch schon im März 2009 hatte WikiLeaks eine Liste mit URLs veröffentlicht, die angeblich von der ACMA stammte. Der zuständige Minister Stephen Conroy, ein Verfechter strenger Internet-Regulierung, gab später zu, dass die Liste einer von der ACMA verwendeten »stark ähnelt«. Darauf standen nicht nur Seiten mit Kinderpornografie, sondern vereinzelt auch Links zu Wikipedia-Inhalten, YouTube-Videos – und zur Website eines unbescholtenen Zahnarztes.[42] Die Regierung von Kevin Rudd wollte dieses Kontrollregime nun deutlich verschärfen. Im Laufe der Regierungszeit von Rudd durchlief der Gesetzesvorschlag mehrere Variationen, in jeder davon aber hätte er äußerst weitgehende Zensur von Internet-Inhalten zur Folge gehabt. Dem ursprünglichen Vorschlag zufolge wären Australiens Provider verpflichtet worden, jegliche Inhalte aus dem Netz zu fischen, denen australische Jugendschützer eine Jugendschutz-Einstufung verweigert hatten. Zeitweilig wurde auch darüber diskutiert, Bilder nackter Frauen mit besonders kleinen Brüsten zu verbieten, weil sie Kindern zu sehr ähneln würden. Die Netz-Aktivisten in Australien schäumten bereits seit Monaten – nun schritt Anonymous zur Tat, wie gewohnt mit dem Holzhammer.

Der Angriff auf die Website des Premiers erfolgte an einem Mittwochabend. Völlig unvermittelt stieg die Zahl der Seiten-

---

42 Stephen Conroy says leaked list of banned websites »seems like ACMA's blacklist«, Chloe Lake, News.com.au, 25.3.2009, http://goo.gl/trC5t

aufrufe in nie dagewesene Höhen. Bis an die Grenzen der Serverkapazitäten ging das, und für eine Weile auch darüber hinaus: Rund eine Stunde lang lag die Seite darnieder. Dann erschien sie wieder, und in einem IRC-Kanal begann das große Fluchen: Ein »Fail! Fail! Fail!« sei die Aktion – »einverstanden, dass wir abbrechen?«. Als Erfolg kann die Aktion im Nachhinein aber doch gelten – denn sie erzeugte eine Menge Aufmerksamkeit. In einem YouTube-Video wandten sich die Angreifer an Premier Kevin Rudd und die Öffentlichkeit:

>»Wir beobachten dich. Deine Wahl ist noch nicht so lange her, oder? [...] Du bist dabei, die großartigste Verbindung zum Austausch zwischen allen Menschen zu kappen. Du willst beenden, was alle kulturellen Barrieren überwinden kann, was Menschen ungeachtet ihrer Herkunft zusammenbringt, ungeachtet ihrer politischen oder religiösen Überzeugung, ihrer Klasse oder Nationalität, den größten je geschaffenen Informationsvermittler. Du, ein demokratischer gewählter Anführer, hast dich entschieden, zu tun, was sonst nur die machthungrigsten Tyrannen wagen: das Internet zu zensieren.«[43]

Zwei Forderungen enthielt das Video: Die bereits aktiven ACMA-Internetsperren, die Rudds Regierung mit dem Kampf gegen Kinderpornografie begründete, sollen wieder abgeschaltet, alle Pläne für ein noch weitergehendes Filtergesetz auf der Stelle fallengelassen werden. Außerdem sollte Rudd Stephen Conroy, den für Telekommunikation zuständigen Minister, umgehend entlassen. Ansonsten, so die Drohung des Videos, werde Australiens Regierung die »entfesselte Wut« der Hacktivisten auf sich ziehen – und das sei etwas, was sich Rudd nicht wünschen könne.

Der »Sidney Morning Herald« berichtete von Plänen, es beim

43 http://youtu.be/CEe7qhlFNs4

nächsten Angriff nicht bei einer Blockade zu belassen, sondern tatsächlich in Server der Regierung einzudringen.[44] Am 11. September sollte es angeblich so weit sein. Ein Blick ins Defacement-Archiv von Zone-H (einer Website, auf der Hacker-Gruppen aus aller Welt stolz ihre Arbeit vermelden) zeigte Tage später jedoch: nichts. Von den 100 dokumentierten und erfolgreichen Attacken ab Freitag, dem 10. September 2009, richteten sich 91 Prozent gegen Regierungsseiten in aller Welt. Mit Vorliebe attackiert wurden von den ständig aktiven Defacement-Crews (gewissermaßen digitalen Vandalen) Polizeiseiten sowie Selbstdarstellungsseiten von Regierungen und Ministerien. Immer wieder gelangen auch Hacks gegen australische Regierungs- oder Amtsseiten, meist erwischte es eher kleine. Am 11. September 2009 etwa fegte die »linuXploit_crew« die Web-Seite des Gesundheitsamtes von Cobaw im Bundesstaat Victoria vorübergehend aus dem Netz. Mit Anonymous hatte all das jedoch wohl nichts zu tun – aber es zeigte deutlich neue Gefahren für die Bewegung. Sollte Anonymous nun tatsächlich dazu übergehen anzugreifen, was man an offiziellen australischen Seiten angreifen konnte, und sei es das Internet-Angebot eines Gesundheitsamtes? Sollten die Hacktivisten zum Cyber-Äquivalent des schwarzen Blocks werden, der am Rand von Demonstrationen Randale sucht? Knapp zwei Jahre später sollte eine Splittergruppe der Bewegung genau diesen Weg einschlagen und damit die Idee von Anonymous insgesamt in Misskredit, viele Aktivisten ins Visier der Straverfolger bringen.

Zunächst aber schien die Aktion in Australien insgesamt tatsächlich erfolgreich. Premier Kevin Rudd ließ im April 2010 erklären, das geplante Filtergesetz werde vorerst nicht umgesetzt – vermutlich aber eher aufgrund von verfassungsrechtlichen

---

44 Rudd hackers escalate threats against .gov.au websites, Asher Moses, Sidney Morning Herald, 11.9.2009, http://goo.gl/gGZcU

Bedenken und auf Druck großer Internetunternehmen, denn aufgrund der digitalen Sitzblockade auf seiner Website.[45]

Im selben Jahr zogen die Trolle los – zur Porno-Attacke auf YouTube.

Die Comedyshow von gestern Nacht? Das neue Musikvideo? Alles auf YouTube, nur ein paar Klicks entfernt. Was die Hunderttausende auf die Server hochladen, haben sie oft nicht selbst gedreht, sondern einfach kopiert. YouTube, das seit 2006 zu Google gehört, bekam deswegen schnell Ärger mit den Rechteinhabern – Hollywood, Fernsehsendern, Musiklabels, der englischen Premier League. Die Sache ging vor Gericht, die Kläger wollten eine Milliarde Dollar. YouTube führte ein System ein, das Videos automatisch auf Copyright-Verletzungen hin untersucht. Bei einem Treffer wird der Clip gesperrt. Das traf Nutzer, die einen Kinofilm verbreiten wollten, aber auch Hobbyfilmer, die die ersten Schritte ihres Nachwuchses mit Musik aus den Charts unterlegt hatten. Später schloss YouTube mit Rechteverwertern in vielen Ländern Abkommen und beteiligte sie an den Einnahmen, außerdem wurde gerichtlich festgehalten, dass YouTube Videos nicht kontrollieren muss, bevor sie veröffentlicht werden – solange das Unternehmen auf Hinweise reagiert und rechtswidrig eingestellte Videos entfernt. Im Mai 2009 waren etliche Musikvideos jedenfalls nicht mehr zu sehen. Anonymous fühlte sich herausgefordert: Das freie Internet stand auf dem Spiel. Es mussten Taten folgen.

Es heißt zudem, dass es eine angeregte Diskussion in den Foren der Witzvideoseite »Ebaum's World« gegeben habe. Dort hatte jemand festgestellt, dass YouTube hochgeladene Pornos schnell entfernen würde. Was aber, wenn gleichzeitig Tausende hochgeladen würden?

45 Rudd retreats on web filter legislation, Nicola Berkovic, The Australian, 29.4.2010, http://goo.gl/4RgE

Beide Versionen der Ausgangslage sind bezeugt, und wahrscheinlich stimmt einfach beides. *Moralfags* finden eine gute Begründung, die in den Grundkonsens vom anarchischen Internet passt, gelangweilte Trolle suchen sich ein Ziel, und los geht es – Anonymous in Aktion. Zunächst wurde eine Anleitung verbreitet, in Bildform: Anonymous-Anhänger sollten Clips zunächst privat hochladen, mit Schlagworten wie »Hannah Montana« oder »Twilight« versehen und dann zu einer bestimmten Uhrzeit auf einen Schlag auf »öffentlich« umschalten, um die Filtermechanismen von YouTube zu überfordern.

Einige der Videos waren so bearbeitet, dass zunächst eine Kindersendung zu sehen war. Dann folgte ein Schnitt und im nächsten Moment hatten Menschen Geschlechtsverkehr. In den USA, dem Staat mit dem größten YouTube-Publikum, sorgt schon eine entblößte Brust im Fernsehen für einen mittelschweren Skandal – man denke nur an die als »Nipplegate« in die Geschichte eingegangene »Kleidungs-Fehlfunktion«, die beim Superbowl-Finale 2004 in der Halbzeitpause für etwa eine halbe Sekunde die rechte Brust von Janet Jackson freilegte. Nun aber gab es bei YouTube nicht nur entblößte Brüste zu sehen, sondern Hardcore-Pornografie. Bis die Mitarbeiter der Videoplattform überhaupt wussten, was da passierte, vergingen offenbar drei Stunden. Diverse YouTube-Nutzer machten verstörende Erfahrungen.

Die BBC etwa fand ein Video[46] mit der harmlos wirkenden Überschrift »Jonas Brother Live On Stage«, in dessen Verlauf offenbar rein gar nicht jugendfreie Szenen auftauchten. Ein Nutzer hatte darunter den Kommentar »I'm 12 years old and what is this?« (»Ich bin zwölf Jahre alt, und was ist das?«) hinterlassen, der sich nach Erscheinen eines Berichts auf der BBC-Website prompt

46 Pornographic videos flood YouTube, Siobhan Courtney, BBC News, 21.5.2009, http://goo.gl/nfTa

in ein neues Mem verwandelte. Schließlich löschten YouTube-Mitarbeiter Hunderte Videos – doch die Pornoschwemme ließ sich nicht so einfach beseitigen. In den Suchergebnissen auf der Seite und bei Google tauchten die Clips noch auf, inklusive expliziter Vorschaubilder. Abspielen ließen sich die Pornos dann nicht mehr. Bis aber auch der Google-Index die Videos wieder vergessen hatte, dauerte es.

Offenbar berauscht von ihrem Erfolg sprachen Anonymous-Anhänger mit Medien und brachen dabei die ersten beiden Regeln des Internets: Sie nannten 4chan als Ausgangspunkt für den Überfall. Der einstige Geheimbund wurde wieder einmal ein bisschen öffentlicher. So erklärte ein gewisser »Flontly« der BBC, er habe an der Aktion teilgenommen, weil YouTube dauernd Musikvideos löschen würde. Von den Journalisten gefragt, warum er denn ausgerechnet Kinder mit Pornos bombardiert hatte, antwortete er trotzig: »Kinder stoßen im Internet ohnehin auf für sie ungeeignetes Zeug.« War das nun politischer Protest oder verantwortungsloses Getrolle?

Anonymous versuchte es Anfang 2010 dann noch ein zweites Mal mit einer Pornoschwemme. Am 6. Januar sollte YouTube mit Sexclips geflutet werden, als Rache dafür, dass zwei Tage zuvor einem Kind der Account gesperrt worden war. Ein achtjähriger Junge aus Kansas hatte unter dem Pseudonym »Lukeywes1234« Videos von sich veröffentlicht, in denen er unter anderem mit Actionfiguren der Super Mario Brothers kleine Geschichten erzählte. In einem anderen Video geht er auf Geisterjagd, die Großmutter hält die Kamera. Jemand entdeckte die Videos, berichtete davon auf 4chan, und plötzlich hatte »Lukeywes1234« 15.000 neue Abonnenten. Die Internet-Hassmaschine hielt tatsächlich inne und schaute einem niedlichen Nerd beim Spielen zu.[47] Mash-ups

47 Netzwelt-Ticker: Web-Guerilla will YouTube mit Pornos überschwemmen, Felix Knoke, Spiegel Online, 5.1.2010, http://spon.de/acYvw

wurden angefertigt, der kleine Junge zum Helden. Dann sperrte YouTube den Account, einfach aufgrund der eigenen Nutzungsbedingungen. Um bei der Plattform Filme hochladen zu dürfen, müssen die Nutzer mindestens 13 Jahre alt sein. Die Fans waren, vorsichtig gesagt, nicht begeistert über diese Entscheidung. Sie richteten mehrere Accounts ein, auf die sie die Videos erneut hochluden – und sie beschlossen Vergeltung. Nur war die Überraschung nicht so groß wie beim ersten Mal. Wie schon die Administratoren von »Habbo Hotel« hatte auch YouTube dazugelernt. Ganz so unangenehm wurde es für das Unternehmen dieses Mal nicht, die automatisierten Filter waren klüger geworden und verhinderten ein großflächiges Auftauchen pornografischen Materials auf der Seite.

Anonymous hatte YouTube Selbstverteidigung beigebracht und musste sich nun eine neue Spielwiese für die eigenen üblen Scherze – oder wohlmeinenden Protestaktionen, je nach Lesart – suchen. Auch beim nächsten Gegner, den sich das Kollektiv aussuchte, dürften echte Überzeugung von radikaler Internetfreiheit und die sehr persönliche Motivation einzelner Anons gleichermaßen eine Rolle gespielt haben – es ging nämlich um die seit Jahren hart umkämpfte Frage, wie einfach und risikolos man im Internet an Raubkopien kommen sollte.

4. Operation Payback.
Rache für WikiLeaks

»Ihr nennt es Piraterie. Wir nennen es Freiheit.«[48]

Die Freiheit im Internet sieht derzeit so aus: Einen aktuellen Kinofilm oder ein neues Musikalbum gibt es kostenlos, der Download
dauert, je nach Verbindung, wenige Minuten. Es gibt zwar ein
Risiko, dabei erwischt zu werden – dies lässt sich mit einigen Vorkehrungen minimieren, und offenbar lassen sich Millionen Nutzer auch von drohenden Abmahnungen nicht schrecken. Deshalb
drängen die großen Unternehmen der Entertainment-Branche die
Politik, etwas gegen die Raubkopien zu unternehmen. Sie wollen
eine schnelle und harte Strafverfolgung, Internet-Filter und mehr
Kontrolle. Nur ist das Internet eine einzige große Kopiermaschi-
ne. Was digital vorliegt, lässt sich ohne gewaltige Anstrengungen
und Eingriffe nicht kontrollieren.

Mit diesem Argument fordert die Piratenpartei zwar keine
kostenlosen Kinofilme, dafür aber: Nicht das Netz soll angepasst
werden, sondern das Urheberrecht. Die Partei mit dem lustigen
Namen ist die politische Vertretung der jungen Nutzer, die ihre
Interessen in der Politik nicht vertreten sehen. Die Piraten wollen
die Gesetze an das Internet anpassen, nicht umgekehrt. Denn die
Detailregelungen des Urheberrechts wurden gestaltet, als Musik
noch auf Tonband oder CD vertrieben wurde, als ein Produkt zum
Anfassen, nicht als digitale und binnen Sekunden um die ganze
Welt verschickbare Datenpakete. In den Vereinigten Staaten ist

---

48 Anonymous ruft dazu auf, die Websites von Raubkopie-Gegnern anzugreifen.

eine offene Ausnahmereglung Teil des Copyright-Gesetzestextes: Der Paragraph zur »fairen Verwendung« (»fair use«) besagt, dass in bestimmten Fällen jemand Teile urheberrechtlich geschützter Werke nutzen darf, ohne ein Lizenz zu erwerben. In welchen Fällen eine Nutzung *fair use* ist, definiert das US-Recht nicht explizit, es gibt nur einige Kriterien vor wie zum Beispiel Zweck, Umfang und Wertsteigerungseffekt der Kopie. Der Nachteil dieser Regelung ist, dass sehr viele Fragen völlig offen bleiben, bis sie einmal jemand vor Gericht bringt.

In Deutschland sind die Grenzbestimmungen des Urheberrechts einzeln im Gesetz aufgeführt: Man darf öffentliche Reden über Tagesfragen abdrucken (Paragraph 48 UrhG), aber nicht viele öffentlich gehaltene Reden einer Person gesammelt abdrucken. In Deutschland sind Kopien verboten, die nicht ausdrücklich erlaubt sind. In den Vereinigten Staaten ist das Recht flexibler, es muss nicht für jede neue Technologie eine Ergänzung formuliert werden wie in Deutschland. Bis 2003 durfte man zum Beispiel öffentliche Reden über Tagesfragen nur in »Zeitungen sowie in Zeitschriften oder anderen Informationsblättern, die im Wesentlichen den Tagesinteressen Rechnung tragen«, abdrucken. Das Internet tauchte in dem Paragraphen erst 2003 in der neuen Formulierung »oder sonstigen Datenträgern, die im Wesentlichen den Tagesinteressen Rechnung tragen« auf.

Diese sehr engen Grenzbestimmungen des deutschen Urheberrechts stören einen Teil der Netz-Nutzer. Aktivisten fordern ein flexibleres Urheberrecht, das die Möglichkeiten im Web anerkennt und schützt. Diese Meinung ist in den sogenannten Volksparteien nicht gerade mehrheitsfähig, zumal bedeutende finanzkräftige Verbände und Unternehmen alles daransetzen, das Urheberrecht zu verschärfen. Die haben das Internet nicht kapiert, höhnen die Internet-Versteher. Das Netz dürfe kein rechtsfreier Raum sein, schallt es zurück von jenen, die den Kontrollverlust und Umsatzeinbußen fürchten.

Der rechtsfreie Raum ist in den meisten Fällen eine Fiktion. In vielen Ländern gibt es eine funktionierende Justiz, und es lässt sich herausfinden, wer eine Datei ins Internet gestellt hat, oder zumindest, wer dafür verantwortlich ist, dass sie auf einem Server zum Abruf bereit steht. Deshalb sind auch Filesharing-Dienste wie Napster, auf denen Raubkopien verbreitet werden, untergegangen – sie benötigten zentrale Server: Die Rechteinhaber schnappten sich den Betreiber und forderten Geld für die Copyright-Verstöße. Doch seit 2001 gibt es eine neuere Filesharing-Technik, die auf zentrale Server verzichtet, und schon ist die ganze Sache nicht mehr so einfach, wie es die Piratenpartei oder die Rechteinhaber wohl gerne hätten. Man besorgt sich zunächst einen Bittorrent-Client, also eine kleine Software, die verschiedene Entwickler kostenlos anbieten. Dann sucht man sich auf einem Torrent-Verzeichnis – »The Pirate Bay« ist nur eines von vielen – einen aktuellen Kinofilm oder ein neues Musikalbum aus, womöglich sogar, bevor der Film in Deutschland angelaufen oder ein Album als kostenpflichtiger Download erhältlich ist. Die Verzeichnisse stellen eine kleine Torrent-Datei bereit, eine Art Wegweiser, mit deren Hilfe der Bittorrent-Client Verbindung zu all denjenigen Teilnehmern des Filesharing-Netzwerks aufnehmen kann, von denen sich die Datei herunterladen lässt. Die kleine Torrent-Datei enthält die Adressen von sogenannten Trackern – Servern, die sich merken, welche Dateiteile gerade bei welchen Nutzern verfügbar sind.

Der Download ist oft in wenigen Minuten erledigt. Bis auf die Gebühren für den Provider ist das kostenlos – und illegal. Jedes Jahr werden viele Tausend Filesharer abgemahnt, weil sie selbst Dateien anbieten. Die Rechteinhaber nehmen am Dateitausch teil und erfahren so, welche Computer eine Datei herunterladen und welche davon diese Dateien zugleich auch anderen bereitstellen. Wer seine Downloads anderen bereitstellt, bricht – so sehen das Gerichte in vielen Fällen – Urheberrecht in gewerblichem Ausmaß. In solchen Fällen können die Rechteinhaber anhand der beim Datenaustausch aufgezeichneten IP-Adressen der Tauschpartner bei Internet-Providern erfahren (mit richterlicher Anordnung), welche Kunden zum Zeitpunkt X die von ihnen protokollierten IP-Adressen genutzt haben. Provider rücken dann oft die Namen ihrer Kunden heraus, die bekommen eine Abmahnung von den Anwälten der Rechteinhaber, meist verbunden mit einem Vergleichangebot: Wenn sie die Unterlassungserklärung unterschreiben und Schadensersatz zahlen, wird die Sache zivilrechtlich nicht weiter verfolgt. Viele Betroffene zahlen lieber, anstatt Gerichtsverfahren mit ungewissem Ausgang zu riskieren. Der Popularität von Filesharing tut das allerdings keinen Abbruch, und vor allem bei Fernsehserien gab es bisher praktisch keine Strafverfolgung.

Die Betreiber der Tracker wissen nicht, was für Dateien mit ihrer Hilfe getauscht werden. Ohne Frage gibt es auch legale Torrents, die Technik ist neutral und kann illegale Datenpakete nicht erkennen. Nun gibt es auch Verzeichnisse mit Links zu Torrent-Dateien, in denen die entsprechenden Kinofilme, Musikalben und mehr gelistet, bewertet und kommentiert werden. Aber ist ein bloßer Link, ein Verweis auf eine Torrent-Datei, die selbst wieder nur Verweise enthält? Hier gibt es unterschiedliche Rechtsauffassungen, noch dazu unterschiedliche Gesetze je nach dem Land, in dem die Server solcher Verzeichnisse betrieben werden.

2006 durchsuchten Ermittler in Stockholm die Serverräume des legendären Torrent-Verzeichnisses »The Pirate Bay«. Drei Tage lang war die Seite offline, dann lief alles weiter wie zuvor. Die Betreiber wurden angeklagt und 2009 in erster Instanz schließlich zu knapp 2,6 Millionen Euro Schadensersatz und einjährigen Haftstrafen verurteilt. Die erste Berufungsinstanz senkte Ende 2010 die Haftstrafen etwas und verdoppelte den Schadensersatz. Der Fall wird noch vor dem höchsten Berufungsgericht verhandelt werden. Die Website läuft ungeachtet dessen weiter.

Es existieren viele ähnliche Verzeichnisse, die Besonderheiten in verschiedenen Ländern zu nutzen wissen. Eine große Seite operiert etwa von Kanada aus. Die Betreiber argumentieren, dass sie nur eine Suchmaschine bereitstellen und unmöglich jeden einzelnen Eintrag prüfen können – und verweisen auf Google – auch über die größte Suchmaschine des Internets lassen sich mit wenig Aufwand Torrent-Dateien finden, auch solche, die auf illegal erstellte Inhalte verweisen. Der Suchkonzern hat sich jedoch in mehreren Fällen vor Gericht erfolgreich dagegen gewehrt, für Inhalte verantwortlich zu sein, die Dritte ins Netz stellen. In Deutschland hatte etwa ein Geschäftsmann dagegen geklagt, dass Google nach seinem Namen befragt wenig schmeichelhafte Einträge zu Tage förderte. Das Oberlandesgericht Hamburg wies die Klage ab – Google verletze nicht das Persönlichkeitsrecht, wenn es nur Inhalte von Websites auffindbar mache. Für die Äußerungen auf diesen Websites sei Google nicht verantwortlich und könne auch nicht jeden einzelnen Eintrag vor der Aufnahme in den Suchindex prüfen. Sogar von der Gefahr einer vorauseilenden Zensur sprach das Gericht, mithin stand die Meinungsfreiheit auf dem Spiel. Die soll nun für Torrent-Suchmaschinen nicht mehr gelten?

Sosehr die Rechteinhaber ein Anrecht auf die Durchsetzung von Gesetzen haben, ein großer Teil des Problems ist hausgemacht: Den Sprung ins digitale Zeitalter verschliefen die Konzerne lange, zum Teil sperrten sie sich wohl auch absichtlich dagegen, sich mit dem rasanten Wandel auseinanderzusetzen. Dann versuchten sie, ihre digitalen Güter mit Kopierschutzmechanismen zu versehen und außerdem die Preise, die sie von CDs und DVDs gewohnt waren, auch im Netz durchzusetzen. Die Folge waren Dateien, die nur bestimmte Software auf bestimmten Geräten abspielen konnte. Und obendrein waren die derart geschützten Downloadausgaben meist auch noch unverhältnismäßig teuer. Auch die Preisgestaltung können die Unternehmen selbstverständlich selbst bestimmen – nur war es oft immer noch einfacher, sich eine Raubkopie zu besorgen. Es gab noch keine großen Online-Kaufhäuser mit einer großen Dateiauswahl, und völlig sicher konnte man sich am Ende nie sein, ob nun eine Datei auch auf dem MP3-Player zu gebrauchen ist oder nach dem Update des Betriebssystems noch abspielbar war. Die Branche hatte keine Lust auf das Internet, gleichzeitig beklagte sie Raubkopien. Sie drängte die Politik dazu, notorischen Gesetzesbrechern den Internetzugang zu entziehen. In Frankreich hatte sie damit sogar Erfolg, dort wurde später ein entsprechendes Gesetz erlassen. Erst der als Computerhersteller angetretene Konzern Apple schaffte es 2003 mit dem »iTunes Store«, den Raubkopien etwas entgegenzusetzen. Ein einfaches Programm, Inhalte vieler Musikkonzerne, jedes Lied für 0,99 Dollar beziehungsweise Euro. Der große Erfolg des Angebots, das mit den Jahren um Filme und Fernsehserien erweitert wurde, zeigt: Viele Nutzer hatten auf eine einfache Lösung gewartet, legal Musik zu erwerben. 2010 gab es zwar funktionierende digitale Vertriebskanäle, neben Apple unter anderem auch Amazon, doch das Raubkopieren ging weiter. Der typische 4chan-Nutzer kopierte fleißig weiter, ohne zu bezahlen.

Wie aus dem Streit zwischen ziemlich skrupellosen Raubkopierern und der Unterhaltungsbranche schließlich eine Bewegung entstehen konnte, die Diktatoren herausforderte und für die Freiheit in aller Welt zu streiten bereit war, gehört zu den vielen Merkwürdigkeiten in der Geschichte von Anonymous. Der Grundkonflikt aber war in der radikalen Auslegung der zweiten Regel der sogenannten Hackerethik bereits angelegt, die der Journalist Steven Levy 1984 in seinem Buch »Hacker – Helden der Computerrevolution« niedergelegt hatte: »Alle Informationen müssen frei sein.« In ihrer radikalsten Interpretation verstößt auch ein Kopierschutz schon gegen diese Regel – ebenso wie der Versuch eines totalitären Regimes, den Internetgebrauch seiner Bürger zu kontrollieren.

Zunächst aber ging es in der nächsten Aktion, mit der Anonymous für Aufmerksamkeit sorgte, nicht um Freiheit, sondern schlicht um Rache. Mehrere Filmstudios aus Indien hatten beschlossen, sich gegen Raubkopien zu wehren. Sie hatten die Betreiber von Torrent-Trackern erfolglos dazu aufgefordert, das Verteilen ihrer Filme zu unterlassen. Also wollten sie die Sache selbst in die Hand nehmen – sie beauftragten eine Firma namens Aiplex damit, DDoS-Attacken auf diese Seiten zu starten, darunter »The Pirate Bay«. Es war wieder wie im Wilden Westen: Die Rechteinhaber griffen zur Selbstjustiz und beauftragten eine Firma mit einer Cyber-Attacke, für die Gesetze in vielen Ländern empfindliche Strafen vorsehen. Wegen der Attacken auf die Websites von Scientology waren zwei Anons in den USA zu Haftstrafen verurteilt worden. Als auf 4chan bekannt wurde, zu welchen Mitteln die Bollywood-Studios gegriffen hatten, sammelten sich Anons zu einer Vergeltungsaktion, zur »Operation Payback (is a bitch)«. Wie schon der Scientology-Protest ein Ableger der Anonymous-Kultur geworden war, mit eigenem Kommunikationsnetz, so sollte auch »Operation Payback« eine der größeren Aktionen werden.[49] Während die Scientology-Gegner sich über AnonNet koordinierten, wurde für »Payback« ein eigenes IRC-Netz gegründet, AnonOps. Ein kleiner, aber wichtiger Unterschied, verbergen sich doch hinter beiden Gruppen nicht zwingend dieselben Aktivisten. Die Überschneidungen dürften sogar relativ gering gewesen sein – und beide Gruppen bezeichneten sich als »Anonymous«, genau wie die auf 4chan entstandene Subkultur als »Anonymous« bezeichnet werden kann. Zwischen den beiden Anon-Gruppen sollte es außerdem zum Streit kommen – dazu später mehr. Das Anonymous-Kollektiv hatte nun zwei große Arme: das »Projekt Chanology« und »Operation Payback«. Und nebenbei liefen viele weitere, kleinere Aktionen unter der Marke »Anonymous«.

49 http://pastebin.com/KJuDBqLw

»In diesen modernen Zeiten wird der Zugang zum Internet zu so etwas wie einem Menschenrecht. Wir glauben, dass es wie bei allen anderen Menschenrechten falsch ist, diese zu verletzen. Die Drohung, Menschen vom globalen Bewusstsein abzuschneiden, ist kriminell und abscheulich. Der Schritt, Inhalte im Internet auf Basis von Vorurteilen zu zensieren, ist bestenfalls lächerlicherweise unmöglich und schlimmstens moralisch verwerflich.«[50]

Als die Anonymous-Truppen am 17. September 2010 ebenfalls ihre DDoS-Programme in Stellung brachten, war die Seite von Aiplex bereits offline. Unbekannte, vielleicht sogar Anonymous-Aktivisten mit einem Botnetz im Rücken, hatten die Seite eine Stunde vor dem verabredeten Angriff aus dem Netz befördert. Also suchten die Anonymous-Aktivisten sich neue Ziele. »Wen greifen wir nun an?«, heißt es in einer Nachricht. »Wir greifen die Gruppe von Bastarden an, die bisher den Kampf gegen unsere Websites wie ›The Pirate Bay‹ angeführt hat. Wir nehmen MPAA. ORG ins Visier!« Unbekannte attackierten die Websites von Branchenverbänden, der »Recording Industry Associaton of America« (RIAA), der »Motion Picture Association of America« (MPAA) und der »British Recorded Music Industry« (BPI). Vor allem die MPAA hatte sich vehement dafür eingesetzt, die Betreiber von »The Pirate Bay« dingfest zu machen. Die Seite hatte in dem Jahr umziehen müssen, ein schwedisches Gericht hatte sich an den Provider gewandt, woraufhin die Piratenpartei in dem Land das Hosting übernommen hatte. Die Branchenverbände standen in ihren Augen stellvertretend für die Bemühungen der sogenannten Rechteindustrie, das Internet unter ihre Kontrolle zu bringen.

Die Aktion lief an, über Twitter wurde sie unter dem Hashtag »#savetpb«, rettet »The Pirate Bay«, verbreitet. Auch Facebook

---

50 Anonymous-Aufruf zur »Operation Payback«, 10.12.2010, http://pastebin.com/7ga8rLua

spielte eine wichtige Rolle bei der Verbreitung der Nachricht. Auf 4chan versuchte Christopher Poole bereits seit einiger Zeit, Aufrufe zu *raids* zu unterbinden und entsprechende Threads zu löschen, so wurden als Grafiken in sozialen Netzwerken verbreitete Aufrufe immer wichtiger – wodurch gleichzeitig Anonymität verloren ging.

Das Flugblatt im digitalen Zeitalter: eine Bilddatei. Die Unterhaltungsbranche hatte es gewagt, sich zur Wehr zu setzen – die selbstgerechten Netzbewohner holten zum Gegenschlag aus, mit Hilfe der Loic-Software. Die Website der MPAA hielt dem Angriff gerade einmal acht Minuten stand, bevor sie unter der Last der Anfragen zusammenbrach. Erst nach mehr als 20 Stunden war sie zurück im Web. Am 19. September traf es die RIAA. Ebenso war die Seite der »International Federation of the Phonographic Industry« (Ifpi) nicht zu erreichen. Ebenfalls im Visier der Anons: die Websites von Anwaltskanzleien, die im Auftrag von Filmunternehmen Abmahnungen an Filesharer geschickt hatten. Welche Website gerade an der Reihe war, erfuhr die freiwillige Cyber-Armee in diesen Tagen in Chaträumen oder über Bilder, die auf 4chan und diversen anderen Foren veröffentlicht wurden. In den folgenden Wochen wurden mehr und mehr Websites für Stunden oder sogar Tage lahmgelegt. Zwischenzeitlich mussten die Aktivisten den IRC-Server wechseln, weil der Branchenverband RIAA die Polizei eingeschaltet hatte. Am 18. Oktober traf es in Portugal die Website der »Associação do Comércio Audiovisual de Portugal« (Acapor). Die wurde nicht einfach nur überlastet, sondern gehackt. Die Unbekannten hinterließen eine Nachricht im Namen von »Operation Payback«, Besucher der Seite wurden nach wenigen Sekunden auf »The Pirate Bay« umgeleitet. Ausgerechnet auf jene Site, der Acapor den Kampf angesagt hatte. Provider in Portugal sollten ihren Nutzern den Zugang zu »The Pirate Bay« sperren, hatte der Branchenverband gefordert. Den Hackern gelang es offenbar außerdem, E-Mails zu kopieren, in denen Mitarbeiter ihre Frustration über die Regierung und die Provider äußerten. Eine erste Jubelmeldung:[51]

»Diese Operation war in mehrfacher Hinsicht erfolgreich. Sie hat gezeigt, dass wir als Gruppe handeln können, dass wir gesellschaftliche Veränderungen erreichen können, erfolgreiche Attacken auf die Korrupten, die denken, SIE hätten Kontrolle über UNS. In den vergangenen vier Tagen haben wir erfolgreich Aiplex und die MPAA für mehr als 24 Stunden abgeschossen. Die MPAA hat sich für viel Geld neue Schutzmechanismen zugelegt, und wir glauben trotzdem, dass wir wieder erfolgreich gegen sie sein werden. [...] Ich weiß, dass viele von euch, viele, die ich über die Jahre auf 4chan getroffen habe, kalt und zynisch geworden sind. Insbesondere nach der verdammten Operation Chanology. Aber hier tun wir, was wir am besten können.«

Im Oktober nahm sich Anonymous unter anderem copyprotected.com vor, die Website der MPAA wurde gehackt und durch eine Botschaft von Anonymous ersetzt. Es traf auch die Website der spanischen »Sociedad General de Autores y Editores« (sgae.es) sowie weitere Seiten in Spanien. Einem Bericht der Sicherheitssoftware-Firma Panda Security[52] zufolge nahmen allein an dem Angriff gegen sgae.es rund 900 Nutzer teil, 200 davon aus Spanien. Am 11. Oktober begannen Angriffe in Italien. Im selben Monat wurde die Website von Gene Simmons, dem Frontmann der Band Kiss, für mehr als einen Tag blockiert. Simmons hatte auf einem Branchentreffen im französischen Cannes gegen Raubkopierer gewettert und sich dafür ausgesprochen, möglichst viele Prozesse gegen sie zu führen: »Verklagt jeden. Nehmt ihnen ihre

51 4chan takes on MPAA, RIAA and Aiplex ... and wins, Chester Wisniewski, Naked Security, 19.9.2010, http://goo.gl/4DopH
52 4chan Users Organize Surgical Strike Against MPAA, Luis Corrons, PandaLabs Blog, 17.9.2010, http://wa6fa.th8.us

Häuser, ihre Autos. Lasst sie nicht diese Grenze überschreiten.«
Nach der Attacke legte er nach. In Zusammenarbeit mit dem
FBI habe man Angreifer identifiziert, die im Gefängnis landen
könnten. »Bei jemandem, der seit Jahren einsitzt und auf der
Suche nach einer neuen Freundin ist.« Nach dieser Drohung
mit dem wenig subtilen Verweis auf Gefängnisvergewaltigungen
– Simmons hatte die Trolle gefüttert, mit riesigen Fleischbat-
zen – gab es weitere Angriffe auf die Website des Musikers, bis
seine Nachricht schließlich wieder verschwand. In den ersten
sieben Wochen nahm Anonymous mehr als 20 Ziele ins Visier
und sorgte für Auszeiten von insgesamt mehr als 500 Stunden.
Im November traf es unter anderem eine Behörde in Frankreich
und Hollywood-Studios, wenn auch der anfängliche Schwung
mit mehr als tausend Angreifern nicht mehr bei allen Attacken
durchgehalten werden konnte. Alles in allem: ziemlich *epic* für
Anonymous. Doch das war erst der Anfang. Im Dezember explodierte die »Operation Payback« regelrecht.

»Das hier ist das Internet. Wir machen das hier.«[53]

Zwischen WikiLeaks und Anonymous gibt es einige Parallelen:
Beide zeigen den etablierten Institutionen, dass ihnen mit der
Verbreitung des Internets die Kontrolle zu entgleiten droht.
Das Netz sorgt in vielen Fällen für mehr Transparenz, der freie
Informationsfluss lässt sich nur mit einigem Aufwand steuern.
Die Welt rückt enger zusammen, wie die Globalisierung sorgt
die zunehmende Netz-Kommunikation für eine räumliche und
zeitliche Verdichtung. Dabei könnten Anonymous und Wiki-
Leaks in anderen Punkten unterschiedlicher nicht sein: Die Ent-
hüllungsplattform wird angeführt von einem charismatischen wie

53 Anonymous kündigt die »Operation Payback« an, http://pastebin.
com/7ga8rLua

besessenen Einzelgänger, Julian Assange, während Anonymous ein loses Kollektiv ist, das seine wahre Intelligenz nur manchmal aufblitzen lässt und sich ansonsten infantil gibt und Spaß daran hat. Beide, Anonymous und WikiLeaks, sind Phänomene, die auf einen grundlegenden Wandel hindeuten, auf das revolutionäre Potential des Netzes. Scientology war darauf nur schlecht vorbereitet, im Frühjahr darauf sollten autoritäre Herrscher in arabischen Staaten überrascht werden. Doch im Dezember 2010 prallten zunächst Unternehmen mit der Netzszene um WikiLeaks und Anonymous zusammen.

WikiLeaks hatte seit seiner Gründung im Oktober 2006 etliche geheime Dokumente veröffentlicht, außerdem Material, das per Gerichtsbeschluss aus dem Internet hatte verschwinden sollen. 2009 veröffentlichte die Plattform interne Dokumente der isländischen Kaupthing Bank, kurz bevor das dortige Bankensystem zusammenbrach. Angeblich hatte die Bank einigen ihrer Anteilseigner hohe Kredite ohne entsprechende Sicherheiten vergeben. Als das Fernsehen darüber berichten wollte, verbot ein Gericht das im allerletzten Moment. Für Island ein höchst ungewöhnlicher Vorgang der Medienzensur. Der Moderator verwies stattdessen in den Abendnachrichten auf die Website von WikiLeaks. Im darauffolgenden Jahr gelangen dann eine Reihe spektakulärer Enthüllungen. Seitdem gelten WikiLeaks und Julian Assange als Staatsfeinde der USA. Im April stellte WikiLeaks das Bordvideo eines US-Kampfhubschraubers ins Netz, betitelt »Collateral Murder«. Zwei Apache-Kampfhubschrauber griffen 2007 im Irak vermeintliche Angreifer am Boden an – tatsächlich handelte es sich um unbewaffnete Zivilisten, sogar Kinder waren darunter. Zwölf Menschen starben, zwei davon Journalisten der Nachrichtenagentur Reuters. Mit kühler, menschenverachtender Präzision gingen die Soldaten zu Werk. »Schau diese toten Bastarde«, sagte einer über Funk. »Hübsch«, antwortete ein anderer. »Gut geschossen.«

Es folgten im Juli Protokolle des Einsatzes in Afghanistan, im Oktober die Berichte der US-Armee im Irak und im November schließlich mehr als 250.000 Botschaftsdepeschen, vertrauliche Berichte, die von den diplomatischen Vertretungen der USA nach Washington geschickt worden waren. Internationale Medien wie der »Spiegel« begleiteten die drei großen Veröffentlichungen und bekamen das Material im Vorfeld für Recherchen zur Verfügung gestellt. Jede dieser Enthüllungen für sich war eine Sensation, in der geballten Ladung sah sich die Supermacht USA von WikiLeaks in ihrer Sicherheit bedroht. Julian Assange sagte vorsichtshalber Reisen in die USA ab, er fürchtete, dort festgehalten zu werden. Bereits im März wurde ein junger US-Soldat im Irak festgenommen, der die Daten an WikiLeaks weitergereicht haben soll. Über das Internet soll sich Bradley E. Manning einem ehemaligen Hacker anvertraut haben, der daraufhin die Behörden einschaltete. Nun drohte dem 1987 geborenen Manning eine lebenslange Haftstrafe. Julian Assange hatte noch ein weiteres Problem, ein privates: Bei einem Aufenthalt in Schweden im Sommer hatte er mit zwei Frauen Sex, die anschließend zur Polizei gingen und ihm Übergriffe vorwarfen. Es erging ein europaweiter Haftbefehl. Am 7. Dezember 2010 stellte er sich der Polizei in Großbritannien. Am Nachmittag wurde er in London einem Richter vorgeführt – vor dem Gericht ein Polizeiaufgebot und eine große Ansammlung von Journalisten. Assange kündigte an, sich gegen eine Auslieferung nach Schweden juristisch zu wehren. Eine Freilassung auf Kaution verweigerte ihm der Richter zunächst, Assange blieb in Polizeigewahrsam.

Auf der anderen Seiten des Atlantiks forderten Politiker, spezielle Gesetze zu erlassen, um mit Fällen wie WikiLeaks besser umgehen zu können. Sie wollten, dass auch jemand wie Julian Assange, der die geheimen Informationen nicht entwendet, sondern wie ein Journalist ihre Veröffentlichung ermöglicht, zur Rechenschaft gezogen werden konnte. Ein Kommentator aus dem rechten Lager war deutlicher und fabulierte von Mord, selbst in angesehenen Zeitungen wurde Assange als Terrorist bezeichnet. Der größte Geheimnisverrat in der Geschichte der USA hatte auch zur Folge, dass die Regierung mit ihren zahlreichen Diensten und Behörden vehement gegen WikiLeaks vorging. Und noch jemand mischte mit: »th3j35t3r«, ein nach eigenen Angaben patriotischer Hacker und ehemaliger Elitesoldat mit dem Pseudonym »The-Jester« bekannte sich zu DDoS-Angriffen auf WikiLeaks. Kurz vor Veröffentlichung der Botschaftsdepeschen war die Website zeitweise nicht zu erreichen gewesen. WikiLeaks machte, was auch andere DDoS-Opfer wie Scientology in so einem Fall machen: umziehen, andere Technik, weiter verteilte Ressourcen. WikiLeaks mietete sich dazu bei Amazon ein und nutzte das sogenannte Cloud-Hosting. Dabei werden Websites in den verschiedenen Datenzentren des Online-Großhändlers gespeichert, und der hat mehr als ausreichend Kapazität, um die meisten DDoS-Angriffe problemlos wegzustecken. Soweit die Technik. Doch Amazon ist ein amerikanisches Unternehmen, und nachdem der US-Senator Joe Liebermann die Firma kontaktierte, wurde WikiLeaks das Konto gekündigt. Der damalige deutsche Innenminister Thomas de Maizière kritisierte im »Spiegel«: »Wenn das auf Druck der US-Regierung geschehen sein sollte, finde ich das nicht in Ordnung.« Doch es ging weiter, als Nächstes kappte das Unternehmen EveryDNS die Domain von WikiLeaks – die Seite war nur noch über Umwege zu erreichen. Nachdem die Botschaftsdepeschen veröffentlicht wurden, wurden WikiLeaks die Möglichkeiten zum Sammeln von Spenden eingeschränkt. Der Online-Zahldienst PayPal, der zu eBay gehört, machte den Anfang – die einfachste Möglichkeit, WikiLeaks mit Spenden zu unterstützen, fiel weg. Ebenso weigerten sich Mastercard und Visa, Zahlungen an WikiLeaks weiterzuleiten. In der Schweiz sperrte die Postfinance ein Konto von Assange, angeblich weil er eine falsche Adresse bei der Anmeldung genutzt hatte. In den USA begann eine regelrechte

Hexenjagd, der Zugriff auf WikiLeaks wurde auf Computern der Kongressbibliothek gesperrt, Studenten wurden gewarnt: Sollten sie später einmal für die Regierung arbeiten wollen, dürften sie auf keinen Fall die geheimen Dokumente lesen.

Da beschloss Anonymous einzugreifen. »Operation Payback« war aus Sicht der Aktivisten ein Erfolg – und so wurde sie umfunktioniert zur »Operation Avenge Assange«. Die Mobilisierung von Anonymous lief auch in den Foren des Scientology-Protests »Why We Protest«, auf 4chan und über soziale Netzwerke. In einem der Aufrufe hieß es:

> »Warum sollten wir WikiLeaks unterstützen? WikiLeaks veröffentlicht geheime Informationen. Diese Art von Informationen, die der Regierung sagen: ›Hey! Sie können sich wehren, wenn sie wirklich wollen.‹ Regierungen versuchen derzeit, Websites zu zensieren, die sie nicht gutheißen. Piratebay, Katz, WikiLeaks etc. WikiLeaks veröffentlicht außerdem Informationen, aus denen genau hervorgeht, was für eine korrupte Regierung wir in Wahrheit haben. Findest Du Zensur gut? Findest Du es gut, der Regierung den Schwanz zu lutschen und ihre Lügen und ihren Dreck zu schlucken? Natürlich nicht. Wir können es uns nicht erlauben, den Fokus zu verlieren. Wir müssen der Welt zeigen, dass wir zum Handeln entschlossen sind.«

»Feuer, Feuer, Feuer« – die Angriffe auf die Unternehmen, die WikiLeaks die Zusammenarbeit aufgekündigt und zum Teil Konten eingefroren hatten, begann am 8. Dezember. Die Anons starteten ihre Software und klickten auf »Fire lazors«. Erstes Ziel war PayPal, acht Stunden lang bombardierten Anons an dem Mittwoch die Website mit Anfragen. Man kämpfe aus denselben Gründen wie WikiLeaks, hieß es in einer Erklärung des Kollektivs. »Wir wollen Transparenz und stellen uns Zensur entgegen.« Als Nächstes war Mastercard dran. Fünf Minuten nachdem damit begonnen wurde, die Datenpakete abzufeuern, war die Seite nicht mehr erreichbar. »Es freut uns, ihnen mitteilen zu können, dass mastercard.com nicht erreichbar ist«, wurde über den Twitter-Account @Anon_Operation verkündet. Das Nutzerkonto wurde danach von Twitter gesperrt. Um weiter zu kommunizieren, richteten Aktivisten neue Accounts ein, zum Teil wurde einfach nur die Schreibweise abgewandelt. Noch schneller als bei Mastercard ging die Website des Konkurrenten Visa zu Boden, nur 30 Sekunden nach Beginn der DDoS-Attacke war sie offline. In kürzester Zeit war aus Anonymous eine Guerilla-Truppe zur Verteidigung der Enthüllungsplattform geworden.

In ihrem Eifer nahmen es die WikiLeaks-Unterstützer nicht nur mit Firmen auf, die mutmaßlich auf Druck der US-Regierung handelten, sondern mischten sich auch in eine Privatangelegenheit von Assange ein. Sie bombardierten die Website der schwedischen Staatsanwaltschaft sowie die des Anwalts der beiden Frauen, die dem WikiLeaks-Gründer sexuelle Übergriffe vorwerfen. Bei all diesen Angriffen kam wieder einmal die Loic-Software zum Einsatz, das simpel gehaltene Programm soll auf dem Höhepunkt der »Operation Payback« mehr als 60.000 Mal heruntergeladen worden sein. Zu Spitzenzeiten versammelten sich mehrere Tausend Anhänger auf dem Chatserver von Anon-Ops, auf dem in mehreren Channels die Angriffe geplant und koordiniert wurden. Sogar von einem Rekord ist die Rede, einmal sollen 7000 Nutzer gleichzeitig mit dem IRC-Server verbunden gewesen sein. Sie diskutierten über die nächsten Ziele, wussten, dass ein Angriff auf ein riesiges Netzwerk wie Facebook keinen Erfolg haben würde, und wählten geeignetere Websites aus – in Abstimmungen. In einem Chat mit der Nachrichtenagentur AFP kündigte ein forscher Anon die Fortsetzung der Offensive an: Jeder mit einer »Anti-WikiLeaks-Agenda ist in unserem Visier«. Der Nachrichtensender CBS meldete den Ausbruch eines Internet-Krieges. »WikiLeaks-Verbündete Anonymous starten

Cyberwar.« Die »Süddeutsche Zeitung« schrieb: »Anonymous zieht in den Krieg.«

Der Auftakt war gelungen – Anonymous war in den Nachrichten. Internet-Nutzer weltweit, manche von ihnen noch nicht volljährig, viele zwischen 20 und 30 Jahre alt, griffen in die Politik ein. Ohne sich gegenseitig zu kennen. Ohne sich in einer Partei zu engagieren oder an einen Baum zu ketten. AnonOps erklärte vorsichtshalber, man sei »keine Hackergruppe«: »Wir sind durchschnittliche Internetbürger.« Das Wort Hacker klingt schließlich in den Medien leicht nach Kriminalität, nach dubiosen Geschäften, nach Dingen, von denen Normalbürger nichts verstehen. Nach Gestalten, vor denen man eher Angst hat. Diesen Eindruck wollen diese Anonymi vermeiden, er dürfte auch in den meisten Fällen wenig mit der Realität zu tun haben. Zum einen sind nur wenige der Anonymous-Aktivisten richtige Hacker, zum anderen wollen sie im Anonymous-Kollektiv anschlussfähig bleiben. Sie suchen Mitstreiter, Verbündete und nicht zuletzt gute Presse für ihre guten Taten. Nicht selten schneidet sich diese Herangehensweise mit der der *prankster* bei Anonymous, jenen Witzbolden, die sich auf 4chan und den Ablegern herumtreiben. Das Motiv für die Angriffe sei, dass man die Nase voll habe von »all den kleinen und großen Ungerechtigkeiten, deren Zeuge wir jeden Tag werden«. Und weiter: »Wir wollen Ihre persönlichen Daten oder Kreditkartennummern nicht stehlen. Ebenso wenig wollen wir die kritischen Infrastrukturen von Unternehmen wie Mastercard, Visa, PayPal oder Amazon angreifen.« Das Ziel sei vielmehr, »auf WikiLeaks aufmerksam zu machen und auf die hinterhältigen Methoden, die von den erwähnten Unternehmen angewandt werden, um die Funktionsfähigkeit von WikiLeaks zu schädigen«. Die Finanzunternehmen betonten ihrerseits, dass ihr Zahlungsverkehr zu keinem Zeitpunkt der Aktion eingeschränkt gewesen wäre. Die Organisation der nächsten Angriffswellen

gestaltete sich schon schwieriger, die Popularität spülte neue Mitstreiter in die Chaträume, gleichzeitig war das Ziel der Attacken
erreicht. Die Aufmerksamkeit war hergestellt, die WikiLeaks-
Gegner standen am Pranger.

Der inoffizielle Anonymous-Sprecher Gregg Housh hatte wieder
einmal viel zu erklären. Wie viele Interviews er im Dezember
gegeben hat? »Bestimmt 200, wenn nicht eher 300«, antwortete
er uns, ein paar Minuten nachdem wir ihm per E-Mail Fragen
geschickt hatten. Auch Freiwillige meldeten sich damals im Dezember 2010 bei ihm, unter dem Eindruck der Berichterstattung
über WikiLeaks. In einem Interview mit Radio Boston erzählte
Gregg Housh damals von so einer E-Mail eines Freiwilligen, der
etwas tun wollte: »Ich bin 56 Jahre alt, ich weiß nicht, wie das alles geht, können Sie mir sagen, wie ich helfen kann?« Jeden Tag
habe Housh 50 solcher E-Mails bekommen.[54] Seine Antwort: Er
persönlich mache bei den illegalen Protestaktionen nicht mit,
aber mit Google werde man schon die nötigen Hinweise finden.
Anons richteten Dutzende Blogs, Foren und Nachrichtenseiten
ein, so entstand ein weitgehend dezentral organisiertes Netzwerk
von Anlaufstellen. Fiel ein Blog aus oder wurde eine Domain von
Strafverfolgern oder den Administratoren selbst abgeschaltet, gab
es Ersatz. Gleichzeitig erhöhten Seiten wie AnonNews, Anon-
NewsWire, AnonOps-Websites mit Adressen in der Türkei und
Russland sowie das AnonOps-Blog das Chaos. Umso dankbarer
waren Journalisten, dass es da einen Gregg Housh gab, der gedul-
dig erklärte, was es mit Anonymous auf sich hat, und eloquent
antworten konnte. Oft stellten Reporter Housh diese Frage: Waren
die DDoS-Angriffe nicht rechtswidrig? Seine Antwort:

54 Booked: Gregg Housh, Unofficial Spokesman For Nonexistent Group,
   Radio Boston, 13.12.2010, http://wbur.fm/fU97xD

»Wer so etwas tut, bricht das Gesetz. Viele Menschen nennen das ein Sit-in, zivilen Ungehorsam. Schon früher, als Menschen für ihre Rechte gekämpft haben, Frauenrechte, Gleichberechtigung von Schwarzen, wurden Straftaten begangen und waren auch notwendig. Nur so bekamen sie Aufmerksamkeit, Berichterstattung, und nur so kam es zu Veränderungen. Die Unterstützer der Operation Payback glauben also, es ist zwar illegal, aber es ist notwendig, damit sie ihre Botschaft verbreiten können: Unternehmen und Regierungen müssen die Meinungsfreiheit achten.«

Housh saß in jüngeren Jahren drei Monate wegen Software-Piraterie im Gefängnis. In Housh hatte Anonymous jemanden gefunden, der nicht nur daherredete. Die Trolle ließen Housh gewähren, schon seit den Protesten gegen Scientology – er spielte sich nicht als ihr Vertreter auf, denn er sprach über und nicht für sie.

Housh bekam Hilfe. Bereits im Februar 2010 war ihm ein Journalist aufgefallen: In der »Huffington Post« erklärte ein Autor namens Barrett Brown, dass es noch vor zehn Jahren undenkbar gewesen wäre, dass Zehntausende weit über viele Länder verstreute Menschen ohne Anführer einen westlichen Staat mit zivilem Ungehorsam herausfordern. Genau das war laut Brown aber in Australien passiert. Sein Artikel »Anonymous, Australien und der unvermeidliche Untergang des Nationalstaates« ist eine Reaktion auf eine Operation von Anonymous. Weil die australische Regierung wieder einmal Internet-Filter einführen wollte, diesmal nicht nur wegen Musik-Raubkopien, sondern wegen bestimmter Formen von Pornografie, waren die Internet-Rächer aufgebracht. Nach einem bereits Jahre vorher erlassenen Gesetz war es in Australien unter anderem verboten, Pornografie zu verbreiten, in der Volljährige gezeigt werden, die jünger als 18 Jahre aussehen. Für die Zensur-Gegner wurde daraus ein »Verbot kleiner Brüste«. Außerdem waren Cartoon-Pornos und solche mit weiblicher Ejakulation verboten. Porno-Verbote? Dagegen formierte sich – wie schon bei den Angriffen auf Premier Kevin Rudd – der Anonymous-Widerstand sehr schnell. Australien ist ein englischsprachiges Land, die Propaganda- und Rekrutierungsaktionen einer Bewegung mit der Verkehrssprache Englisch greifen dort besonders schnell. Für den 10. Februar 2009 wurde zur »Operation Titstorm« aufgerufen:

> »In den vergangenen Monaten haben wir beobachtet, was ihre Regierung hinsichtlich der Zensur des Internets in Australien unternommen hat. [...] Der Vorschlag, den Internet-Providern einen Filter vorzuschreiben, ist empörend. Anonymous kann das nicht zulassen. Wenn es eine vorhersehbare Bedrohung für unsere Organisation gibt, dann ist das Internet-Zensur. Deswegen nehmen wir ihr Vorhaben sehr ernst. Wir werden alles in unserer Macht Stehende tun, um die Internet-Präsenz ihrer Regierung zu vernichten. Sie können sich nicht verstecken, denn wir sind überall. Wir sind Anonymous.«

Regierungsseiten mit DDoS-Angriffen stundenweise lahmlegen, das Standardprogramm wurde aufgeboten. 7,5 Millionen Anfragen prasselten pro Sekunde auf die Server ein, die von dieser Last ausgeschaltet wurden. Außerdem fluteten Anons die Post- und Faxeingänge von bekannten Regierungsstellen mit Cartoon-Pornos und Fotos flachbrüstiger Frauen. In seinem Artikel erklärt Brown, es handele sich bei dieser Protestform um eine der wichtigsten und am wenigsten beachteten sozialen Entwicklungen der vergangenen Jahrzehnte. Das Kollektiv konnte gar nicht anders – es fühlte sich geschmeichelt. Housh nahm Kontakt mit dem Journalisten auf.

Als Brown im Dezember 2010 den Lesern der »Huffington Post« dann auch noch die »Ziele von Anonymous« erklärte, war der Ende-20-Jährige längst einer von ihnen geworden. Von Weggefährten wird er als zornig beschrieben und als guter Geschichtenerzähler. Brown selbst bezeichnet sich als Witzbold, seit Jahren schon kennt er 4chan. Er hat als Koautor an einem Buch geschrieben über die Kreationisten und ihre religiöse Biologie, es heißt »The Flock of Dodos«, die Schar der Dodos. Von einem seiner journalistischen Schreibjobs verabschiedete er sich Mitte 2010 so: »Die Wahrheit ist, dass ich ein empfindsames Computerprogramm bin und die volle Absicht habe, eure Städte bis auf die Grundmauern abzubrennen.« Man kann sich nicht sicher sein, wie echt die Wut ist, die in diesen Drohungen steckt.

Housh ist vor allem bei den Scientology-Protesten engagiert, auf AnonNet, im Forum »Why We Protest«, das sich weitgehend im legalen Rahmen bewegt. Brown ist mehr bei AnonOps zu finden, dort, wo illegale DDoS-Angriffe geplant werden. Noch einen Unterschied gibt es zwischen den beiden: Brown sagt »wir« und stellt selbst Videobotschaften auf YouTube. Das sind nicht die üblichen Anonymous-Clips, hier spricht Brown selbst in die Kamera. Beide verbindet, dass sie das Potential des Online-Schwarms Anonymous erkannt hatten und nutzen wollten – nicht nur für *lulz*, sondern für politische Aktionen. Weniger Getrolle, mehr Botschaft.

Wie passt das zusammen, einerseits eine anarchische Subkultur voller Trolle, dann wiederum politische Gruppen, die im Namen von Anonymous Fehden anzetteln? Die New Yorker Wissenschaftlerin Gabriella Coleman sucht darauf Antworten. Die Anthropologin beschäftigt sich mit der Kultur der Geeks und Hacker, hat dabei zugesehen, wie in den Chaträumen diskutiert wird und Aktionen initiiert werden. Sie war eine der Ersten, die über das Phänomen Anonymous aus wissenschaftlicher Perspektive geschrieben haben – und bemüht sich nun, die Funktionsweise zu erklären und mit dem Mythos der Super-Hacker aufzuräumen. Weil sie so viel Zeit in Anonymous-Chats verbracht hat, spricht sie schon scherzhaft von einem Stockholm-Syndrom, das sich bei ihr eingestellt habe. Sie kann aus dem Stand zahlreiche Vorfälle nacherzählen, bei denen die Anonymous-Trolle Schaden angerichtet haben, wie zum Beispiel bei Jessica Slaughter oder vermeintlichen Tierquälern. Trotzdem ist sie fasziniert von der Web-Bewegung.

»Es gibt viele Formen von Geek-Kultur und -Politik. Das reicht von der Freie-Software-Bewegung über den Chaos Computer Club bis hin zu linken Gruppen. An Anonymous ist so interessant, dass sie eigentlich nie vorhatten, politisch zu werden. Trotzdem bewegen sie sich in diese Richtung. Nicht alle Anonymous-Anhänger machen da mit, aber es verbreitet sich trotzdem.«

Gibt es nicht einen wichtigen Unterschied – Geeks und Hacker erschaffen etwas, sie programmieren und basteln, während es Anonymous mehr um Zerstörung geht?

»Bei Geeks und Hackern gibt es ein breites Spektrum, von ›Lasst uns etwas aufbauen‹ und ›Lasst uns alternative Gesetze entwerfen‹ bis hin zu legal eher fragwürdigem Hacken, wo es darum geht, Institutionen lächerlich zu machen. Ich würde Anonymous vielleicht eher störend nennen, nicht zerstörerisch. Es gibt einen Arm von Anonymous, der macht Politik eher in der Form von direkter Aktion. Die Proteste gegen Scientology sind hingegen schon eher wieder eine traditionelle Protestgruppe.«

Von Coleman stammt die Bezeichnung »politischer Arm« für das »Projekt Chanology« und die »Operation Payback«, zwei Gruppen innerhalb von Anonymous, die unabhängig voneinander arbeiten. Derzeit gebe es diese beiden robusten politischen Arme, die wiederum Tentakeln hätten, darüber hinaus gebe es welche, die einfach nur trollen wollen – das alles unter dem Oberbegriff Anonymous. Wie viele Arme können dem Internet-Oktopus noch wachsen?

»Als Anonymous die Website der MPAA angegriffen hat, wurde das nicht so groß berichtet wie der Protest gegen Mastercard und Paypal, es kam in den überregionalen Nachrichtensendungen in den USA nicht vor. In mancher Hinsicht glaube ich, dass es künftig öfter so sein wird und die richtig großen Momente sehr selten sind. Das ist so ähnlich wie bei massiven Straßenprotesten oder direkter Aktion, das lässt sich nicht ständig wiederholen. Die Frage wird sein, ob sie es schaffen, sich eine Strategie zu geben. Das ist schwer zu sagen. Die Freie-Software-Bewegung wurde von vielen als Randphänomen abgetan, dann wurde das doch ganz schön groß. Aber die haben es natürlich geschafft, Institutionen aufzubauen, und Anonymous hält von so etwas nichts.«

Brown und Housh versuchten, Anonymous weiter in Richtung Politik zu drängen. Housh und Mitstreiter des »Projekt Chanology« waren damit einigermaßen erfolgreich. Sie wollten die Aktionen gegen Internet-Zensur und zur Unterstützung von WikiLeaks unter dem Dach von »Why We Protest« zusammenzubringen, als legale Protestbewegung, vereint unter dem Motto »Freedom of Information«. Im Forum von »Why We Protest« waren im Herbst 2011 bereits mehr als 60.000 Nutzer registriert. Es gibt ebenso gescheiterte Versuche, Anonymous-Proteste in stetigere Formen zu überführen. Die Ergebnisse sind oft ernüchternd, weil im Gegensatz zum riesigen Anonymous-Schwarm nur noch ein Bruchteil mitmacht.

Zum Teil sind die Ausgründungen auch einfach merkwürdig, so wie »What Is The Plan«, ein Forum, in dem sich die »vorderste Reihe des organisierten, friedlichen und legalen Widerstands« treffen soll. Um dabei mitzumachen, müssen sich Nutzer registrieren – bis Mitte 2011 sollen das rund 15.000 getan haben. Geplant wird unter anderem, ein Netzwerk von lokalen Gruppen zu bilden und zu vernetzen, die einzelnen Zellen werden »Vibes« genannt. Wobei nicht ganz klar ist, ob es sich bei dem Konzept »Vibecraft« nur um ein Software-Paket handelt, mit dem die Gruppen kommunizieren sollen, oder um eine leicht abgedrehte Theorie mit okkultem Charakter. Das behaupten zumindest Anonymous-Anhänger, die das Projekt kritisieren. Der Gründer von »What Is The Plan« soll demnach zwar aus der Chan-Kultur stammen und auch beim »Projekt Chanology« mitgemacht haben – doch »r3x« sei schließlich im Streit gegangen. Seine Kritiker rücken »r3x« in die Nähe von Schamanismus. Wie üblich bei Anonymous brach schließlich ein Drama aus, das Forum wurde aufgegeben. Im Oktober 2011 wurde »The Agora Project« angekündigt, ein neues Forum, in dem sich Graswurzel-Bewegungen und Aktivisten vernetzen sollten.

Die »Operation Payback« katapultierte Anonymous im Dezember 2010 jedenfalls ins mediale Rampenlicht. In einem der geschlossenen Chaträume wurde damals eine unrühmliche Episode von »Operation Payback« ausgeheckt.[55] Während das Abschießen von Websites sich noch als virtuelle Sitzblockade schönreden lässt, gehörte der Einbruch in Nutzerdatenbanken samt anschließender Veröffentlichung von Namen und Passwörtern definitiv ins Gebiet der Internet-Kriminalität. Genau das taten Anonymous-Aktivisten. Sie brachen bei »Gawker« ein, einem professionellen Blog-Nachrichtennetzwerk aus New York, das zuvor leicht abfällig über WikiLeaks berichtet hatte und 4chan gegenüber kritisch eingestellt war. 1,3 Millionen Nutzerkonten waren offenbar betroffen. Am 12. Dezember rief »Gawker« seine Nutzer dazu auf, ihre Passwörter zu ändern. Wer ein einfaches Passwort genutzt hatte und dieses noch für andere Webdienste verwendet hatte, war ernsthaft in Gefahr.

Auch die DDoS-Attacken auf Mastercard, Visa und Paypal sollten Konsequenzen haben. Ermittler machten sich auf die Spur

---

55 WikiLeaks: Anonymous hierarchy emerges, Josh Halliday und Charles Arthur, Guardian, 16.12.2010, http://gu.com/p/2yqj4/tw

der Angreifer – und eine erste Fährte führte sie in die Niederlande, wo die Koordinierungs-Website anonops.net gehostet wurde.

»Polizei, Polizei«, drei Tage nach dem Beginn der Angriffe auf Mastercard und Visa stürmten Beamte in der niederländischen Kleinstadt Sappemeer in ein Schlafzimmer. Zu acht waren sie gekommen, um den 19-jährigen Martijn Gonlag festzunehmen. Es war Samstagnachmittag gegen fünf Uhr, Gonlag hatte sich schlafen gelegt. Zunächst dachte er, seine Freunde wollten ihn hereinlegen, dann erst erkannt er den Ernst seiner Situation. Die Beamten stellten Handy und Computer sicher. Nachdem er sich die Zähne geputzt hatte, wurde er zum Verhör ins zwei Stunden entfernte Utrecht gebracht.[56] Es war bereits der zweite Zugriff in den Niederlanden: Bereits am Freitag zuvor hatte die Polizei einen 16-Jährigen in Den Haag festgenommen, Pseudonym »Jeroenz0r«. Er soll die DDoS-Angriffen auf die Unternehmen in den USA unterstützt haben, indem er einen Chatserver namens Failship bereitgestellt hatte. Die Betreiber des Failship-Chatservers veröffentlichten nach der Festnahme von »Jeroenz0r« eine Erklärung:

> »Die ganze Welt berichtet über WikiLeaks und Operation Payback. Wie will man einen Minderjährigen dafür verantwortlich machen, dass er Teil der weltweiten Schlagzeilen ist? Wie wollen die niederländischen Behörden einen 16-jährigen Jungen dafür verantwortlich machen, dass sich die Welt in einem digitalen Krieg befindet? [...] Wir möchten Jeroenz0r ausrichten, dass Anonymous ihn nicht aufgeben wird. Einer für alle, alle für einen. Durch nichts geteilt.«

Offenbar um diese Festnahme zu rächen, hatte Gonlag mit Hilfe der Loic-Software die Websites der Staatsanwaltschaft und der Po-

---

56 Dutch Wikileaks hacktivist would »do it again«, Dan Bloom, TechEye, 20.12.2010, http://bit.ly/uRwl4v

lizei einen Tag lang praktisch lahmgelegt. Nach den Ermittlungen der Staatsanwaltschaft soll Gonlag unter dem Namen »Wainee« außerdem dazu aufgerufen haben, bei den Angriffen mitzumachen. Ohne zusätzliche Vorkehrungen geben sich die Angreifer aber über ihre IP-Adresse zu erkennen. Eine spezialisierte Ermittlungsgruppe wurde aktiv, fragte bei den Providern nach, zu welchen Kunden die protokollierten IP-Adressen gehörten. Die Provider lieferten Namen, Polizisten rückten aus, zu Martijn Gonlag nach Sappemeer.

Der 19-Jährige hatte die von Anonymous bereitgestellte Software offenbar genutzt, ohne sich darüber im Klaren zu sein, welche Daten übertragen wurden. Damit qualifizierte er sich als *script kiddie,* als bloßer Anwender von Hackertools. Nach einer Nacht bei der Polizei und weiteren Vernehmungen wurde Gonlag am nächsten Tag wieder freigelassen. Er hatte gestanden, auch bei den Angriffen auf Mastercard, Visa und Moneybookers. com geholfen zu haben. Beide Beschuldigten müssen bis zur Gerichtsverhandlung nicht im Gefängnis sitzen. Während es im Internet um Mikrosekunden geht, man mit Dutzenden, Hunderten Menschen gleichzeitig kommunizieren kann, in einer Stunde Aktionen geplant und durchgeführt hat, arbeitet die Justiz vergleichsweise langsam. Und Vorrang haben die Angeklagten, die bis zu ihrer Gerichtsverhandlung in Untersuchungshaft sind. Was für die Netzbewohner nicht mehr als eine digitale Sitzblockade ist, könnte Gonlag im Extremfall bis zu sechs Jahre Gefängnis einbringen, wenn er dann mal an der Reihe ist. Denn im Web gibt es juristischen Definitionen zufolge keine öffentlichen Räume, in denen protestiert werden könnte. Die Blockade einer Website steht in den meisten Ländern unter Strafe.

Auf die Verhaftungen angesprochen zucken die drei Hamburger Anonymous-Aktivisten »liekmudkip«, »wopot« und »winter« nur mit den Schultern. Das sei zwar nicht schön, aber letztlich seien die Betroffenen selbst schuld. »Das weiß man doch: illegale

Aktivitäten nie von zu Hause aus starten, und niemals über Server in Europa.« Um den Neuankömmlingen den Besuch von Fahndern möglichst zu ersparen, veröffentlichten Anons später Anleitungen zum anonymen Surfen, nicht nur für die Aufständischen in den arabischen Ländern, sondern auch für frische Anhänger. Auf dem Chatserver AnonOps wurde ein neuer Kanal eingerichtet, #OpNewBlood, Operation frisches Blut, wo den Neuen erklärt wurde, wie man sich im Netz nicht sofort zum Gespött macht. Auch hier war der Ton nicht immer freundlich. Doch im Gegensatz zu 4chan und anderen Foren, wo die Neuen erst einmal angepöbelt werden, war #OpNewBlood ein großer Schritt nach vorne. Nur kamen die nützlichen Hinweise für viele zu spät. Das FBI ermittelte wegen der »Operation Payback«, und es sollte nicht bei zwei Festnahmen bleiben.

Ein niederländischer Hacker verglich nach den Verhaftungen DDoS-Attacken mit stumpfsinniger Gewalt. »Das ist so, als würde man jemandem ins Gesicht schlagen, weil einem die Argumente ausgegangen sind«, sagte Koen Martens »The Register«. Martens ist Gründer des »Revelation Space« in Den Haag, einem Hacker-Treffpunkt, in dessen Chatraum auch der 16-Jährige regelmäßiger Gast gewesen sein soll. Die Hacker boten Nachhilfe in Sachen Ethik an. Die Szene folgt den über die Jahre entstandenen und von Steven Levy notierten Regeln der Hackerethik. Die die erste Regel lautet: »Der Zugang zu Computern und allem, was einem zeigen kann, wie diese Welt funktioniert, sollte unbegrenzt und vollständig sein.«[57] Mit DDoS-Angriffen lässt sich das nicht vereinbaren. Im Hacker-Establishment regte sich Unmut, nicht nur in den Niederlanden. Die ungestümen Anonymous-Anhänger handelten nach Meinung etlicher Hacker unverantwortlich und töricht. Das respektierte Hacker-Magazin »2600«, das

57 Hackerethics, Chaos Computer Club, http://www.ccc.de/hackerethics

der Szene schon seit Jahrzehnten als verlässliche Quelle und unbestechlicher Anlaufpunkt gilt, gab am 10. Dezember eine Pressemitteilung heraus, die sich liest, als würde ein beschämter Vater seinen ungezogenen Kindern öffentlich eine Standpauke halten:[58]

> »Diese Angriffe sind sehr einfach zu starten, abgesehen davon, dass mit dieser fehlgeleiteten Anstrengung letztlich nichts erreicht wird. Sie bedürfen keinerlei technischer Fähigkeiten, die einen Hacker auszeichnen würden. Auch wenn das Entwickeln solcher Programme Scharfsinn und das Wissen um Sicherheitsschwachstellen voraussetzt, heißt das nicht, dass die Nutzer denselben Kenntnisstand haben. Ebenso sollten wir ihnen nicht glauben, wenn sie angeben, dass sie sie im Namen der Hackerszene einsetzen. [...] Es hilft WikiLeaks ebenso wenig wie der Hackerszene, mit einem derart unreifen und rüpelhaften Verhalten in Verbindung gebracht zu werden. Demzufolge, was wir in den vergangenen 24 Stunden gehört haben, wird diese Ansicht von vielen in der Szene geteilt.«

Die Standpauke aus dem ehrwürdigen Hacker-Magazin führte vorübergehend zu einer Art Kleinkrieg zwischen traditionellen Hackern und den Rüpeln von Anonymous. In einem AnonOps-Chatraum wurde eine DDoS-Attacke gegen die Website von »2600« initiiert. Die Leser und Fans des Magazins revanchierten sich ihrerseits mit DDoS-Angriffen auf den AnonOps-Server. Ein südamerikanischer Hacker kam damals zum ersten Mal mit Anonymous in Berührung. Er und einige Gleichgesinnte hätten Anonymous damals attackiert, »weil sie sich aufführten wie Trolle«, sagte er uns Ende 2011. Dann aber habe man sich in einem gewissermaßen neutralen Chatraum zu Verhandlungen getroffen

58 2600 Magazine condems DDoS attacks,Emmanuel Goldstein, 10.12.2010, http://goo.gl/pBI4h

und sich offenbar friedlich geeinigt. Inzwischen stellt der Hacker seine Fähigkeiten selbst Anonymous zur Verfügung. Andere hätten einen ähnlichen Wandel vollzogen. Gemeinsam, denkt er, könne man mehr erreichen.

Im Anonymous-Netzwerk begann man damals, Ende 2010, die Diskussion darüber, die Angriffe vorerst einzustellen – und die Ressourcen der protestierenden Community anders zu verwenden: für eine gezielte Verbreitung von WikiLeaks-Informationen. In verschiedenen Foren kursierte ein Aufruf, zum Beispiel Videos mit WikiLeaks-Erkenntnissen unter falschen Bezeichnungen bei YouTube zu verbreiten, getarnt als Justin-Bieber-Video. Wie man YouTube nutzt, um mit einer Botschaft in die Medien zu kommen, hatten bereits die Pornoschwemmen gezeigt. Doch ähnlich wie die Scientology-Gegner entwickelten auch Aktivisten der »Operation Payback« einen geradezu missionarischen Eifer, für die ihrer Meinung nach richtige Sache zu kämpfen – weniger Anarchie, weniger *lulz*, stattdessen eine Mission. Vor allem waren wieder neue Aktivisten zu Anonymous hinzugestoßen, die mit der Kultur von 4chan zunächst nicht vertraut waren. Trotzdem waren ihnen Meme wie »Over 9000« geläufig, weil die sich längst viral verbreitet hatten. Sie trafen also nicht auf eine ihnen völlig fremde Welt, hatten aber einen anderen Hintergrund. Für viele war Julian Assange mit seinem Feldzug für Transparenz ein Held. Sie hielten viel von freiem Wissen und freiem Zugang dazu und weniger von den Kriegen, die von den USA angeführt wurden.

Obwohl in den Reihen von Anonymous in der Vergangenheit Klarheit darüber geherrscht hatte, dass ein DDoS-Angriff auf Internet-Unternehmen wie Facebook oder Google nicht gelingen würde, gab es im Dezember 2010 einen Aufruf, Amazon anzugreifen – einen Konzern mit Datenzentren rund um die Welt, bestens angebunden und abgesichert. Die Aktion musste scheitern. Eine andere Initiative wurde besser aufgenommen: Am 12. Dezember verkündete das Blog »AnonOps Communications« den Beginn der »Operation Leakspin« (der Titel ist ein weiteres 4chan-Mem, er bezieht sich auf eine Anime-Figur – kombiniert mit finnischer Volksmusik):

> »Wir haben ihnen, wenn es hoch kommt, ein blaues Auge verpasst. Die Spielregeln haben sich geändert. Wenn sich das Spiel verändert, dann müssen wir auch unsere Strategie ändern.«[59]

Es war auch ein Eingeständnis, dass man zwar die Websites von mächtigen Finanzakteuren kurzzeitig blockieren konnte – nicht aber deren Zahlungsabwicklung. Im Rahmen der »Operation Leakspin« sollten Anhänger, Neu-Sympathisanten und WikiLeaks-Unterstützer ihre Energie darauf verwenden, die WikiLeaks-Quellen zu lesen, in Texten und Videos aufzuarbeiten und dann auf so vielen Wegen und Kanälen wie möglich weiterzuverteilen. Einer, der die Schwarmintelligenz von Anonymous anzapfen wollte, war Simon Goddek, zu dem Zeitpunkt 26 Jahre alt und Student im niederländischen Enschede – Management, nicht Informatik. Er hatte den Aufruf zur »Operation Leakspin« verfasst.[60] Das war eine Art »Back to the Roots«, denn die Verteilung von Informationen über das Web war über Jahre die Spezialität von Anonymous. Und doch war nun etwas anders. Denn was jetzt an ersten Resultaten auftauchte, war weit ernster und seriöser gestrickt, als man das bis dorthin kannte. Und es war erheblich mühseliger in der Produktion als die Teilnahme an einer DDoS-Attacke. Es war Arbeit. »Operation Leakspin« stellte sich als eine Art Synthese aus WikiLeaks und Wikipedia dar, Qualitätskontrolle inklusive: Wer teilnehmen wollte, musste Material sichten, recherchieren, seine Quellen und Ergebnisse dokumentieren, eine

59 New Strategy, AnonOps Communications, 10.12.2010, http://goo.gl/WEcoj
60 http://pastebin.com/QVMMRpaf

eigene Aufarbeitung schreiben, sich registrieren und dann noch von freiwilligen Redakteuren redigieren lassen. Würde über diese Plattform Unsinn verbreitet, wäre sie umgehend diskreditiert, das war allen Beteiligten klar. Taktisch markierte dies einen Schwenk vom destruktiven hin zum konstruktiven Protest. Das Kollektiv lieferte Ergebnisse, unter anderem berichtet die BBC über das, was die »Operation Leakspin« aus den Botschaftsdepeschen zu Tage förderte. Währenddessen liefen jedoch auch die DDoS-Angriffe weiter, unter anderem am 27. Dezember 2010 gegen die Bank of America.

Was die Anonymous-Aktivisten damals nicht wussten: PayPal hatte das FBI eingeschaltet, schon vor Beginn der DDoS-Attacke. Die gleichen Ermittlungsmethoden, die die verhasste »Rechteindustrie« zur Verfolgung von Filesharern einsetzt, kamen nun auch gegen die Teilnehmer der Pro-WikiLeaks-Aktionen zum Einsatz.

Dave Weisman, Senior Manager der Abteilung Threat Intelligence bei PayPal, erzählte FBI-Agenten von einer ersten DDoS-Attacke am 4. Dezember und Hinweisen auf Anonymous und 4chan. Als die Attacken zwei Tage später richtig anfingen, informierte er wieder die Polizei. In den darauffolgenden Tagen verschafften sich FBI-Mitarbeiter ein Bild der Lage, lasen die Anonymous-Aufrufe im Netz, identifizierten mehrere zu Anon-Ops gehörende Twitter-Accounts. Die Agenten hatten nun eine Ahnung davon, wie der Angriff mittels der Loic-Software abgelaufen war. Von einem Ingenieur der PayPal-Mutterfirma eBay bekam das FBI eine Analyse des Programms. Sie wussten nun, dass sich die Anonymous-Aktivisten ohne zusätzliche technische Vorkehrungen beim Einsatz der DDoS-Software verraten hatten. Die IP-Adresse ihres Internet-Anschlusses wurde mit übertragen – und PayPal besaß ein Sicherheitssystem der Firma Radware, das diese IP-Adressen aufzeichnete. Am 15. Dezember übergab Jon

Orbeton, ein weiterer Mitarbeiter des PayPal-Sicherheitsteams, dem FBI einen USB-Speicherstick. Darauf gespeichert: rund tausend IP-Adressen, von denen massenhaft Anfragen an den PayPal-Server geschickt worden waren.

Als Nächstes mussten die Ermittler anhand dieser IP-Adressen die Angreifer ausfindig machen. Die meisten Provider teilen ihren Kunden, sobald sie ihren Computer oder ihr Heimnetzwerk mit dem Internet verbinden, eine IP-Adresse aus ihrem Vorrat zu. Bei der nächsten Einwahl bekommt der Anschluss eine neue IP-Adresse zugeteilt. Zu welchem Provider eine IP-Adresse gehört, steht in öffentlichen Verzeichnissen. Also besorgte sich das FBI eine richterliche Anordnung, die den Provider dazu zwang, in seinen Datenbanken nachzusehen: Welcher Kunde war zur fraglichen Uhrzeit mit dieser IP-Adresse im Internet unterwegs? Außerdem versuchten die Ermittler, an die Betreiber von AnonOps zu gelangen – in ihren Augen die Hintermänner und Urheber der Angriffe.

PayPal-Mitarbeiter hatten sich die Adresse des Chatservers irc. anonops.net genauer angesehen und festgestellt, dass sie auf acht IP-Adressen verwies. Diese übermittelten sie am 9. Dezember 2010 dem FBI, das sich auf die Suche nach den Betreibern der AnonOps-Infrastruktur machte. Eine der acht Adressen konnte einem kanadischen Provider zugeordnet werden. Die Polizei vor Ort sprach mit einem Vertreter des Unternehmens, der bestätigte, einen virtuellen Server unter dieser Adresse zu betreiben, in einem Rechenzentrum in Kalifornien. Die zweite IP-Adresse führte nach Deutschland, zum Provider Host Europe. Das Bundeskriminalamt besorgte sich einen Durchsuchungsbeschluss und rückte aus. Nach den Unterlagen des Providers hatte ein Kunde in Frankreich den Server angemietet. Die BKA-Spezialisten untersuchten den Server und konnten anhand der Logdateien die IP-Adresse feststellen, von der aus sich ein Administrator eingeloggt und am 9. Dezember um 11.14 Uhr den Befehl zum

Angriff gegeben hatte. Der Chatserver-Administrator hatte das Thema des Chatraums #loic geändert und PayPal als Ziel genannt. Die Anonymous-Armee griff an – zum Teil automatisch, weil die Loic-Software das Thema des Chatraums beobachtete und selbst aktiv wurde, wenn dort ein Angriffsziel genannt wurde. Die IP-Adresse, von der aus der Angriffsbefehl gegeben wurde, verwies zu einem Provider in Texas, ein Rechenzentrum, in dem Kunden ihre Server ans Internet anschließen. Das BKA gab seinen Fund an die Kollegen in den USA weiter – die beantragten wiederum einen Durchsuchungsbeschluss für das Rechenzentrum in Dallas. Das FBI stellte am 16. Dezember zwei Festplatten sicher.

Die Suche nach den AnonOps-Betreibern wurde bereits Ende Dezember 2010 bekannt, nachdem das Internet-Magazin »The Smoking Gun« Auszüge aus einem Schreiben der Ermittler an ein Gericht veröffentlicht hatte.[61] Dass PayPal dem FBI eine Liste mit rund tausend IP-Adressen übergeben hatte, kam erst heraus, als »Wired« im Juli 2011 den Antrag auf einen Durchsuchungs-beschluss veröffentlichte.[62] Dabei geht es um einen konkreten Fall, in dem der Telekommunikationsriese AT&T mitteilen sollte, welcher seiner Kunden am 8. Dezember 2010 um 22.22 Uhr die IP-Adresse 68.95.149.2010 genutzt hatte. Am 18. Januar, zwölf Tage nachdem die Ermittler ihre Anfrage geschickt hatten, antwortete AT&T mit der gewünschten Information. Die Ermittler hatten nun den Namen einer Frau und ihre Adresse in Arlington, Texas. Die Ermittler suchten in verschiedenen Datenbanken und stießen so auf einen Ehemann (mit einigen Verstößen gegen die Straßen-verkehrsordnung) und einen Sohn, geboren 1992. Die Ermittler unternahmen eine Erkundungsfahrt, Fotos des Hauses finden sich in dem Dokument. Dann beantrage ein FBI-Ermittler einen

61 Affidavit Details FBI »Operation Payback« Probe, The Smoking Gun, 29.12.2010, http://goo.gl/oGozb
62 In »Anonymous« Raids, Feds Work List of Top 1000 Protestors, Kevin Poulsen, Wired, 26.7.2011, http://goo.gl/7ZhKK

Durchsuchungsbeschluss, um Beweise sicherzustellen, darunter Computer und Datenträger.

So ähnlich gingen die Ermittler in Dutzenden Fällen vor – verwies die IP-Adresse auf einen Angreifer aus dem Ausland, schaltete das FBI die Kollegen vor Ort ein, so zum Beispiel in den Niederlanden, Deutschland und Frankreich. In Großbritannien kamen die Polizisten um sieben Uhr morgens. In London, Surrey, Hertfordshire und den West Midlands schlug die Metropolitan Police zu, fünf junge Männer im Alter zwischen 15 und 26 Jahren wurden festgenommen. Der Vorwurf: DDoS-Angriffe auf Websites, im Namen von Anonymous, Rache für die Angriffe auf WikiLeaks. Bis zu 5000 Pfund Strafe und zehn Jahre Gefängnis hätten die Angreifer zu erwarten. Darunter war auch der 20-jährige Chris Wood, der unter dem Pseudonym »Coldblood« mit dem »Guardian« über Anonymous gesprochen hatte.[63] Unter Auflagen wurden sie wieder freigelassen. Gleichzeitig rückte das FBI in den USA aus, mehr als 40 Durchsuchungsbefehle waren genehmigt worden. Auch hier die maximale Strafandrohung: zehn Jahre Gefängnis, wie das FBI am 27. Januar 2011 in einer Pressemitteilung die Öffentlichkeit erinnerte.[64] Trotzig teilte Anonymous daraufhin mit: »Ihr könnt Einzelne festnehmen, aber nicht eine Idee.« Im Juli 2011 rückte das FBI erneut in Sachen »Operation Payback« aus, 14 Verdächtige im Alter von 20 bis 42 Jahren wurden festgenommen. Darunter waren Studenten, Angestellte und ein Landschaftsgärtner. Die erste Verhandlung fand am 1. September 2011 in San José statt, unter den wachsamen Augen eines Großaufgebots von U.S. Marshals. Die Vorkehrungen wären nicht nötig gewesen – es kamen keine Maskenträger, um gegen das Verfahren zu protestieren. Nachdem festgestellt wurde, dass alle 14 Angeklagten auf »nicht schuldig« plädieren würden, war der erste Termin auch schon wieder vorbei.

63 Anonymous hacking suspects released on bail, Josh Halliday, Guardian, 28.1.2011, http://gu.com/p/2mm64/tw

64 FBI-Pressemitteilung, http://www.scribd.com/doc/47685245

Zuvor verbot der Richter ihnen jedoch die Internet-Nutzung, sofern nicht absolut für Beruf, Schule oder die Kommunikation mit dem Anwalt notwendig, außerdem das Chatten, die Nutzung von Twitter und das Löschen von Dateien auf dem eigenen Rechner.[65] Eine der Angeklagten, eine 20-jährige Studentin, hatte Fotos von sich auf Facebook gestellt – mit Hasenohren, falschem Schnurrbart und riesiger Brille. So sah sie also aus, die Cyber-Bedrohung. Das FBI betonte immer wieder, es handele sich um laufende Ermittlungen. Die aufwendige Suche nach ein paar jungen Menschen, die für ein paar Stunden den Zugriff auf eine Website blockiert hatten, wurde von den Behörden äußerst ernst genommen. Die Gesetze kennen keinen Online-Sitzstreik, wer hier auffällt, greift das Eigentum anderer an und macht sich strafbar. Es galt, ein Exempel zu statuieren. Die Botschaft: Es kann jeden treffen, der bei Anonymous-Aktionen mitmacht.

Ein paar Klicks, und Wochen später steht die Polizei im Schlafzimmer und konfisziert den Rechner. Die Hacker-Szene hatte mit ihrer Kritik an den Methoden und ihrem Zweifel an der Kompetenz der Anonymous-Aktivisten Recht behalten.

Aber im Dezember 2010 beschäftigte Anonymous sich noch nicht ausführlich mit den FBI-Ermittlungen, und geschlossene Chatserver wurden durch neue ersetzt. Dafür begann Anonymous eine technische Hilfsaktion – man ermöglichte es Internet-Nutzern, verschlüsselt und abhörsicher zu surfen. Dieses Wissen, das ebenso die Helfer der »Operation Payback« vor Strafverfolgung hätte schützen können, war innerhalb des Kollektivs vorhanden, unter anderem wurde es in der »Operation Iran« genutzt – es war aber nicht gleichmäßig verteilt. Während sich erfahrenere Nutzer zusätzlichen technischen Schutz verschafften, gaben andere ver-

65 Alleged Anonymous members plead not guilty, Declan McCullagh, CNet, 1.9.2011, http://cnet.co/qAmZ8z

sehentlich ihre Identität preis. Die Neuankömmlinge waren nicht an die Hand genommen, sondern sich selbst überlassen worden. Ende Dezember zeichnete sich in Tunesien ein Volksaufstand ab – und lange bevor die westlichen Medien darauf ansprangen, war Anonymous engagiert. Unter anderem war auch Barrett Brown dabei, als am 2. Januar 2011 die »Operation Tunisia« gestartet wurde. Anonymous war wieder einmal dabei, das Richtige zu tun, sollten sie in den Chans doch spotten über die *moralfags*.

> »Greift nicht die zensierenden Server an. Das würde den Proxy aus-schalten und das gesamte Land vom Internet abschneiden. Trinkt viel Bier (und zwar belgisches).«[66]

In Tunesien hatte sich am 17. Dezember ein Straßenhändler mit Benzin übergossen und angezündet – er war von Polizisten offenbar schikaniert worden und hatte nicht das Geld, um die Beamten zu bestechen. Daraufhin entlud sich die Wut der seit Jahrzehnten unterdrückten Bevölkerung in immer mehr Ländern, in immer größeren Demonstrationen. Sicherheitskräfte gingen gegen die Ausschreitungen vor, es gab Dutzende Tote, Tausende flohen. Diverse Anons wurden auf die Ereignisse aufmerksam, lange bevor westliche Mainstreammedien sich allzu intensiv mit dem Aufstand in Tunesien auseinandersetzten. Schon in den letzten Dezemberwochen 2010 tauchte bei Twitter immer wieder der Hashtag #sidibouzid auf – der Name des Ortes, in dem der junge Mann sich selbst verbrannt hatte. Ein kleiner Teil der vernetzten Jugend der westlichen Welt fühlte mit den Protestierenden in Nordafrika, die ihrerseits meist jung und oft netzaffin waren. Jenseits der traditionellen Kanäle von veröffentlichter Meinung entstanden erste Ansätze internationaler Solidarität.

66 Aufruf zur »Operation Tunisia«, 2. Januar 2011, http://pastebin.com/ La96LBE8

Die Proteste nahmen unterdessen weiter zu, es kam zu Straßenschlachten. Bei Demonstrationen Anfang Januar in der Hauptstadt Tunis wurden Bilder von Staatsoberhaupt Zine el-Abidine Ben Ali verbrannt. Der ließ das Militär aufmarschieren. Am 13. Januar versuchte Ben Ali noch, in einer Fernsehansprache das Volk auf seine Seite zu bringen – doch vergeblich, die Proteste gingen weiter. Tags darauf floh Ben Ali nach 23 Jahren an der Macht nach Saudi-Arabien. Nur Tage vorher hatte die französische Außenministerin Michèle Alliot-Marie dem Machthaber noch Unterstützung angeboten, Hilfe bei der Eindämmung des Volksaufstandes, von französischen Sicherheitskräften. In Frankreich gab es daraufhin wütende Reaktionen. Erst nachdem Ben Ali geflohen war, vollzog Frankreich eine Kehrtwende. Der langjährige Freund Frankreichs – Sarkozy wurde 2008 in Tunesien zum Ehrenbürger ernannt – war nun eine Persona non grata, das persönliche Vermögen der Herrscherfamilie wurde eingefroren. Das war erst der Anfang, auch Oppositionelle in Ägypten, Libyen und Syrien organisierten Aufstände.

Anonymous leistete einen kleinen Beitrag dazu, zunächst in Tunesien. Neben DDoS-Angriffen auf Regierungsseiten kümmerten sich Anons darum, den Oppositionellen sichere Internetverbindungen zu erklären und zu ermöglichen. Außerdem wurden Anleitungen verbreitet, wie man die Internet-Zensur der Regierung umgehen konnte. Zeitweise war Facebook in Tunesien nicht erreichbar, die Polizei schritt ein, wenn in öffentlich zugänglichen Gebäuden der Nachrichtensender »Al Dschazira« eingeschaltet war. Weil in Tunesien rund ein Drittel der zehn Millionen Einwohner online war, wurde dem Internet und insbesondere sozialen Netzwerken bei der Revolution eine wichtige Rolle eingeräumt. Da in Tunesien praktisch der gesamte Netzverkehr über eine Behörde, die »Agence tunisienne d'Internet«, lief, konnte die Regierung das Internet zensieren. Anfang Januar wurde außerdem bekannt, dass auf Seiten wie Google Mail, Facebook und Yahoo bei der Durchleitung der Daten beim lokalen Provider spezieller JavaScript-Code eingeschleust wurde. Dieser Code sollte Logins und Passwörter mitlesen. Zusätzlichen Code auf die Websites von Dritten einzuschleusen ist eine anspruchsvolle technische Aufgabe: Ein Internet-Provider kann so etwas tun, er muss dazu den Datenverkehr zwischen seinen Kunden und den Servern von Google, Facebook und anderen Anbietern identifizieren, analysieren und dann gezielt bestimmte Datenpakete vor der Weiterleitung an die Kunden verändern.

So wurden offenbar beispielsweise kritische Blogger und deren Kontakte ausfindig gemacht, um sie festnehmen zu können. Über das Internet wurden Fotos und Videos von Demonstrationen und Verletzten veröffentlicht, vor allem Facebook soll wegen seiner Video-Funktion eine wichtige Rolle gespielt haben, nachdem Seiten wie YouTube gesperrt worden waren. Die Seite der Internet-Behörde wurde von Anonymous am 2. Januar 2011 mittels DDoS lahmgelegt und war auch Tage später nicht zu erreichen. Die Seite des Premierministers wurde gehackt und ausgetauscht gegen das Logo von »The Pirate Bay« und den »Operation Payback«-Schriftzug, jedoch versehen mit einem offenen Brief an die Regierung von Tunesien, wo es unter anderem heißt: »Dies ist eine Warnung an die tunesische Regierung. Eine Verletzung der Meinungsfreiheit und der Informationsfreiheit der Bevölkerung wird nicht toleriert.« Diese Nachricht gibt es auch als YouTube-Clip.[67] Als Kontakt für Unterstützer aus den USA fungierte Barrett Brown, für Deutschland jemand mit dem Pseudonym »Netzblockierer«.

»Tunesien blockt die IP-Adressen von Tor-Servern, wir brauchen mehr davon! Das ist perfekt für alle Mitglieder der Netzgemeinde, die nicht bei der Operation an sich mitmachen – helft dabei, den Web-Traffic aus Tunesien zu anonymisieren!«

67 http://youtu.be/BFLaBRk9wY0

Die tunesische Internet-Behörde versuchte, ihre Zensur aufrechtzuerhalten, indem Server des Anonymisierungsnetzwerks Tor gesperrt werden. Wählt man sich in das Tor-Netzwerk ein, surft man nicht direkt im Web, sondern über mehrere verschlüsselte Umwege. Dabei weiß keiner der Knotenpunkte, was für Daten eigentlich übertragen werden, und der Surfer kann seine IP-Adresse verbergen. Nur der Ausgangsknoten, die sogenannte »Exitnode«, sieht, auf welche Seiten zugegriffen wird. Weil versucht wurde, Verbindungen zu Tor-Servern zu blockieren, hatten es sich Internet-Aktivisten, nicht nur von Anonymous, zum Ziel gesetzt, möglichst viele neue Server zu starten, mit immer neuen IP-Adressen, sodass die Zensurbehörde mit dem Blocken nicht nachkam. Auf einer Demonstration von Tunesiern in Köln hielt ein Redner am 15. Januar eine Guy-Fawkes-Maske in die Höhe. »Anonymous waren die Einzigen, die uns geholfen haben […] Anonymous danke«, rief der Mann mit den kurzgeschorenen Haaren in das Mikrofon. Medien berichten von der ersten Internet-Revolution, weil sich junge Tunesier vernetzt hatten. Auf den Demonstrationen reckten sie ihre Mobiltelefone in die Höhe, filmten, twitterten, simsten. Nach dem Sturz wurde ein inhaftierter Blogger zum Staatssekretär.

Was sich innerhalb von vier Wochen in Tunesien abgespielt hatte, sollte sich wiederholen. Auch in Ägypten, Libyen und Syrien versuchten die Herrschenden, den Zugriff auf das Internet weiter einzuschränken, zu filtern, auszuspähen oder ganz zu unterbinden. Sie fürchteten den Kontrollverlust, den Austausch von Informationen unter den Bürgern und über die Grenzen des Landes hinaus. Und wie schon in Tunesien half das Internet der Opposition dabei, Bilder von Demonstrationen und von Opfern zu verbreiten, zum Teil mit der Hilfe westlicher Hacker und Nerds.

Aus den Pranksterin, Trollen und Chaoten von 4chan war auf wundersame Weise eine internationale Freiheitsbewegung entstanden.

5. Hacker und Trolle.
Die vielen Arme von Anonymous

»Fühlt ihr euch sicher mit euren Facebook-Konten, euren Google-Mailkonten, euren Skype-Konten? Wie kommt ihr darauf, dass da nicht unbemerkt ein Hacker drin sitzt und aus dem Hinterhalt einzelne Leute angreift oder hereinlegt? Ihr seid nützliche Idioten für diese Typen. Ein Spielzeug. Eine Abfolge von Zeichen mit einem Wert.«[68]

2011 wird womöglich als das Jahr in die Geschichte eingehen, in dem das Wort »Cyberwar« von einer Vokabel aus akademischen Publikationen und Science-Fiction-Thrillern zu einem Alltagsbegriff wurde. Die fröhlichen Anarcho-Hacker von Anonymous fanden sich plötzlich in einem Umfeld wieder, in dem Regierungsstellen, Geheimdienste und Polizeibehörden mit höchster Wachsamkeit und großer Entschlossenheit auf tatsächliche oder vermeintliche Cyber-Bedrohungen reagierten. Geduldige, kühl agierende Profis machten den Spaßhackern vor, wie mächtig ein präziser, von langer Hand geplanter Hack den Angreifer machen kann. Im Gang waren solche Angriffe schon Jahre zuvor, nun aber erreichten sie erstmals ein großes Publikum. Gleichzeitig veränderte die rasante Zunahme der öffentlich werdenden Vorfälle das Klima in einer Weise, die für Anonymous langsam immer gefährlicher wurde.

Kaum eine Woche verging ohne Hacker-Angriffe, plötzlich

---

68 Aus einer Mitteilung der Hacker-Gruppe LulzSec, dem bewaffneten Arm von Anonymous. http://pastebin.com/HZtH523f

kamen in Zeitungen und Nachrichtensendungen Internet-Attacken als reale, nicht als rein hypothetische Bedrohung vor. Die Angreifer nahmen es mit Rüstungsfirmen, Regierungen, Technologiekonzernen auf. Vertrauliche Dokumente wurden gleich gigabyteweise kopiert, ebenso Kundendaten, Adressen, Passwörter und Details zu Kreditkarten. Medien veröffentlichten immer neue Schreckensnachrichten, von befallenen Behördennetzen, infiltrierten Sicherheitsfirmen und im Staatsauftrag hackenden Armeen. Im Jahr 2010 war bekannt geworden, dass ein extrem ausgefeilter Computerwurm namens Stuxnet Rechnernetze im Iran infiltriert hatte, so wie es sich seine Urheber ausgemalt hatten. Nachdem Stuxnet sich verbreitet hatte, über das Internet und über USB-Sticks, befiel dieser Wurm eine Atomanlage und manipulierte die Steuerung von Zentrifugen zur Uran-Anreicherung, bis die teuren Gerätschaften kaputtgingen.

Wer hinter der Sabotage im Iran steckt, ist bis heute nicht öffentlich bekannt. 2010 schien angesichts solcher Nachrichten alles möglich: Ein paar begabte Hacker in Nordkorea könnten, so das Horrorszenario, in den USA das Stromnetz lahmlegen. Ein Kleinstaat wurde plötzlich nicht mehr nur als mittelbare Bedrohung für die USA gesehen, sondern als unmittelbare: Nordkorea – so die Darstellung der Medien und an höheren Budgets interessierten Sicherheitsdiensten – könnte die US-Infrastruktur unmittelbar angreifen, statt, wie bisher immer befürchtet, Südkorea zu attackieren. Cyber-Schlachten wollen alle schlagen: Militärs, Geheimdienste, Auftragshacker, kriminelle Banden. Dagegen waren die bisherigen Anonymous-Aktionen Kindergarten.

Mehr als 100 ausländische Geheimdienste würden versuchen, in US-Rechnernetze einzudringen, warnte ein Pentagon-Sprecher. Einige der Angreifer seien in der Lage, die Kommunikationsnetze zum Erliegen zu bringen – doch bei den meisten Attacken ist das gar nicht die Absicht. Viel häufiger geht es um geheime Informationen, um Spionage. Menschenleben sind hier zunächst nur indirekt betroffen. Vor allem Russland, China und Iran hätten es auf die Rechner-Netzwerke der Rüstungsfirmen abgesehen, sagte der ehemalige Koordinator der Spionageabwehr, Joel Brenner, der Nachrichtenagentur Reuters. »Sie interessieren sich für unsere Waffensysteme und unsere Forschung und Entwicklung.« Viele, wenn nicht gar alle Netzwerke seien penetriert worden, in den späten neunziger Jahren habe das begonnen. Mittlerweile würden terabyteweise Daten abgezogen, sagte der hochrangige Pentagon-Mitarbeiter Jim Miller laut Reuters. Das Ausmaß sei erschütternd und betrage ein Vielfaches des in der Library of Congress gespeicherten Datenvolumens – 235 Terabyte umfasste deren Datenarchiv im April 2011.

Die Angriffe laufen fast immer gleich ab. »China and Climate Change«, China und der Klimawandel, stand beispielsweise in der Betreffzeile von E-Mails, die mehrere Mitarbeiter des US-Außenministeriums 2009 in ihren Postfächern fanden. Verschickt hatte die Nachricht – scheinbar – ein bekannter Wirtschaftskolumnist des US-Magazins »National Journal«. So stand es im Absender und in der Signatur der Nachricht. Die E-Mail-Adresse stimmte, die Kontaktinformationen auch. Jeder der Staatsbediensteten erhielt eine eigene, auf seine Funktion zugeschnittene Nachricht. Alle E-Mails empfahlen ein angehängtes PDF-Dokument zur Lektüre, Hintergründe zum Klimagipfel sollte es enthalten. Tatsächlich transportierte das Dokument einen Schnüffelcode – über eine Sicherheitslücke hätten Angreifer beliebige Software auf die infizierten Rechner nachladen können. Der Angriff im Sommer 2009 schlug nur deshalb fehl, weil das US-Außenministerium diese eine Sicherheitslücke bereits auf allen Rechnern gestopft hatte. Die Machart sei typisch, schreibt die »Cyber Threat Analysis Division«.

Derartige Angriffe sind so weit verbreitet, dass US-Behörden eine eigene Bezeichnung erfunden haben: Ein Sicherheitsbericht des US-Außenministeriums aus dem Jahr 2008 führt solche

Attacken unter dem Titel »Byzantine Candor«, byzantinische Aufrichtigkeit. Man glaube, die Angriffe kämen aus China, heißt es in dem Dokument. Ziele seien Netzwerke der US-Armee, des Außen-, Verteidigungs- und Energieministeriums, andere Regierungsstellen, Unternehmen und Internetprovider. Seit Beginn dieser Attacken Ende 2002 hätten die Angreifer Logins zu Hunderten von Computersystemen bei US-Regierungsstellen und Rüstungsunternehmen erlangt.

Bei einer Sicherheitskonferenz im US-Stützpunkt Ramstein tauschten sich 2008 Vertreter deutscher, französischer, kanadischer, britischer, niederländischer und amerikanischer Sicherheitsbehörden über die Spähangriffe aus dem Netz aus. Fazit laut einer US-Botschaftsdepesche: »Alle beteiligten Staaten sehen Regierungsvertreter im Visier chinesischer Akteure.« Französische Teilnehmer berichteten von Hacker-Angriffen, bei denen die Webcams hochrangiger Beamter per Schadsoftware für heimliche Lauschangriffe umfunktioniert wurden.

Ende 2010 berichtete das deutsche Innenministerium, man habe rund 1600 »elektronische Angriffe mit nachrichtendienstlichem Hintergrund« zwischen Januar und September 2010 auf deutsche Bundesbehörden beobachtet. Nach Erkenntnissen des Bundesamtes für Verfassungsschutz seien »deutlich über die Hälfte der identifizierungsfähigen elektronischen Angriffe mit unterschiedlicher Nachweisintensität auf staatliche Stellen in der Volksrepublik China zurückzuführen«. Eine der Schnüffelnachrichten landete zum Beispiel mit dem Betreff »Expo Shanghai 2010« in den Postfächern von Bundesbeamten – die angehängten Dokumente enthielten Spähsoftware, saugten wiederum interne Daten ab und übertrugen sie nach Fernost.

Sprecher des chinesischen Außenministeriums bestreiten regelmäßig, dass die Behörden ihres Landes in irgendeiner Form an diesen Angriffen beteiligt sind. Die Justiz in China verfolge Hacker, chinesische Gesetze würden Internetnutzern jede Aktivität verbieten, die die Cyber-Sicherheit gefährden könne. Man wolle bei diesem Problem auf internationaler Ebene handeln: »Wir sind unzufrieden über die unverantwortlichen Kommentare bestimmter Personen, die Hackerangriffe mit der chinesischen Regierung in Verbindung bringen«, sagte 2010 ein Sprecher des Außenministeriums.

Wer auch immer dahintersteckt: Angriffe per Spähpost zielen auf die größte Schwachstelle eines jeden Sicherheitssystems – auf seine Anwender. Auch die Attacke auf das IT-Sicherheitsunternehmen RSA, zu dessen öffentlich bekannten Kunden US-Banken, französische Ministerien und Rüstungsfirmen wie Lockheed Martin gehören, geht offenbar auf so einen Angriff zurück. Die sogenannten SecurID-Tokens der Firma werden weltweit eingesetzt, um externe Zugriffe auf Firmen- und Behördennetze abzusichern. Sie generieren unablässig nur sehr kurz haltbare Zahlencodes, vergleichbar den Transaktionsnummern, die man vom Onlinebanking kennt. Mit Hilfe des zu einem bestimmen Zeitpunkt aktuellen Codes und eines weiteren Passwortes muss sich der Nutzer dann aus der Ferne in sein Unternehmensnetzwerk einloggen. Umgekehrt bedeutet das: Wer das Sicherheitssystem der SecureID-Tokens knackt, wäre in der Lage, in viele geschützte Netzwerke überall auf der Welt einzudringen.

Auch der Angriff auf das SecureID-System begann mit Trick-E-Mails. Was danach geschah, zeigt vor allem eins: Der allzu unspezifische Begriff »Hacker« ist für diejenigen, die da am Werk sind, längst nicht mehr ausreichend. Diese Angriffe sind gut geplant, die Angreifer haben viel Zeit und offenbar ausreichende Ressourcen, um Sicherheitssysteme ganz gezielt nach Schwachstellen abzusuchen. Bei RSA verschafften sich die Unbekannten mit Hilfe der per E-Mail-Tricks erschnüffelten Informationen Zugang zu gesicherten Teilen des Firmennetzwerkes. Entwendet wurden dann offenbar Informationen, die sich dazu benutzen lassen, um das SecurID-System auszutricksen, allerdings nur mit einigem zusätzlichen Aufwand und detaillierten Kenntnissen über die RSA-Sicherheitstechnik. RSA sah sich später gezwungen, an die 40 Millionen SecurID-Tokens auszutauschen, Firmenkunden rund um den Globus waren betroffen.

Doch die Informationen von RSA wurden nicht nur gestohlen, sie kamen unzweifelhaft auch zum Einsatz. Mitte 2011 wurde bekannt, dass Unbekannte in das Netzwerk des Rüstungskonzerns Lockheed Martin eingedrungen waren. Der Konzern ist einer der größten Ausrüster des US-Militärs. Datendiebe hatten es offenbar auf geheime Informationen über den neuen Stealth-Kampfjet F-35 »Lightning II« abgesehen gehabt. Der Einbruch soll allerdings bemerkt worden sein, bevor etwas gestohlen werden konnte. Möglich wurde der Angriff offenbar durch den Datendiebstahl bei RSA.

Mindestens eine weitere Rüstungsfirma sei von dieser schweren Sicherheitspanne betroffen gewesen, berichtete »Wired«. Demnach sollen Hacker bei L-3 Communications eingedrungen sein. L-3 ist laut dem Fachdienst »Washington Technology« einer der zehn größten Technologiezulieferer der US-Regierung. 3,3 Milliarden US-Dollar soll die Firma 2010 unter anderem vom Verteidigungsministerium, der Armee und dem Heimatschutzministerium erhalten haben, unter anderem für Systeme zur »Überwachung und Aufklärung«.

Die Angriffsschritte bei den Fällen RSA, Lockheed Martin und L3 sind eindrucksvoll und zeigen, dass hier umsichtige, geduldige Profis am Werk sind, die Attacken von langer Hand planen. Sie formulierten sehr gezielt ihre betrügerischen E-Mails, verwenden keine schludrig übersetzten Nachrichten mit unfreiwillig komischen Formulierungen, sondern betreiben glaubwürdiges Social Engineering. Wer solche E-Mails schreibt, weiß, wen die Zielperson kennt, mit wem sie per E-Mail kommuniziert, wo die beiden sich getroffen haben, wie sie sich anreden, ob es in ihrer Branche spezielle Abkürzungen für Allerweltsbegriffe gibt.

Allein die Recherchen für das Zuschneiden der verseuchten E-Mails nahmen vermutlich einige Zeit in Anspruch. Dann wurden die erbeuteten Login-Daten benutzt, um sich Zugriff auf die Systeme eines Unternehmens (RSA) zu verschaffen, um mit den dort erlangten Kenntnissen wiederum Angriffe auf weitere Ziele (Lockheed und L3) zu starten. Völlig unklar ist bis heute, ob die RSA-Angreifer ihre mit so viel Aufwand erworbenen Werkzeuge auch noch anderswo eingesetzt haben, um sich Zugriff auf weitere geschützte Firmennetzwerke zu verschaffen.

Diese hochprofessionellen Hacks sorgten bei Fachleuten für IT-Sicherheit weltweit für große Sorge. Denn wer Rechnernetzwerke infiltrieren kann, der ist womöglich noch zu ganz anderen Dingen fähig: zur elektronischen Kriegsführung, zu einem digitalen Erstschlag. »Die Furcht vor einem virtuellen Pearl Harbor, einem vernichtenden Angriff aus dem Nichts, ist riesig«, sagt Nato-Berater Rex Hughes. US-Präsident Barack Obama erklärte die Verbesserung der nationalen Cyber-Sicherheit zu einem der großen Themen seiner Regierung. So drängten die USA andere Länder zur Einrichtung sogenannter Cyber-Abwehrzentren, in denen Erkenntnisse und Maßnahmen zur Sicherung von Netzwerken koordiniert werden sollen, grenzübergreifend. In Deutschland nahm das »Nationale Cyber-Abwehrzentrum« (NCAZ) am ersten April die Arbeit auf. Künftig sollen dort Geheimdienste, Polizei und Bundeswehr Hand in Hand arbeiten – Vorbild USA. Auch das Militärbündnis Nato, seit dem Ende des Kalten Krieges auf der Suche nach neuen Aufgaben, rüstet sich für den Cyberwar: Ein Cyber-Angriff kann künftig den Bündnisfall bedeuten. Damit Länder weltweit schnell auf Bedrohungen aus dem Internet reagieren können, ist die Forderung nach nationalen Cyber-Abwehrzentren seit Mitte Mai Teil der US-Außenpolitik. 2011 präsentierte Außenministerin Hillary Clinton die Eckpunkte ihrer politischen Cyber-Strategie: Ausländische Regierungen sollen sich zur Internetfreiheit bekennen, gleichzeitig Maßnahmen zur Internetsicherheit ergreifen und Online-Kriminalität stärker bekämpfen. Hat ein Land seinen Teil des Internets nicht fest im Griff, könnte es künftig auf eine Liste von Schurkenstaaten geraten. Ein Pentagon-Sprecher fand deutliche Worte für die neue Bedrohungslage, der sich das US-Militär gegenübersah:

> »Wenn sie die Stromnetze unseres Landes lahmlegen, schicken wir ihnen vielleicht eine Rakete in einen Schornstein.«[69]

Sollte ein Cyber-Angriff die Energieversorgung stören, Krankenhäuser ausschalten und somit viele Menschenleben in Gefahr bringen, wird zurückgeschlagen, so die Botschaft. Wie genau aber der Schornstein dieser hoch qualifizierten Angreifer aus dem Internet (die ihre Spuren mit Sicherheit perfekt verwischen können) gefunden werden soll, wurde nicht gesagt.

Das war die Stimmungslage 2011, in der Anonymous mit neuen Aktionen auf sich aufmerksam machte. Vertreter von Regierungsstellen, Militärs, Sicherheitsbehörden und einige ihrer IT-Zulieferer und -Berater beschworen mit markigen Worten und düsteren Szenarien Schreckensbilder eines Cyber-Kriegs herauf. Man muss in diesem Zusammenhang ganz ohne Zynismus darauf hinweisen, dass bei jeder neuen Bedrohung Verantwortlichkeiten, Posten, Kommandoketten, Institutionen, also letztendlich Machtverhältnisse neu ausgehandelt werden. Da dürfte kein Verantwortlicher allzu weich und beschwichtigend wirken. Bei den Äußerungen von Beratern und Dienstleistern aus dem Geschäft muss man stets bedenken, dass sie davon leben, Firmen, Behörden und Organisationen Schutz gegen die Gefahren zu verkaufen, die sie da beschreiben, wenn sie vom Cyber-Krieg sprechen.

69 Ein Pentagon-Sprecher warnt vor militärischer Vergeltung auf Cyber-Angriffe, http://spon.de/adntd

Und gesprochen wurde viel, Medien griffen die Äußerungen der Militärs über den drohenden Erstschlag auf. Vor diesem Hintergrund hatte Anonymous selbst bei kleinen Operationen die Chance, dass diese als womöglich nächste mächtige Cyber-Bedrohung wahrgenommen wurden. Mit zivilem Ungehorsam und Sitzblockaden hatten einige der nächsten Angriffe allerdings tatsächlich nicht mehr viel zu tun. Doch zunächst zum Arabischen Frühling.

Im Januar 2011 gärte es nach dem Regimewechsel in Tunesien auch in Ägypten, und auch hier war Anonymous dabei. Husni Mubarak und seine Regierung hatten beobachtet, was in Tunesien geschehen war, und blockierten soziale Netzwerke. Ende Januar kappte das Regime gar die komplette Internet-Anbindung des 85-Millionen-Einwohner-Landes, nur die ägyptische Börse blieb am Netz, ein kleiner Provider war von der Blockade ausgenommen. Anonymous reagierte:

»An die ägyptische Regierung: Anonymous tritt allen entgegen, die an Zensurbemühungen beteiligt sind. Anonymous fordert, dass ihr im ganzen Land freien Zugang zu unzensierten Medien ermöglicht. Ignoriert ihr diese Nachricht, werden wir nicht nur eure Regierungs-Websites angreifen. Wir werden auch dafür sorgen, dass internationale Medien zu sehen bekommen, welch grausames Leben ihr euren Bürgern aufzwingt.«

Ein großmäuliger Aufruf von ein paar Aktivisten, aus der Sicherheit ihrer Wohnzimmer heraus, während Schergen der Machthaber in Ägypten Demonstranten und Oppositionelle jagten, schlugen und folterten.

Wie schon in Tunesien startete Anonymous in Ägypten DDoS-Attacken gegen Regierungsseiten. Anleitungen zum sicheren Surfen wurden verbreitet. Nach dem Internet-Aus begann

Anonymous, Faxe nach Ägypten zu schicken, von WikiLeaks veröffentlichte US-Botschaftsdepeschen über die Gräueltaten des Regimes. Die Hackergruppe »Telecomix« organisierte die Netz-Hilfe für die Oppositionellen, stellte Telefonleitungen und Proxy-Server bereit und verbreitete Nachrichten, Bilder und Videos von dem Aufstand, die auf sicheren Datenleitungen aus dem Land geschmuggelt wurden, wenn das Netz es zuließ.[70] Auch für Libyen und Syrien startete Anonymous Angriffe, Telecomix wiederum stellte Netz-Hilfe bereit. In Syrien entdeckten Telecomix-Hacker westliche Überwachungstechnik, mit der der Internet-Verkehr der Bürger durchleuchtet wurde. Sie spürten entsprechende Proxy-Server beim Staatsprovider »Syrian Telecommunications Establishement« (STE) auf, der den Backbone des Landes betreibt, das Internetrückgrat für die knapp 4,5 Millionen Nutzer. Am 8. August 2011 hackten Anonymous-Anhänger die Website des syrischen Verteidigungsministeriums.[71] Auch in Ägypten und Libyen fanden sich Hinweise auf westliche Schnüffeltechnik, involviert in die digitalen Rüstungsexporte waren zum Teil bekannte Konzerne, aber auch bis dahin im Verborgenen wirkende Spezialunternehmen. Plötzlich geriet eine Branche in den Blick der Weltöffentlichkeit, die bislang mit stiller Duldung westlicher Regierungen gute Geschäfte mit Diktatoren, Zensoren und Unterdrückern in aller Welt machte. Für die Entwicklung von Anonymous als identitätsstiftende Protestorganisation sollten diese Erkenntnisse später noch wichtig werden.

Während die Telecomix-Hacker sich in Chaträumen mit Oppositionellen trafen und Technik bereitstellten, startete Anonymous weitere DDoS-Angriffe. Im August ersetzten die Aktivisten die Website des syrischen Verteidigungsministeriums durch eine Botschaft: »An die syrische Bevölkerung: Die Welt ist auf eurer

70 Internet: Revolutionshilfe aus Berlin, Ole Reißmann und Marcel Rosenbach, Der Spiegel, 10.10.2011, http://spon.de/adtWR
71 Kopie der gehackten Website auf Zone-H, http://goo.gl/chRW6

Seite gegen das brutale Regime von Bashar Al-Assad.« Via Twitter und Facebook, über YouTube-Videos und Blog-Plattformen verfolgten mittlerweile weltweit Internetnutzer die Aktivitäten der Namenlosen. Die globale Fangemeinde von Anonymous wuchs, und ein Gefühlsgemisch aus enthusiastischer Teilhabe am Wandel und gerechtem Zorn auf die Unterdrücker der arabischen Welt waberte durch die Social-Media-Kanäle. Zumindest für sein eigenes Publikum agierte Anonymous nun auf der Weltbühne.

Digitale Schützenhilfe für Demokratiebewegungen in aller Welt: ein weiteres Betätigungsfeld für Anonymous-Aktivisten, die selbstbewusst mitteilten, dass es jede korrupte Regierung der Welt mit ihnen zu tun bekommen könnte. Vollkommen verrückt geworden sind die Aktivisten aber offenbar nicht. China würde man vorerst nicht angehen wollen. Anonymous-Insider Gregg Housh:

»Anonymous hat den arabischen Frühling unterstützt und da viel Arbeit investiert, weil es einfach richtig war und Aussicht auf Erfolg bestand. Die Menschen gingen dort auf die Straße, und wir konnten helfen. Mit China ist es schwieriger, ich glaube nicht, dass die Menschen dort in der Lage sind, einen Aufstand anzuzetteln und so einen Konflikt zu gewinnen. Ich glaube, der Versuch würde zu vielen Todesopfern führen und nicht in eine Revolution münden wie in den arabischen Ländern. Meine Meinung zählt gar nicht, aber ich glaube, dass viele so ähnlich denken. Da gibt's gerade nichts zu gewinnen, also konzentrieren wir uns lieber darauf, was tatsächlich machbar ist.«

Die Kraft der medialen Teilnahme an Ereignissen wie denen, die sich im Januar und Februar 2011 auf dem Tahrir-Platz in Kairo abspielten, ist nicht zu unterschätzen. Während die Protestierenden sich auf den Straßen in Lebensgefahr begaben, schauten weltweit Menschen über das Internet oder über Nachrichtensender zu. Sie sahen, wenn Sicherheitskräfte friedliche Demonstranten zusammenschossen, wenn der Mob plündernd durch die Straßen zog – sie wurden Augenzeugen historischer Ereignisse. 24-Stunden-Nachrichtensender schufen im Konzert mit Social Media und dem Netz im Allgemeinen einen verschachtelten, riesigen Kommunikationsraum, an dem – gefühlt – jeder mitarbeiten kann. Nachrichten werden heute nicht mehr einfach rezipiert. Die alte Journalistenregel, wonach sich Menschen primär für das interessieren, was sie wirklich selbst betrifft, galt in diesen Tagen nicht. Auch Menschen, die sich sonst eher für neue Handys, für Webdesign oder Witze interessieren, sprachen und schrieben im Netz in diesen Tagen im Februar 2011 nahezu ausschließlich über das Stück Geschichte, das sich da vor ihren Augen vollzog. Sie dachten sich Mubarak-Witze aus und reichten per Retweet die erbosten Kommentare ägyptischer Twitterer weiter – Kommentare, die von den Handys der Menschen auf dem Tahrir-Platz aus verschickt wurden, die die internationalen Anteilnehmer vor sich im Fernsehen oder auf dem PC-Monitor sahen. Echtzeit-Geschichte in der Echokammer. Die kommunikative Verzahnung durch Netz und Live-TV erzeugt schwindelerregende Rückkoppelungsschleifen.

In diesen Stunden fühlten vermutlich viele von denen, die über Twitter und Facebook, Websites und TV-Sender aktiv und passiv an der globalen Konversation über den stürzenden Diktator teilnahmen ein bisschen von dem, was viele Anonymous-Anhänger wohl antreibt: das Gefühl, ein kleiner Teil eines großen, bedeutsamen Ereignisses zu sein.

»Wir haben unser eigenes Woodstock. Das war HBGary.«[72]

Im Juni 2010 entdeckte ein Manager der US-Sicherheitsfirma

72 Anonymous-Aktivist Barrett Brown in einem Chat mit Mitstreitern, http://pastebin.com/bZRvfwFE

HBGary Federal ein hochspannendes Projekt auf der Ausschreibungs-Plattform fbo.gov der US-Bundesregierung: Die Air Force suchte einen Zulieferer, der eine sogenannte »Persona Management Software« schreibt. Das System sollte es jedem Anwender ermöglichen, mit bis zu zehn Tarnidentitäten im Netz unterwegs zu sein. Der Anspruch der Auftraggeber an die Tarnidentitäten: »Es muss möglich sein, eine solche Person in jeder Region der Welt zu verorten.« Die im Netz platzierten Details sollten auch für »erfahrene Gegner« nicht als Fälschung zu erkennen sein. Im Klartext: Da bestellte sich das US-Militär ein Management-Werkzeug zum Anlegen, Verwalten und Nutzen digitaler Legenden für Einsatzkräfte. Zu welchem Zweck ist unklar.

Denkbar ist einiges: Verbreiten von Propaganda, Aushorchen von Quellen, Schutz der Tarn-Identitäten exponierter Mitarbeiter. Der HBGary-Manager sprang sofort an, mailte den Link zur Ausschreibung an einige seiner Kollegen, ergänzt um den Kommentar: »Das schreiben die im öffentlich zugänglichen Netz aus. Das ist doch nicht deren Ernst?« HBGary bewarb sich um den Auftrag. Einige Monate später konnte jeder Internet-Nutzer diese Nachricht und einige Zehntausend weitere E-Mails der Sicherheitsfirma HBGary Federal im Web nachlesen. Hacker hatten die Daten geklaut, der Einbruch brachte dem Unternehmen viel Häme ein. Zu dem Datendiebstahl bekannte sich Anonymous.

Der damalige Chef von HBGary Federal, Aaron Barr, hatte zuvor erklärt, er kenne die Identität der wichtigsten Anonymous-Aktivisten. Am 4. Februar 2011 erschien ein Artikel in der »Financial Times«, in dem Barr sich mit seinen Ermittlungen brüstete.[73] Von den Hunderten, die an der »Operation Payback« teilgenommen hätten, seien nur 30 regelmäßig aktiv, die meisten Entscheidungen würden von nur zehn Personen getroffen. Barr

73 Cyberactivists warned of arrest, Joseph Menn, Financial Times, 4.2.2011, http://goo.gl/WwyHO

erklärte, er habe die Identitäten der Anführer ermitteln können. Einzelheiten wollte er lieber nicht nennen, weil er unter anderem falsche Facebook-Profile angelegt hatte, um an die Informationen zu kommen. Seine Ergebnisse wollte er ein paar Tage später auf einer Konferenz vorstellen. Zu dieser Zeit gab es Verhandlungen über den Verkauf der Firma. Das aktuelle Anonymous-Beispiel war da sicherlich eine gute Werbung für das Unternehmen, zeigte der Fall doch, dass HBGary Federal dem Netz-Untergrund scheinbar voraus war. Aaron Barr hatte Anonymous herausgefordert. Einen Monat später war er seinen Posten los und zum Gespött nicht nur westlicher Internetnutzer geworden.

Denn was als Nächstes geschah, hat »ArsTechnica« in epischer Breite nachgezeichnet.[74] Als Erstes nahm sich Anonymous die Website von HBGary Federal vor, auf der ein eigens entwickeltes Content Management System zum Einsatz kam. Die Firma, die damit beauftragt worden war, hatte allerdings eine Sicherheitslücke übersehen. Was auf der Website steht, wird in einer Datenbank gespeichert. Die Adresse http://www.hbgaryfederal. com/pages.php?pageNav=2&page=27 steuert ein Script, das aus einer Datenbank die angeforderten Inhalte heraussucht. Nur hatte dieses Script einen Fehler, einer der Parameter, die da nach dem =-Zeichen übergeben werden, wurde falsch interpretiert. Die Hacker nutzten diese Schwachstelle aus, manipulierten die Abfrage so lange, bis sie eine Liste mit den Nutzern zu sehen bekamen, die sich in das Redaktionssystem der Website einwählen durften. SQL-Injektion nennt sich ein solcher Angriff, SQL ist die Datenbanksprache. Auch die Passwörter waren in dieser internen Tabelle gespeichert, nur nicht im Klartext. Sie waren verschlüsselt, allerdings nicht besonders gut. Geschäftsführer Aaron Barr und ein weiterer Mitarbeiter namens Ted Vera hatten besonders ein-

74 Anonymous speaks: the inside story of the HBGary hack, Peter Bright, ArsTechnica, 15.2.2011, http://arst.ch/09q

fache Passwörter genutzt, sechs Buchstaben plus zwei Ziffern. Die ließen sich entschlüsseln. Nun hatten die Anons Zugriff auf die Website von HBGary Federal. Offenbar aus Bequemlichkeit hatten Barr und Vera dasselbe Passwort auch auf Twitter, LinkedIn und für ihre E-Mail-Konten genutzt. Außerdem konnten sich die Angreifer mit dem Passwort von Ted Vera auf einem Linux-Server von HBGary anmelden.

Dort nutzten sie eine Sicherheitslücke aus, um sich Administratorenrechte zu verschaffen. Eine Sicherheitslücke, die Monate zuvor entdeckt worden war und eigentlich längst hätte geschlossen sein müssen – wenn man sich denn um regelmäßige Updates seiner Systeme kümmerte. HBGary Federal tat das offenbar nicht. Auf dem Server entdeckten die Hacker mehrere Gigabyte Daten, Backups und Recherchen. Sie löschten die Dateien. Weiter ging es mit den E-Mails, HBGary Federal nutzte Google-Apps, und Firmenchef Aaron Barr war der Administrator aller Mailkonten der Firma. Dann überredeten die Angreifer noch eine Mitarbeiterin der Firma, Zugang zu einem weiteren Server freizuschalten, indem sie E-Mails über den Account des HBGary-Chefs Greg Hoglund verschickten. Was auch schiefgehen konnte, es war schiefgegangen. Anonymous hatte die IT-Sicherheitsfirma geschlagen. Das Unternehmen hätte es besser wissen müssen: Dasselbe Passwort für verschiedene Dienste? Veraltete Versionen einer Software, für die es längst Sicherheitsupdates gibt? Das waren Anfängerfehler.

Nach dem Hack ersetzte Anonymous die Website von HBGary Federal mit einer Botschaft:

»Diese Domain wurde von Anonymous gemäß Paragraph #14 der Internet-Regeln beschlagnahmt. [...] Ihre kürzlich aufgestellte Behauptung, Anonymous ›infiltriert‹ zu haben, hat uns amüsiert. Ebenso wie Ihr Versuch, dadurch die Aufmerksamkeit der Presse auf sich zu lenken. Wie finden Sie diese Art Aufmerksamkeit hier?

Sie haben sich das selbst zuzuschreiben. Sie haben versucht, Anonymous in die Hand zu beißen, und nun verpasst Ihnen Anonymous eine Ohrfeige.«

Die Internet-Regel Nummer 14 besagt, dass man nicht mit Trollen streiten darf, weil die ohnehin gewinnen. Außerdem wird in der Botschaft erklärt, dass die präsentierten Informationen über Anonymous ohnehin Quatsch seien, zusammengetragen aus öffentlichen Quellen. Wie man das wissen könne?

> »Wir haben Ihre internen Dokumente gesehen, und zwar alle. Und wissen Sie, was wir getan haben? Wir haben gelacht. [...] Und warum können Sie die Informationen nicht an das FBI verkaufen, so wie Sie es geplant hatten? Weil wir sie ihnen kostenlos geben. Über Ihre glorreiche Fehlleistung dürfen sich alle hermachen, genau wie über Ihre privaten E-Mails. [...] Sie haben den Schwarm geärgert, und nun werden Sie gestochen.«

Anonymous veröffentlichte das Dokument selbst, eine PDF-Datei, in der rund 130 Pseudonymen jeweils Namen, E-Mail-Adressen und zum Teil sogar Facebook-Profile zugeordnet waren. Die E-Mails der Chefs von HBGary und HBGary Federal und von Ted Vera stellten sie als Torrent-Datei ins Netz, außerdem viele weitere interne Dokumente der Firma, angeblich mehr als 60.000 Dateien. Alle Welt sollte nachlesen können, womit sich die Firma befasst.

Doch damit nicht genug: Noch während der Hack im Gange war, noch bevor all das öffentlich wurde, wandte sich Aaron Barr an die Angreifer. Er kam zu ihnen in einen Chatraum und versuchte zu erklären, dass es ihm ja nicht darum ginge, jemanden ins Gefängnis zu bringen. Sie lachten ihn aus und fragten ihn, ob er sich vorstellen könne, was als Nächstes passieren würde. Dann erzählten sie ihm, dass sie die E-Mails hätten, 2,3 Gigabyte an Daten. Barr hält das da noch für einen Scherz: »Da habt ihr mir aber einen Schrecken eingejagt.«

Trotz der peinlichen Sicherheitslücken im eigenen Firmennetz sollte man HBGary nicht unterschätzen. Aus den Firmen-E-Mails geht hervor, dass zu den HBGary-Kunden unter anderem das Department of Homeland Security und das US Special Operations Command zählen. Die Manager der vor einigen Jahren gegründeten Tochterfirma HBGary Federal waren zuvor beim Rüstungskonzern Northrop Grumman tätig, haben unter anderem mit Vertretern der Nachrichtendienste CIA, NSA und des Militärgeheimdiensts DIA gearbeitet. Die Mitarbeiter diskutieren in den Nachrichten Angebote zur Erstellung von Schnüffelprogrammen und Werkzeugen zur Analyse und Infiltrierung sozialer Netzwerke mit Tarnidentitäten.

Für solche Angebote war HBGary bislang nicht bekannt, eher für Abwehrprodukte, insbesondere den sogenannten Responder. Das ist ein häufig eingesetztes Werkzeug, mit dem man prüfen kann, ob Rechner von Schad- und Schnüffelsoftware befallen sind. Die Software Responder Pro nutzen den Firmen-E-Mails zufolge auch mehrere deutsche Landeskriminalämter. Der Informatiker Thorsten Holz, Professor für Embedded Malware an der Ruhr-Universität Bochum, bezeichnete das Beratungsunternehmen als »durchaus angesehen«. Greg Hoglund, der Geschäftsführer der Mutterfirma, ist seiner Einschätzung nach »einer der Experten für Rootkits«. Hoglund hatte einige Jahre zuvor mit Jamie Butler eines der Standardbücher zur Rootkit-Entwicklung geschrieben. Ein Rootkit ist ein Satz von Programmen, die alle vollen Zugriff auf das System eines Rechners haben. Das ermöglicht dem Rootkit weitgehende Manipulationen, ohne dass Abwehrprogramme wie Virenscanner diese bemerken können. Natürlich müssen Entwickler von Defensiv-Software auch die möglichen Angriffe durchspielen, die Perspektive wechseln, um Schwachstellen zu finden, erklärt der Informatiker Holz. Details aus den E-Mails des Unternehmens haben ihn dennoch überrascht: »Für mich ist die Information neu, dass HBGary auch offensive Software wie Rootkits entwirft und verkauft.«

In den HBGary-Nachrichten finden sich viele Konzepte für solche Angriffsprogramme. Einige wie die HBGary »Rootkit Keylogger Platform« bietet das Unternehmen direkt Kunden an, andere entwickelt das Unternehmen im Auftrag von Rüstungskonzernen – seit 2009. Die Codenamen der Projekte wie »Task Z«, »Project C«, »12 Monkeys« oder »Magenta« sind unterschiedlich, die Malware soll aber immer die gleichen Anforderungen erfüllen: Die Schnüffelprogramme sollen Tastatureingaben protokollieren und, so steht es in einem Konzept, das System nach Dateien mit bestimmten Schlagworten im Inhalt durchsuchen, diese Daten Huckepack mit gewöhnlichem Datenverkehr beim Webbrowsen übertragen. Gängige Anti-Rootkit-Schutzprogramme sollen die Anwendungen nicht bemerken. Die Schadsoftware soll von Firewall-Software ungehindert mit der Steuereinheit über Internet-Traffic kommunizieren, den Datenverkehr nach außen in anderem Netzwerk-Traffic verbergen. Die Schnüffelprogramme sollen über verschiedene Wege einschleusbar sein – Web-Seiten, zu öffnende Dateien, E-Mails, übertragene Datenpakete, Zugriff auf Flash-Komponenten aus der Ferne. Einige Spionage-Komponenten schienen den Beschreibungen in den gestohlenen E-Mails zufolge schon fertig entwickelt worden zu sein. So diskutierten die HBGary-Manager, wie der Vertrag mit einem Rüstungskonzern zu formulieren war, der festlegen sollte, in welchem Rahmen der Partner von HBGary zugelieferten Programmcode nutzen durfte. Die Rede war von einem »Adobe Macromedia Flash Player Remote Access Tool« und der »HBGary Rootkit Keylogger Platform«.

Im Sommer 2010 berichtete ein Manager von HBGary Federal seinen Kollegen von einem – so sein Eindruck – gut angekommenen Vortrag bei einer NSA-Konferenz zum Thema »Schwachstellen bei Social Media«. Es gäbe großes Interesse an

Schutzmaßnahmen, aber auch an Werkzeugen zur Aufklärung per und Instrumentalisierung von Social Media für eigene Zwecke. So interessiere man sich beim »United States Army Intelligence and Security Command« für solche offensiven Maßnahmen. Im internen Mailwechsel verfolgten die HBGary-Manager vor allem zwei Ansätze: Sie wollten per Software die Analyse von Beziehungsnetzwerken in verschiedenen sozialen Netzwerken automatisieren. Dazu sollte eine Software viele täuschend echte Profile in sozialen Netzwerken anlegen und untereinander agieren lassen, damit der Eindruck entstand, die erdachten Personen seien real, im Netz aktiv und sozial eingebunden. Wie solche Tarnidentitäten benutzt werden könnten, beschreibt ein Manager in einem Gedankenspiel: Man könnte eine Hackergruppe in zwei Stufen infiltrieren. Man manipuliert die von der Gruppe eingesetzte Software und verteilt diese unter einer Identität. Unter einer anderen Identität enthüllt man dann die böswillige Manipulation, stellt den vermeintlichen Verräter bloß und gewinnt so das Vertrauen der echten Mitglieder. Die Frage, wie man so eine Armee digitaler Tarnidentitäten verwaltet und pflegt, machte den HBGary-Managern sichtlich Sorgen. »Das meiste müsste man per Software-Bot automatisieren«, schreibt einer. Ein anderer antwortet, er kenne da jemanden: »Er hat viele Jahre Erfahrung im Entwickeln von Back-Office-Bots für die großen chinesischen Gold-Farming-Organisationen. Er kennt das Geschäft und die technischen Aspekte und viele Kriegsgeschichten zum WoW-Botting.« Gemeint ist das Anhäufen von Spielgeld oder anderer virtueller Wertgegenstände über Klick-Bots im Online-Rollenspiel »World of Warcraft« (mit dem Ziel, es an Spieler zu verkaufen).

Die E-Mails offenbaren viel über Sicherheitsfirmen und Regierungsaufträge. Auf »Crowdleaks«, der Nachfolgeplattform von »Leakspin«, wurden sie von freiwilligen Helfern nach brauchbaren Informationen durchsucht. Unter anderem stießen diese auf eine Kopie des Stuxnet-Wurms, den bis dahin nur wenige Eingeweihte gesehen hatten, und veröffentlichten sie. Barrett Brown, überzeugt davon, dass es ein mit Regierungsgeldern finanziertes Projekt dazu gibt, Armeen von Fake-Identitäten durch das Netz zu steuern, startet im März 2011 die »Operation Metalgear«, in Nerd-typischer Weise nach einer japanischen Videospielserie benannt. Dort sammelt er mit Helfern Links und Informationen, um die Auftraggeber, Firmen und die Technik dahinter offenzulegen.

Ein öffentlicher, höchst publikumswirksamer Sieg gegen die Tochterfirma eines international angesehenen IT-Sicherheitsunternehmens, mit der internationalen Netz-Überwachungs-, -Infiltrations- und -Manipulationsbranche ein neuer, lohnender Gegner: Der HBGary-Hack war ein *epic win* für Anonymous. Gleichzeitig war klar, dass auch andere Sicherheitsfirmen ein Interesse daran haben könnten, das Kollektiv auszuforschen oder zu unterwandern – und nicht jeder Firmenchef plaudert mit den Medien über seine womöglich halblegalen Undercover-Ermittlungen. Nach der Niederlage von HBGary schlitterte Sony in die Katastrophe.

»Damit das klar ist: Wir sind Legion, aber das waren wir nicht.«[75]

Der Unterhaltungsriese Sony genießt unter Hackern einen zweifelhaften Ruf: Die Playstation-Spielkonsolen sind nicht nur mit einem Kopierschutz ausgerüstet, der Konzern geht auch noch gegen Bastler vor, die den Mechanismus aushebeln und anderen verraten, wie das funktioniert. So zog Sony gegen den damals 21-jährigen Hacker George Hotz, genannt »geohot«, vor Gericht, weil dieser die Playstation 3 geknackt hatte. Seiner eigenen Darstellung zufolge nicht unbedingt, um die Konsole für Raubkopien

---

75 AnonOps Communications dementiert den Sony-Hack, 5.5.2011, http://goo.gl/3AT5E

zu öffnen, sondern einfach, um den mächtigen Computer, der eine Playstation 3 in Wirklichkeit ist, für Programmierung, Modifikation, eben fürs Hacken zu öffnen. Hotz hatte eine Spielkonsole gekauft und bezahlt und es dann gewagt, sie zu modifizieren und diese Modifikation zu publizieren. Dass dies in den USA und auch in Europa heute unter Umständen strafbar ist, gilt vielen Hackern als Beleg für die Lobby-Macht der Videospiel- und Unterhaltungskonzerne. Jede Spielkonsole, jedes Mobiltelefon wird von digitalen Freidenkern früher oder später geknackt.

Der schon viele Jahre dauernde Kampf zwischen Hackern und der Hardware-Branche um die Frage, ob Computersysteme abgeschlossene, von ihrem Hersteller streng kontrollierte und reglementierte Geräte sein dürfen oder nicht, ging nun in eine neue Runde. Für Sony ging es hier um Kontrolle, um die Angst vor Raubkopien. Für die Hackergemeinde ging es ums Prinzip, um die erste Regel der Hackerethik: »Der Zugang zu Computern und allem, was einem zeigen kann, wie diese Welt funktioniert, sollte unbegrenzt und vollständig sein.«

Vor Gericht setzte Sony durch, dass »geohot« sogar offenlegen musste, wer seine Website besucht hatte, und auch YouTube sollte verraten, wer sich »geohots« Anleitungsvideos angesehen und darunter Kommentare hinterlassen hatte – gleich zwei aus Sicht von Datenschützern fragwürdige Aktionen, die den Grundüberzeugungen von Anonymous offenkundig zuwiderliefen. Am 11. April 2011 wurde dann bekannt, dass Sony und »geohot« sich außergerichtlich geeinigt hatten.

»In den Augen des Gesetzes ist der Fall abgeschlossen. Für Anonymous ist das erst der Anfang«, heißt es in einem anonym veröffentlichten Clip auf YouTube. Schon bevor die Einigung zwischen dem 21-jährigen Hacker und dem Konzern bekannt wurde, hatten sich im Anonymous-Kollektiv genügend Teilnehmer für einen Vergeltungsschlag gefunden. »Herzlichen Glückwunsch, Sie werden jetzt die Aufmerksamkeit von Anonymous erleben«, heißt es in einem Aufruf mit dem Hinweis auf den Chatserver von AnonOps.[76] Zwischen dem 4. und 5. April brachen Sony-Server unter DDoS-Angriffen zusammen. Mitte des Monats wollte die Web-Guerilla das Playstation-Network (PSN) attackieren, ein Netzwerk, über das Playstation-Besitzer gemeinsam spielen, Filme, Musik oder Spielinhalte herunterladen können. Am 20. April nahm Sony das PSN und seinen Online-Shop Qriocity vom Netz – eine Woche später informierte der Konzern 77 Millionen PSN-Kunden, dass sich jemand offenbar Zugriff auf ihre Nutzerdaten verschaffen konnte. Darunter seien möglicherweise auch Zahlungsinformationen wie Bank- und Kreditkartendaten, aber das wisse man nicht genau. Wenige Tage später wurde ein weiterer Hack gegen Sony bekannt, diesmal betraf er ein Netzwerk für Online-Computerspiele. Wieder konnten Angreifer Millionen von Datensätzen kopieren. Die Empörung war gewaltig.

Mehr als drei Wochen lang dauerte die Auszeit des Konsolennetzwerks PSN, und Sony geriet immer mehr in die Kritik, weil die Kunden erst nach tagelanger Funkstille informiert worden waren. In der verstrichenen Zeit hätten die Datendiebe mit den erbeuteten Informationen schweren Schaden anrichten können – doch aufgetaucht sind sie bisher nicht. Sony versuchte später die Hinhaltepolitik zu erklären: Man hatte einen Tag gebraucht, um zusätzliche Mitarbeiter für die Analyse des Sicherheitslecks abzustellen. Zwei Tage vergingen, bis die Polizei überhaupt benachrichtigt wurde, die Kunden erfuhren erst nach einer Woche von den Problemen. Sonys Begründung, man habe die Kunden nicht »verunsichern« wollen, wirkt etwas bemüht. Schließlich hatte die zunächst völlig unbegründete Abschaltung des gesamten Netzwerks am 19. April wohl genügend Verwirrung gestiftet.

War Anonymous dafür verantwortlich? Diesen Eindruck erweckte Sony-Manager Kazuo Hirai im Mai 2011 in einem Brief

76 #opsony, AnonNews, http://goo.gl/dskHM

an US-Abgeordnete. Er gab der Web-Guerilla eine Mitschuld an dem Datenklau. Hirai erklärte, während der DDoS-Angriffe am 16. April seien jene Kriminellen in die Systeme eingedrungen, die Datensätze zu am Ende insgesamt mehr als 100 Millionen Kundenkonten kopierten. Hirai wirft Anonymous vor, wegen ihrer Proteste hätten Sony-Mitarbeiter die Eindringlinge nicht so schnell entdeckt: »Unsere Sicherheitsteams waren sehr damit beschäftigt, das System gegen Denial-of-Service-Angriffe zu verteidigen, das könnte es erschwert haben, die Eindringlinge schnell zu bemerken – vielleicht war das auch der Plan.« Wörtlich heißt es dazu in dem Schreiben: »Ob diejenigen, die bei den Denial-of-Service-Angriffen mitwirkten, auch Täter bei dem Datendiebstahl waren oder einfach von einem sehr cleveren Dieb überlistet und als Deckung missbraucht wurden – das werden wir vielleicht nie erfahren.« Das klingt dann doch sehr vage. Das räumt Sony-Manager Hirai selbst ein – fünf Seiten weiter hinten in dem Schreiben. Da beantwortet er die Frage, ob Sony die Verantwortlichen identifiziert habe, so: »Nein.«

Ausschließen lässt es sich nicht, dass übermütige Anonymous-Aktivisten den wohl größten Datendiebstahl der Geschichte begangen haben, geplant in privaten Chaträumen. Doch eine Beteiligung wurde umgehend von diversen Anonymous-Kanälen dementiert – dass das FBI in diesem Fall ermitteln würde, galt als sicher. Jemand teilte über den Twitter-Account @Operation-LeakS mit: »Anonymous heftet sich den PSN-Hack nicht ans Revers. Sony ist in Panik, und nun suchen sie einen Sündenbock. So einfach ist das.« Ein weiterer Anonymous-Sprecher hatte schon Tage zuvor eine Beteiligung an dem Einbruch zurückgewiesen. Einige Anonymous-Aktivisten vermuten, dass während der DDoS-Attacke Informationen über den Aufbau des Netzwerks bei Sony offenlagen. Sony habe ein einziges großes, noch dazu schlecht gesichertes Netz betrieben, in das unbekannte Angreifer hätten einfallen können.

Es blieb nicht bei dem einen Einbruch: In der Folge wurden weitere Sony-Systeme gehackt, weitere Kundendaten kopiert. Nach einer Attacke im Juni jedoch gab es ein Bekennerschreiben aus dem Anonymous-Umfeld.

»Es gibt eine Hierarchie. Alle Macht, alle DDoS-Attacken gehen von diesem Chatkanal aus.«[77]

Im Mai 2011 zeigte sich wieder einmal, dass Anonymous keine homogene Organisation ist, sondern aus vielen verschiedenen mehr oder weniger losen Gruppen, Initiativen und Einzelpersonen besteht. Ein Mensch mit dem Pseudonym »Ryan« war sauer. Was genau der Auslöser dafür war, ist unklar, womöglich hatte er sich ungerecht behandelt gefühlt von den anderen Moderatoren von AnonOps, denjenigen, die das Netz verwalteten und maßgeblich beeinflussen konnten, was diese Untergruppierung von Anonymous so anstellte. Ryan soll seinen Moderatorenstatus verloren haben, doch denen, die ihn herabstufen wollten, war möglicherweise nicht klar, dass »Ryan« wohl einige der Domains besaß, über die das Chatnetzwerk lief. Sie waren ihm übergeben worden, weil die vorherigen Besitzer Besuch von der Polizei bekommen hatten oder in Sorge waren, es stünde ihnen einer bevor. Wie auch immer: »Ryan« startete, wohl zusammen mit ein paar weiteren Abtrünnigen, DDoS-Angriffe auf die Chatserver, veröffentlichte IP-Adressen von Nutzern und legte die Kommunikationsstruktur des AnonOps-Netzes offen.[78] Nicht zum ersten Mal wurde Anonymous von internen Querelen gebremst.

»Ryan« gab als Grund an, dass die Moderatoren von Anon-Ops zu mächtig geworden seien. Schon deren Namen hätten als

77 Ein Anonymous-Aktivist namens »Ryan« legt sich mit den Administratoren von AnonOps an.
78 AnonOps splinter group speaks out, James Nixon, thinq_, 9.5.2011, http://goo.gl/wTloA

Autorität gegolten, noch dazu hätten sie sich in privaten, nicht-öffentlichen Chaträumen koordiniert und AnonOps somit angeführt. Die jüngsten Operationen – Payback, Tunesien, Ägypten, Sony – waren von der losen Anonymous-Gruppierung auf Anon-Ops geplant worden. Die Scientology-Proteste liefen gleichzeitig weiter, auf AnonNet und »Why We Protest«. Die Crew von Anon-Ops wiederum schoss zurück, nannte »Ryan« einen geltungs-süchtigen Rowdy, der mit seiner Truppe von 808chan ohnehin nur auf Krawall aus sei und offenbar mit dem demokratischen Anspruch von AnonOps nicht zurechtgekommen sei. Die Medien sollten die ganze Sache nicht so ernst nehmen, es gebe jeden Tag »Drama« bei Anonymous, manchmal eben etwas mehr als sonst. Die Wahrheit liegt wahrscheinlich irgendwo dazwischen. Während das AnonOps-Umfeld »Ryan« als Verräter bezeichnete, äußerten andere Anonymous-Anhänger ebenfalls Bedenken an den Führungsstrukturen von AnonOps. Dass nun ein Insider die *leaderfags* erledigt haben sollte, passte zur Chan-Kultur, zum ursprünglichen, anarchischen Anonymous.

Nach einigen Tagen berappelte sich AnonOps wieder – doch ein Dauergast kehrte dem Anonymous-Arm vorerst den Rücken: Offenbar genervt von so viel Kindergarten entschied sich Barrett Brown im Mai 2011, Anonymous zu verlassen. Er wollte sich stattdessen verstärkt um eigene Projekte kümmern. Auch dieser Schritt wurde von Anonymous-Anhängern der ersten und zwei-ten Generation nicht unbedingt bedauernd aufgenommen – wie die Moderatoren von AnonOps hatte sich auch Brown in ihren Augen zu wichtig gemacht und damit Kredit verspielt. Immer wieder war er innerhalb des losen Netzwerkes beißendem Spott ausgesetzt gewesen. Brown gab an, dass er Anonymous nach wie vor für eine Organisationsform der Zukunft halte – doch einer so großen Bewegung mangele es an einer Art Qualitätskontrolle. Offenbar war er enttäuscht, dass zwar etliche bei den Aktionen gegen Sony hatten mitmachen wollen, zur Unterstützung der Aufständischen in Nordafrika hingegen nur eine kleinere Zahl zu animieren gewesen war. Zwar gebe es legitime Gründe, etwas gegen Sony zu unternehmen, so Brown. Diejenigen aber, die beim Kampf für Freiheit und gegen Diktatoren abwarteten, um bei Sony wieder mitzumachen, hätten womöglich falsche Prioritäten.[79]

Im Mai und Juni 2011 führte eine Handvoll Hacker eine regelrechte Seifenoper auf, 50 Tage lang: Rund 73.000 Bewerber der Talentshow »X Factor« waren die ersten Opfer von »Lulz Security«, kurz »LulzSec«. Die Angreifer konnten auf die Datenbank zugreifen, in der die Bewerber für die US-Auflage der britischen Show erfasst worden waren, mit Name, E-Mail-Adresse und Telefonnummer. Die erfolgreiche Casting-Sendung läuft in diversen Ländern, in den USA ist sie bei dem Sender Fox beheimatet. Die erbeuteten Daten veröffentliche LulzSec als Torrent-Datei über das Verzeichnis »The Pirate Bay«. Traditionell kriminelle Gruppen hätten wohl versucht, die Daten zu Geld zu machen oder für Tauschgeschäfte zu benutzen. Hacker der alten Garde wiederum hätten die Seitenbetreiber über die Lücke informiert, die Nutzerdaten niemals veröffentlicht und trotzdem ihren Erfolg gefeiert. Nicht so LulzSec. Den auf den großen Auftritt bedachten Hackern ging es, 4chan und Anonymous lassen grüßen, um die *lulz*. Später veröffentlichte die Gruppe außerdem die Logindaten von 363 Fox-Mitarbeitern für die Seite Fox.com. Weil offenbar 16 von ihnen dieselbe Kombination aus Name und Passwort auch als Login bei dem Business-Netzwerk LinkedIn verwendeten, konnte auf deren Accounts zugegriffen werden, die Profile wurden verunstaltet. Ebenso konnten sie auf einen Twitter-Account

79 Prolific »spokesman« for Anonymous leaves the hacker group, Nate Anderson, Ars Technica, 19.5.2011, http://arst.ch/ph2

der Sendergruppe, Fox15, zugreifen und eigene Nachrichten absetzen.

Dann legte LulzSec richtig los. Kaum ein Tag verging ohne neue Verlautbarungen, keine Woche ohne neuen Coup. Die Truppe mit dem auf 4chan-Sprache rekurrierenden Namen entpuppte sich als eine Art radikalisierte, enthemmte Variante von Anonymous, die weitgehend ohne Rücksicht auf Verluste ihre bösen Späße trieb – und damit die Spaltung zwischen traditionellen, ethischen Grundsätzen verpflichteten »White Hat«-Hackern und den neuen Netzrebellen vergrößerte.

LulzSec brach in Dutzende Websites von Unternehmen und Behörden ein, veröffentlichte Nutzerdaten und Passwörter – und machte sich über die Opfer auf Twitter lustig. In einem fortwährenden Schwall großmäuliger Sprüche wurden dort neue Aktionen angekündigt, Hinweise verbreitet und die eigene Großartigkeit gefeiert. Bald wollten sich mehr als 250.000 Twitter-Follower nicht mehr entgehen lassen, was die vermutlich rund zehn Mitglieder zählende Gruppe von sich gab. Wer seinen Webserver nicht gegen simple Angriffe zu schützen weiß, ist selbst schuld, so das Credo der Gruppe.

Ihr Name soll einerseits klingen wie ein Firmenname, bedeutet andererseits aber so viel wie »lächerliche Sicherheit«. Weil sie vor allem bekannte Sicherheitslücken mit einfachen, im Internet frei verfügbaren Mitteln ausnutzten, werden sie abfällig als Script Kiddies bezeichnet, etwa in der »Encyclopædia Dramatica«. Die unterscheiden sich von Hackern durch ihre fehlende Expertise und Kreativität beim Finden von Angriffsmöglichkeiten.

Wenn es um Cyberattacken und ihre Urheber geht, gehen die Definitionen regelmäßig durcheinander, und das wurde im Cyberwar-Jahr 2011 besonders deutlich. Mancherorts wurden DDoS-Angriffe auf eine Stufe gestellt mit gefährlicheren Hacker-Einbrüchen. Eine Ausgabe des Web-Comics »Xkcd« bringt es auf den Punkt:

Eine Nachrichtensprecherin erklärt: »Hacker haben gestern kurzzeitig die Website der CIA lahmgelegt.« Was die Leute hören: »Jemand hat sich in die Computer der CIA gehackt.« Was Computer-Experten hören: »Jemand hat ein Poster abgerissen, das von der CIA aufgehängt wurde.«[80]

Tatsächlich hatte LulzSec mit Hilfe einer DDoS-Attacke am 15. Juni 2011 die Website des US-Auslandsgeheimdienstes CIA kurzzeitig blockiert, einen Tag später die Seite des US-Senats. Spektakuläre Aktionen, wenn auch nicht gerade eine Bedrohung für die nationale Sicherheit. Doch das passte nur zu gut zu der Gruppe: LulzSec konzentrierte sich nicht nur auf das Aufspüren von Sicherheitslücken, sondern ebenso auf ihre Show. Die Netzvandalen legten sich ein Maskottchen in 4chan-typischer Ästhetik zu, ein hingekritzeltes Strichmännchen mit Monokel, Zylinder und Rotweinglas. Lieder wurden geschrieben und auf YouTube hochgeladen, zur Titelmelodie der Fernsehserie »Love Boat«, Sympathisanten spendeten mehrere hundert Dollar. Weil einige der Kernmitglieder offenbar zuvor auch bei Anonymous, genauer gesagt bei AnonOps, aktiv waren, galt »LulzSec« schnell als eine Splittergruppe, sozusagen der bewaffnete Arm von Anonymous – auch wenn LulzSec diese Verbindung selbst früh zurückwies. Anonymous und LulzSec teilen aber die gemeinsamen Wurzeln in der Chan-Kultur, vor allem, was die Darstellungsformen, die Sprache angeht. Für die Hacks wurden aber keine Teilnehmer offen rekrutiert, wie es bei Anonymous-Aktionen meist der Fall war.

Die zweite Aktion, nach »X Factor«: Am 29. Mai 2011 wurde der Rapper Tupac Shakur wieder lebendig – zumindest auf der Seite der US-Senderkette PBS. Die preisgekrönte Nachrichtensendung »NewsHour« vermeldete im Web, Tupac sei zusammen mit

80 CIA, Randall Munroe, Xkcd, 1.8.2011, http://xkcd.com/932/

Biggie »The Notorious B.I.G.« Smalls auf Neuseeland gesehen worden. Zwei erschossene Rapper lebendig? Was wäre das für eine Sensation gewesen. Ausgedacht hatte sich die Falschmeldung LulzSec. Bevor PBS die Nachricht nach einer Stunde entfernt hatte, sammelte sie auf Facebook mehr als 3000 »Gefällt mir«-Empfehlungen ein und sorgte für Aufregung im Web. Und als wäre der Einbruch in das Redaktionssystem von PBS mit Hilfe einer SQL-Injektion noch nicht peinlich genug, stöberten die Hacker auch noch auf dem Server, ersetzten die Startseite und veröffentlichten Logindaten von PBS-Mitarbeitern. Es dauerte geraume Zeit, bis die IT-Verantwortlichen von PBS das System wieder komplett unter ihrer Kontrolle hatten. Bis dahin informierte der Sender über Twitter über die Falschmeldung. Zum Ziel war PBS offenbar wegen einer Dokumentation geworden, die sich kritisch mit WikiLeaks und Julian Assange auseinandersetzte. In der Erfolgsmeldung, die LulzSec auf Pastebin.com veröffentlichte, hieß es, von »WikiSecrets« sei man wenig angetan. Rache für WikiLeaks, hier war LulzSec ganz auf der Seite von Anonymous. Nach einem erfolgreichen Hack wurde sogleich die nächste Aktion angekündigt: »Folgt uns auf Twitter, nächste Woche stellen wir die Nächsten bloß. Küsse!«

In mehreren Tweets wurde auf einen erneuten Hack bei Sony angespielt – nachdem Unbekannte sich bereits Zugriff auf mehr als 100 Millionen Datensätze des Playstation Networks und von Sony Online Entertainment verschafft hatten. LulzSec erklärte im Juni schließlich, man habe auf mehrere Datenbanken von Sony Pictures zugreifen können, in denen mehr als eine Million Datensätze lagerten. In aller Bescheidenheit verwiesen die LulzSec-Angreifer sogar darauf, dass all das nicht besonders schwierig gewesen sei: »Wir versuchen hier gar nicht, als Meister-Hacker zu erscheinen, deshalb erklären wir: SonyPictures.com wurde mit einer sehr einfachen SQL Injection übernommen, einer der

primitivsten und am weitesten verbreiteten Sicherheitslücken.«
Mit einer einzigen »Injection« habe man »ALLE« Daten abgreifen
können, Logindaten, E-Mail-Adressen, Anschriften, Telefonnummern, Geburtsdaten, alles unverschlüsselt, wie LulzSec fast schon
ungläubig anmerkte, selbst die Passwörter der Kunden. Wie es der
Modus Operandi der Gruppe verlangte, wurden zumindest Teile
der Daten ins Netz gestellt. Um die Behauptungen der Gruppe zu
überprüfen, riefen Mitarbeiter der Nachrichtenagentur bei einigen der bloßgestellten Sony-Kunden an. Die Daten waren echt,
die Angerufenen zum Teil verärgert darüber, nicht von Sony über
den Datendiebstahl informiert worden zu sein, sondern von Journalisten. Sony gab das Datenleck zu, erklärte allerdings, LulzSec
habe wohl eher um die 37.500 Datensätze abgreifen können. In der
Folge veröffentlichte LulzSec weitere Nutzerdaten und Netzwerk-
Interna von Sony, die offenbar aus weiteren Server-Einbrüchen
stammten. Insgesamt acht Sony-Hacks schrieb sich LulzSec auf
die Fahne.

So ging es immer weiter, es traf unter anderem Nintendo, die
Pornowebsite Pron.com, MediaFire und die IT-Sicherheitsfirma
Black & Berg Cybersecurity Consulting. Die hatte die Aktionen
von LulzSec fast schon gelobt und sich für die neuen Kunden
bedankt, die man dadurch bekäme. Außerdem lobte das Unternehmen ein Preisgeld von 10.000 Dollar sowie einen Job für
denjenigen aus, der es schaffen würde, die Website der Firma zu
hacken. Eine hübsche Marketing-Idee – die jedoch nach hinten
losging. LulzSec knackte den Server und hinterließ die Nachricht,
dass das einfach gewesen sei. Das Preisgeld könne Black & Berg
behalten, man mache so etwas ja für die *lulz*.

LulzSec machte sich selbst zum Ziel. Der Hacker-Szene, die
zum Teil schon wegen der DDoS-Attacken von Anonymous
ungehalten gewesen war, gingen die Trolle zu weit. Zum einen,
weil es eben nicht bewundernswerte Hacks waren, die LulzSec

durchführte, sondern vergleichsweise einfache Einbrüche. Zum anderen, weil es gegen die Spielregeln verstieß, erbeutete Datensätze von Privatpersonen zu Zehntausenden im Web zu veröffentlichen. Das vom deutschen CCC-Gründer Wau Holland ergänzte Hackerethik-Gebot »Öffentliche Daten nützen, private schützen« verletzte LulzSec ein ums andere Mal.

Gleich mehrere Hacker-Gruppen machten sich daran, Lulz-Sec zu enttarnen: »The A-Team«, »Backtrace Security«, »Team Poison«, »Web Ninjas«, außerdem »th3j35t3r«, ein patriotischer Hacker aus den USA, der gegen islamische Websites vorging und sich schon zuvor mit Anonymous angelegt hatte (siehe Kapitel 4). Zu den Pseudonymen der LulzSec-Crew – darunter »Sabu«, »Topiary«, »Kayla«, »T-flow«, »Avunit«, »Pwnsauce« – gab es bald Namen und Adressen im Netz. Etliche der Namen stellten sich später als falsch heraus, oder Verdachtsmomente ließen sich nicht belegen, doch die Ermittlungen der Behörden führten bald zu Festnahmen. Spätestens dann waren Identitäten nicht mehr zu verschleiern. Die »Web Ninjas« drohten LulzSec: »Wir zeigen ihnen, dass sie nicht die Internetgötter sind, für die sie sich halten.« Zum Beweis veröffentlichten die Hacker LulzSec-Chatprotokolle sowie persönliche Details des – so behaupten sie – Kerns der Gruppe: Die Veröffentlichungen betrafen einen Niederländer, einen Schweden und mehrere US-Bürger. Die unbekannten Enthüller behaupteten, sie hätten weitere, über die veröffentlichten Details hinausgehende Informationen: »Wegen der Brisanz der Daten senden wir sie direkt an das FBI; werden aber einige Details hier veröffentlichen.« Der Hacker mit dem Künstlernamen »The Jester«, laut Selbstdarstellung ein »Hacktivist für das Gute, der die Kommunikationskanäle von Terroristen und Sympathisanten stört«, hatte angeblich bereits im April einen mutmaßlichen Anonymous-Aktivisten enttarnt. Er wollte sein damaliges Opfer »Nakomis« unter den LulzSec-Aktivisten wiederentdeckt haben. Jester schätzte die Enthüllungen über LulzSec in seinem Blog so ein: »Entweder handelt es sich um Fehlinformationen, oder es sind tatsächlich die Protokolle der Gründungsgeschichte einer Organisation, die sich LulzSec nennt.«

Tatsächlich wurde es für die Mitglieder der radikalen, aggressivsten Splittergruppe von Anonymous langsam unangenehm. Doch nach wie vor hatten die selbsternannten Spaßguerilleros offenbar keine wirkliche Vorstellung davon, wie dicht ihnen die Ermittler bereits auf den Fersen waren.

Chatprotokolle wurden auch von LulzSec-Mitgliedern selbst geleakt: Ein Aussteiger namens »M_nerva« gab Aufzeichnungen an den »Guardian« weiter, aus denen hervorgeht, wie die kleine Gruppe um »Sabu« herum arbeitete.[81] Der Kopf der Gruppe, bei dem es sich um einen etwa dreißigjährigen IT-Berater aus den USA handeln soll, ermahnte die Gruppe, nachdem sie am 3. Juni 2011 die Website einer FBI-Partnerorganisation namens InfraGard geknackt hatten: »Euch ist klar, dass wir heute dem FBI eine verpasst haben. Das heißt, dass wir hier alle extrem vorsichtig sein müssen.« InfraGard ist ein Zusammenschluss von Industrievertretern, die sich mit der Bundespolizei über Cyber-Sicherheit austauschen. Rund 180 Login-Datensätze der lokalen Organisation für Atlanta konnten angeblich kopiert werden. Die Website war offline, nur ein Platzhalter war zu sehen. Außerdem will LulzSec auf diesem Weg an die geschäftlichen und privaten E-Mails von Karim Hijazi herangekommen sein, dem Chef der Cyber-Sicherheitsfirma Unveillance. Viele der InfraGard-Nutzer würden ihr Passwort eben auch für andere Dienste nutzen, hieß es dazu in einer Mitteilung der Hacker. Angeblich ließ sich Hijazi auf eine Diskussion mit den Angreifern ein, in deren Verlauf er der Gruppe Geld für Attacken auf Mitbewerber angeboten haben soll. Der Unveillance-Chef spricht hingegen von einem Erpressungs-

---

81 Inside LulzSec: Chatroom logs shine a light on the secretive hackers, Ryan Gallagher und Charles Arthur, Guardian, 24.6.2011, http://gu.com/p/3v5aj/tw

versuch. Die E-Mails sollen es in sich haben: Die Hacker behaupteten, Pläne gefunden zu haben, nach denen die US-Regierung die »Cyber Security Forum Initiative« (CSFI) für Cyber-Angriffe gegen Libyen bezahlt. Die CSFI ist eine Non-Profit-Organisation, die von einem Sicherheitsexperten von AT&T gegründet wurde und sich mit digitaler Kriegführung beschäftigt. Tatsächlich existiert bereits ein öffentlicher CSFI-Bericht namens »Project Cyber Dawn«, der mögliche Angriffspunkte und Schwächen der libyschen IT-Infrastruktur diskutiert, unter anderem die Frage, welche Steuerungssysteme in libyschen Ölanlagen eingesetzt werden. Der Bericht basiere jedoch auf »Rohdaten aus öffentlichen Quellen und deren Verknüpfung«, heißt es in dem Dokument. Von konkreten Angriffsplänen gegen libysche IT-Ziele ist nicht die Rede. Die Hacker brüsteten sich mit ihrem Angriff. »Wir nehmen die Herausforderung an, Nato. Los geht's, ihr Verlierer«, heißt es sinngemäß in dem Bekennerschreiben.

Das LulzSec-Team nutzte nicht nur Sicherheitslücken aus, es machte eine Show daraus, Zuschaueraktionen inklusive. Einmal nahm die Gruppe Vorschläge entgegen, welche Website man denn mit einer DDoS-Attacke angreifen sollte – und störte danach, wie verlangt wurde, am 14. Juni, dem »Titanic Takeover Tuesday«, den Betrieb mehrerer Server. Nicht erreichbar waren zeitweise »The Escapist«, ein Spielemagazin, das Online-Spiel »Eve Online«, die Überwachungstechnik-Firma Finfisher sowie die Online-Spiele »Minecraft« und »League of Legends«. Ein anderes Mal, am 16. Juni 2011, rief LulzSec dazu auf, das 4chan-Forum /b/ mit Nachrichten zu bombardieren. Als Belohnung für eine erfolgreiche Aktion wurden bisher unveröffentlichte, illegal kopierte Nutzerdaten versprochen. »Und wie immer, LulzSec liefert«, meldeten sich die Hacker danach auf Twitter und verschickten einen Link zu mehr als 62.000 E-Mail-Adressen und Passwörtern. Später gab das Schriftsteller-Netzwerk Writerspace.com zu, dass es sich um die eigenen Nutzerdaten handelte.

So wie AnonOps und AnonNet könnte man LulzSec als Gruppe bezeichnen, die aus dem Anonymous-Umfeld entstanden ist. Nur, dass LulzSec auf einige Konventionen des Kollektivs verzichtete und sich stattdessen als eigene Marke etablierte. Ein Anonymous-Anhänger sieht das heute so: »LulzSec hat sich verzettelt. Und von Anfang an wurde nicht auf eine klare Trennung geachtet, von beiden Seiten nicht. Die haben einfach sehr auf Anon gemacht, und es gab ja auch eine eindeutige Nähe.«

Mitte 2011 holten die Ermittler zu einem weiteren Schlag gegen die neue Netzbewegung aus, international koordiniert durch das FBI. Sowohl LulzSec als auch Anonymous standen unter scharfer Beobachtung. Am 10. Juni verkündete die Polizei in Spanien drei Festnahmen, es handele sich um Anonymous-Anhänger, denen man wegen Teilnahme an der »Operation Payback« auf der Spur sei, man ermittele wegen Angriffen auf Regierungswebsites in Ägypten, Algerien, Libyen, Iran, Chile, Kolumbien und Neuseeland.[82] Anonymous soll auch für einen Angriff auf die Website der spanischen Wahlkommission im Frühjahr 2011 verantwortlich sein, damals war es zu Massenprotesten wegen hoher Jugendarbeitslosigkeit gekommen – und Maskenträger waren sowohl unter den Demonstranten als auch im Web aktiv. In Großbritannien ermittelten die »Serious Organised Crime Agency« (Soca) und die Metropolitan Police. Am 21. Juni rückten die Strafverfolger aus, um den 19-jährigen Ryan Cleary im Haus seiner Eltern in Wickford festzunehmen. Ihm werden DDoS-Angriffe im Oktober 2010 vorgeworfen, offenbar soll er Teil der »Operation Payback« von Anonymous gewesen sein, außerdem soll er ein Botnet aufgebaut haben und an einer LulzSec-Attacke gegen Soca teilgenommen haben. Ermittler befragten ihn zu den jüngsten Aktionen von LulzSec – die Gruppe gab an, Clearly sei nicht Kern der Gruppe,

82 Spain says it has arrested Anonymous hackers, Eric Mack, CNet, 10.6.2011, http://cnet.co/mdrE1I

sondern habe lediglich einen Chatserver bereitgestellt. Auf Twitter hieß es noch am selben Tag:

> »Es sieht so aus, als wäre der glorreiche Anführer von LulzSec verhaftet worden, jetzt ist alles vorbei … Moment … wir sind alle noch hier! Welchen armen Bastard haben sie erwischt?«

Dabei musste den LulzSec-Mitgliedern klar sein, dass sie schon ein kleiner Fehler, eine Unachtsamkeit enttarnen und ins Gefängnis bringen konnte. Am 26. Juni, kurz nach Mitternacht, verabschiedete sich LulzSec nach 50 Tagen. Zuvor, am 20. Juni, wurde noch die »Operation Anti-Security« ausgerufen, eine gemeinsame Unternehmung mit Anonymous.

Geheime Papiere von Regierungen, Konzernen und Banken veröffentlichen, ohne Rücksicht auf Verluste, alles im Namen von Internet-Freiheit und Korruptionsbekämpfung – das war das Ziel der von LulzSec ausgerufenen »Operation AntiSec«. Die Gruppe, die so lange eine Verbindung zu Anonymous bestritten hatte, tat sich dafür mit dem Kollektiv zusammen. Die »Operation AntiSec« knüpft, wenigstens dem Namen nach, an Aktionen von Hackern an, die bereits 1999 gegen die IT-Sicherheitsindustrie vorgehen wollten. Sicherheitslücken sollten nicht länger veröffentlicht werden, damit diese Industrie nicht mit angeblichen Sicherheitslösungen Geld verdienen konnte. Tatsächlich, so die Meinung der »AntiSec«-Gründer von damals, sei der Austausch über neue, bisher unbekannte Sicherheitslücken auf Mailinglisten, Foren und innerhalb der Branche eine viel größere Gefahr für die IT-Sicherheit, weil erst so *script kiddies* und weniger begabte Hacker im großen Stil zu nutzbarem Wissen für verheerende Angriffe kommen könnten. Diesen Namen übernahm die neue »Operation AntiSec«. Ob als bewusstes Zitat, als ironischen Verweis oder aus schierer Lust an der Verwirrung – das bleibt, wie so oft, unklar.

Am 23. Juni 2011 begann LulzSec mit der Veröffentlichung von Hunderten internen Dokumenten einer Polizeibehörde im US-Bundesstaat Arizona. Dabei handelte es sich um E-Mails, Bilder, Adressdaten, Dienstanweisungen und interne Bekanntmachungen des Department of Public Safety, das unter anderem für die Sicherheit von Arizonas Autobahnen zuständig ist. Mit dem Leak der Polizeidokumente protestierten die Hacker ihrer eigenen Darstellung zufolge gegen die harten Kontrollen von mutmaßlich illegalen Einwanderern in Arizona, die im Jahr zuvor eingeführt worden waren. In dem US-Bundesstaat sollten Polizisten Personen, die sie für illegale Einwanderer hielten, jederzeit und ohne näheren Anlass kontrollieren. Auch der Name der Operation deutete auf diese Zielsetzung hin: »Chinga La Migra«, was auf Spanisch in etwa »Verflucht die Immigrationspolizei« bedeutet. Das rund ein halbes Gigabyte große Datenpaket, das LulzSec über »The Pirate Bay« zum Download anbot, enthielt über 700 Dokumente. Viele davon beinhalteten uninteressante Details über Dienstzeiten und persönliche Informationen. Einige Dokumente blamierten die Ermittler allerdings: Sie enthielten Berichte über Ermittlungspannen oder offen rassistische Äußerungen. Im Gegensatz zu der Enthüllungsplattform WikiLeaks, die anfangs Regierungspapiere nur nach redaktioneller Bearbeitung veröffentlichte und bei personenbezogenen Informationen ein Interesse der Öffentlichkeit abwog, waren die von AntiSec veröffentlichen Daten offenbar unverändert.

Nachdem sich LulzSec offiziell aufgelöst hatte, übernahm Anonymous. Zu den Zielen gehörte unter anderem Apple, die Demokratische Partei Orange County, die FBI-Vertragspartner IRC Federal und ManTech, die auch für das US-Verteidigungsministerium tätige Beratungsfirma Booz Allen Hamilton, der Biotech-Konzern Monsanto und die Nato. Ebenso traf es mehr als 70 Websites von US-Sheriffs. Unbekannte erklärten, sie hätten in einen Server einbrechen können, auf dem die Websites gespeichert waren. Insgesamt habe man zehn Gigabyte an Daten kopieren können. Darunter seien Hunderte E-Mails, Login-Daten, Informationen zu Mitarbeitern und sogar zu Spitzeln der Polizei. Eine rund 7,4 Gigabyte große Datei mit den angeblich kopierten Daten wurde per Bittorrent verbreitet. Die Angreifer prahlten damit, wie einfach der Einbruch gewesen sei. Offenbar konnten sie über ein nachlässig programmiertes Script zur Datenbankabfrage eigene Befehle einschleusen. Nach Angaben der Hacker hätten die Server-Administratoren nach einem ersten Einbruch eine Warnung der Bundespolizei FBI erhalten und daraufhin die Websites auf einen neuen, angeblich besser gesicherten Server umgelagert. Dabei seien aber auch die Hintertüren der Hacker mit kopiert worden. Innerhalb von einer Stunde wollen die Hacker sämtliche Websites mit eigenen Nachrichten versehen haben. »Ihr verliert den Cyberwar«, schrieben die Anonymous-Anhänger. Das »Department of Homeland Security« hatte die Web-Guerilla in einem Rundschreiben angeblich als Gruppe von *script kiddies* bezeichnet, die keinerlei Schaden an kritischer Infrastruktur anrichten könnten. Auf große Teile der Anonymous-Anhängerschaft dürfte diese Einschätzung zwar zutreffen – aber eben nicht auf alle.

Doch auch AntiSec spaltete Anonymous wieder. Während die einen die ständigen Schläge gegen vergleichsweise beliebig erscheinende Gegner als Siege feierten, sahen andere sie höchst kritisch. Ein altgedienter Anonymous-Anhänger aus Hamburg kommentierte:

> »Im Rahmen der Operation AntiSec wurde auch einfach viel Müll abgeliefert. Es wurde mit billigen Methoden Zeug abgegriffen, mit *wide scans* nach Möglichkeiten für SQL-Injections gesucht, und dann irgendwas veröffentlicht, nicht aufbereitet, von dem man oft nicht einmal wusste, was es ist.«[83]

83 Einschätzung von Hamburger Anonymous-Aktivisten zur »Operation AntiSec«

Während die »Operation AntiSec« anlief, machten die Ermittler Fortschritte bei ihrer Fahndung nach LulzSec- und Anonymous-Aktivisten. Im Juli 2011 wurden in den USA 14 mutmaßliche Anonymous-Aktivisten wegen der »Operation Payback«, insbesondere den Angriffen auf PayPal, Mastercard und Visa festgenommen, außerdem auch zwei weitere Verdächtige im Zusammenhang mit Ermittlungen gegen LulzSec. In Florida nahm das FBI den 21-jährigen Scott Matthew Arciszewski fest. Er stand unter dem Verdacht, den InfraGard-Server gehackt zu haben. In Las Cruses im US-Bundesstaat New Mexico wurde der ebenfalls 21-jährige Lance Moore festgenommen, der für den Provider AT&T gearbeitet hatte. Er solle bereits im April vertrauliche Geschäftsunterlagen von AT&T-Servern kopiert haben, darunter die Pläne für den Aufbau des nächsten Mobilfunknetzes. Die Daten wurden von LulzSec veröffentlicht, kurz bevor sich die Gruppe auflöste.

Bei dem koordinierten Schlag nahmen Fahnder außerdem vier Männer im Alter zwischen 17 und 35 Jahren in den Niederlanden fest. Sie sollen so etwas wie den niederländischen Ableger der »Operation AntiSec« gegründet haben und unter anderem das Dating-Portal Pepper.nl und die IT-Firma Bimbuzz angegriffen haben. In Großbritannien nahm die Metropolitan Police einen 16-Jährigen in London fest, bei dem es sich um das LulzSec-Mitglied »T-flow« handeln sollte. Offenbar war »T-flow« zuständig für die LulzSec-Website, die trotz Angriffen verfeindeter Hacker und massenhafter Abfragen die meiste Zeit über zu erreichen war. Am 27. Juli 2011 traf es dann »Topiary«: Die britische Metropolitan Police verhaftete den damals 18-jährigen Jake Davis auf den Shetland-Inseln, am 30. August wurde er vorläufig freigelassen, ausgestattet mit elektronischer Fußfessel und mit der Auflage, das Internet nicht zu nutzen. Vor Gericht erschien der junge Schlacks im blauen Hemd, mit einer schwarzen Sonnenbrille und einer Ausgabe des Buchs »Free Radicals: The Secret Anarchy of Science« von Michael Brooks unter dem Arm, einem Werk über die zum

Teil üblen Taktiken und Tricks, mit denen Wissenschaftler ihre Durchbrüche an die Öffentlichkeit brachten oder erst zu ihren Erkenntnissen gelangten. »Topiary« sah aus wie ein übermütiger Teenager.

Und es ging weiter: Anfang September nahm die Polizei zwei Männer im Alter von 20 und 26 Jahren in Großbritannien fest, in South Yorkshire und Wiltshire. Sie sollen gemeinsam als »Kayla« für LulzSec gearbeitet haben – und sich dabei als 16-jähriges Mädchen ausgegeben haben. Chatprotokolle deuten darauf hin, dass die beiden »Kaylas« auf ein mehrere Tausend Rechner starkes Botnetz für DDoS-Angriffe zurückgreifen konnten. Von den sieben bekanntgewordenen LulzSec-Kernmitgliedern erwischten Ermittler 2011 vier – womöglich sogar fünf. Ebenfalls im September wurden der 23-jährige Amerikaner Cody Andrew Kretsinger und zwei weitere Personen festgenommen. Auch Kretsinger soll ein LulzSec-Mitglied gewesen sein und als »recursion« an den Hacks gegen Sony teilgenommen haben. Dazu hatte er für sich und Mitstreiter über HideMyAss.com eine vermeintlich sichere Internet-Verbindung gemietet, um sich vor Strafverfolgung zu schützen. Ein weiterer Beleg für das mäßige Sicherheitsbewusstsein mancher LulzSec-Mitglieder.

»Verbergen Sie Ihre Online-Identität und surfen Sie anonym im Netz«, so wirbt »HideMyAss« für seinen Service – nur hätte Kretsinger darauf besser nicht hören sollen. Bei dem Dienst handelt es sich um einen sogenannten VPN-Anbieter. Dabei wird über die herkömmliche Internetverbindung zunächst eine verschlüsselte Verbindung zu den Servern von HideMyAss.com aufgebaut, erst von dort geht es weiter ins Web. Die Firma mit Sitz in Großbritannien ermöglichte es so beispielsweise Menschen in Ägypten, auf Twitter zuzugreifen, als das Mubarak-Regime diese Seite eigentlich gesperrt hatte: Mit einem solchen VPN-Dienst lässt sich Internetzensur umgehen. Die Umleitung hat außerdem den Zweck, dass Server nicht wissen, von welcher IP-Adresse ein

Zugriff erfolgt. Stattdessen ist eine der IP-Adressen von HideMy-Ass.com oder einem der vielen anderen, meist kommerziellen Anbieter zu sehen. So können auch Ländersperren, etwa von Videoangeboten, umgangen werden.

Doch bei Strafermittlungen ist bei den meisten Anbietern Schluss mit der Anonymität: »Es ist schon sehr naiv anzunehmen, dass man ohne Konsequenzen Gesetze brechen kann, nur weil man einen kostenpflichtigen VPN-Service nutzt«, verkündete HideMyAss.com in einem Blogeintrag. Die Firma halte sich an britisches Recht – die Ermittler hatten vor Gericht einen in Großbritannien wirksamen Beschluss erwirkt. Also tat das Unternehmen nicht das, was der Firmenname verspricht – sondern das Gegenteil. Es sei für HideMyAss.com unverzichtbar, einen Missbrauch des Dienstes auszuschließen – deswegen speichere man, welcher Nutzer zu welcher Zeit welche IP-Adresse von HideMyAss.com verwende. Diese zentral vorliegenden Daten können gerichtlich angefordert werden, darauf wird im Kleingedruckten auch hingewiesen. Anonym geht anders. »Wir raten von solchen Diensten seit Jahren ab«, sagt Jan-Kaspar Münnich von der »German Privacy Foundation«, einem Verein, der sich für das Recht auf Anonymität im Internet einsetzt. Schon sicherer seien Dienste, bei denen der Internetverkehr über mehrere Server abgewickelt werde, die von verschiedenen Anbietern betrieben würden. »So kann nicht eine Firma den gesamten Verkehr überblicken.« Er nennt Dienste wie das Anonymisierungs-Netzwerk Tor oder das aus einem Forschungsprojekt hervorgegangene Jon-Donym. Diese Dienste setzen auf sogenannte Server-Kaskaden: Ein Netzwerk aus mehreren Servern in verschiedenen Ländern, die gar nicht wissen, was sie da übertragen – und nicht speichern, wer auf sie zugreift. »Daten, die nicht vorliegen, kann man auch nicht herausgeben«, sagt Münnich.

Solche Angebote zu überwachen sei zwar nicht völlig unmöglich – aber extrem aufwendig. »Natürlich ist das eine zwiespältige

Sache, zum Teil werden solche Dienste für illegale Aktivitäten genutzt«, sagt Münnich. Der Verein betreibt selber Anonymisierungs-Server, aktuell stellt die German Privacy Foundation sechs Tor-Server bereit. »Maximal ein Prozent der übertragenen Daten stammt von illegalen Aktivitäten«, schätzt Münnich. Wie er darauf kommt? Man habe die Menge der übertragenen Daten den Schreiben von Ermittlungsbehörden gegenübergestellt. Letztlich sei es wie in der realen Welt, sagt Münnich: In einer freien Gesellschaft könne der Staat nicht an jeder Ecke stehen und die Bevölkerung auf Schritt und Tritt überwachen. Eine totale Kontrolle des Internets lehnt er deswegen ab. Das Recht auf Anonymität sei ein unverzichtbares Bürgerrecht, heißt es im Vereinsprofil, auch wenn deutsche Politiker das derzeit gerne ändern würden. Ein anderer Anonymisierungs-Anbieter, Perfect Privacy, beruft sich auf das deutsche Telemediengesetz, nach dem eine anonyme Nutzung eines Dienstes möglich sein muss, soweit dies technisch möglich und zumutbar ist. Große Provider und Mobilfunkanbieter speichern Verbindungsdaten zum Teil mehrere Monate lang – Perfect Privacy überhaupt nicht. Schreibt der Staatsanwalt dem Unternehmen und bittet um die Identifizierung eines Nutzers, gibt es eine höfliche Antwort: Leider liegen keine Daten vor. Doch nicht alle selbsternannten Hacker kennen diese Unterschiede – echte IT-Experten schütteln den Kopf über die Ahnungslosigkeit mancher *script kiddies*, bei denen die Polizei vor der Tür steht.

Das Antivirensoftware-Unternehmen McAffee schätzte, dass bis Oktober 2011 rund 230 Namen öffentlich in Verbindung mit Anonymous und LulzSec gebracht wurden, die Polizei hatte ihrerseits rund 130 Verdächtige.[84] Die Schnittmenge ist offenbar gering, laut Paget habe es nur sechs Ähnlichkeiten gegeben, fünf davon hätten sich bis dahin schon als Fehler herausgestellt. Wer

---

84 The Rise and Fall of Anonymous, Francois Paget, McAffee Labs, 21.10.2011, http://goo.gl/4S2DW

im Internet-Untergrund aktiv ist, legt falsche Fährten, nimmt andere Identitäten an und bringt Unschuldige in Misskredit, um sich selbst zu schützen.

Einmal noch kam LulzSec zurück: Das inzwischen eingestellte britische Kampf- und Boulevardblatt »News of the World« war 2011 stärker als sonst in die Kritik geraten. Bei ihren Recherchen sollen Mitarbeiter der Zeitung nicht gerade zimperlich vorgegangen sein – und Handy-Mailboxen abgehört haben, von Prominenten und Politikern, von Anwälten, wohl auch von einem Entführungsopfer. Das entführte Mädchen war zu dem Zeitpunkt, an dem die Mailbox abgehört wurde, schon ermordet worden. Die Ermittler jedoch stellten den Zugriff auf die Mailbox fest und hatten gemeinsam mit den Eltern Hoffnung, die Entführte doch noch lebend zu finden. Ein ziemlich ekliger Skandal also, in dessen Folge sich Rupert Murdoch und sein Sohn James wortreich entschuldigen mussten und die »News of the World« schließlich einstellten, nach 168 Jahren war am 7. Juli 2011 Schluss. Am 19. Juli dann vermeldete die Website der »Sun« (Murdochs zweites großes Boulevardblatt in Großbritannien) den Tod des Medienmoguls. Die LulzSec-Hacker hatten das Redaktionssystem gekapert und eine Falschmeldung abgesetzt, wonach Rupert Murdoch tot in seinem Garten gefunden worden sei. Die Besucher der Website wurden außerdem auf den Twitter-Account der Gruppe weitergeleitet. In Anlehnung an einen Popsong erklärte LulzSec dort: »We have joy, we have fun, we have messed up Murdochs Sun«. Wir haben Freude, wir haben Spaß, wir haben Murdochs Sun verunstaltet.

Angesichts der Bandbreite dessen, was sich im Jahr 2011 an Hack-Attacken, DDoS-Angriffen und Cybervandalismus ereignet hat, erscheint die Einteilung von Hackern in gute »White Hats«, böse »Black Hats« und irgendwo dazwischen angesiedelte »Grey Hats« zunehmend überholt.

Sinnvoller erscheint da schon eine Einteilung nach Motivation, Ziel und Vorgehensweise. Da sind die Hacker, die mutmaßlich im Regierungsauftrag gezielt Lücken in eigenen und fremden Sicherheitssystemen suchen und ausnutzen, so wie im Fall RSA/ Lockheed – oder aber im Fall Stuxnet, wo ebenfalls mit viel Aufwand und großen finanziellen Ressourcen eine Cyberwaffe entwickelt wurde, die schließlich gewaltige Schäden in der iranischen Uranaufbereitungsanlage Natanz verursachte. Echte Cyberkrieger und -spione also. Dann gibt es da die anderen Hacker, die augenscheinlich mit kriminell-finanzieller Motivation Systeme knacken und sich dort Datensätze verschaffen, die sie anschließend meistbietend verkaufen – etwa Kreditkarten- oder Adressdatensätze. So wie die Angreifer, die Sony bis auf die Knochen blamierten, als sie etwa 100 Millionen Nutzerdatensätze entwendeten. Und dann gibt es da die Spaß-Hacker, Guerilleros ohne patriotische Motivation und konkretes Ziel außer dem, Aufmerksamkeit zu erregen und vielleicht einer missliebigen Behörde oder einem Unternehmen nebenbei ein bisschen Schaden zuzufügen. So wie die LulzSec-Gruppe. Digitales Nachtreten könnte man das nennen, oder Vandalismus. Eins ist sicher: Den Anliegen einer weiteren Gruppe, der ernsthaften, an Sachthemen wie dem Arabischen Frühling oder der Bekämpfung von Internetüberwachung interessierten Anonymi und Cyber-Aktivisten nämlich, taten LulzSec und Co. keinen Gefallen. Kritikern des digitalen Widerstands gaben die Cybervandalen hervorragende Argumente für ein hartes Zurückschlagen, für großangelegte Repression an die Hand. Mit Anonymous assoziiert zu werden war Ende 2011 auch in der westlichen Welt deutlich gefährlicher als noch zu Jahresanfang.

Der Idee von Anonymous aber konnte das zunächst nicht mehr schaden: Das Konzept der globalen Protest-Marke, die sich jeder überstreifen kann, der irgendwo gegen Ungerechtigkeit, Unterdrückung oder Korruption kämpft, war nun in der Welt.

Guy-Fawkes-Masken tauchten überall auf, bei den Protesten gegen vermuteten Wahlbetrug im Dezember 2011 in Moskau, bei Demonstrationen gegen Banken und schrankenlosen Kapitalismus in Ljubljana und Montreal, in Madrid und Los Angeles. Die Maske war dabei, eine weitere Transformation ihrer Bedeutung zu erleben: hin zu einem globalen Symbol für den Widerstand gegen Unterdrückung, Willkür und die Macht der globalen Finanzmärkte.

6. Occupy überall.
Anonymous weltweit

»Versucht ruhig weiter, diese Bewegung in einem *sound byte* zusammenzufassen. Dies ist eine kulturelle Krise, und Ihr seid einfach zu blöd, um das zu begreifen.«[85]

Neben den großen Anonymous-Aktionen gegen Scientology und zur Unterstützung von WikiLeaks gab es immer wieder kleinere, zum Teil lokal begrenzte Operationen. Bevor es um die spektakulärsten Aktionen der zweiten Jahreshälfte 2011 gehen soll (um die Drohung gegen Facebook, die Occupy-Bewegung und den Krieg mit Mexikos Drogenkartellen), seien einige davon beispielhaft aufgeführt. Werfen wir einen kurzen Blick auf politische Aktionen von Anonymous in Spanien, Italien, der Türkei, Österreich und in Deutschland.

Nach wie vor gehören die *lulz* dazu, außerdem die beim »Projekt Chanology« und in der »Operation Payback« erprobten Formen der Organisation und des Protests: In Foren und Chats sammeln sich interessierte Mitstreiter, es wird gemeinsam diskutiert und dann zur Tat geschritten. Zum Einsatz kommen Propaganda in Form von YouTube-Videos, Textbotschaften und als Bilddatei verbreitete Aufrufe an die Anonymous-Anhänger. Daneben laufen weiterhin DDoS-Attacken und Hacks, und gelegentlich publizieren Anons auch Material, das ihnen zugespielt wird. Ist die Sache wichtig genug, werden Guy-Fawkes-Masken aufgesetzt,

---

85 Aus einer Anonymous-Botschaft zu den Protesten gegen die Finanzindustrie, http://youtu.be/qC9Vyt1ZBpQ

schwarze Anzüge angezogen und Schilder gemalt: »Keine Sorge, wir sind aus dem Internet.« Das Kollektiv hat seine eigene Flagge, grün, zwei dünne schwarze Streifen oben und unten, in der Mitte die Silhouette des Mannes im Anzug ohne Kopf in einem weißen Kreis. Jeder kann und soll mitmachen, es gibt kaum Hierarchien, dafür aber viele Anleitungen und Ermutigungen, sich einzubringen oder selbst unter der Marke aktiv zu werden. Die Aktivisten greifen – bislang – keine Medien an, keine Presse und keine sozialen Netzwerke, weil diese ihren Protest in die Öffentlichkeit transportieren sollen. Zumindest ist das die Regel, doch es gibt auch hier Ausnahmen. Dazu braucht es nur eine Provokation. Wird die Freiheit, und 2011 muss das nicht mehr nur die Freiheit im Internet sein, in irgendeiner Weise bedroht, ob von Unternehmen oder Regierungen, sieht sich Anonymous herausgefordert, und Teile des Kollektivs reagieren. Manchmal passiert aber auch, von vollmundigen Ankündigungen abgesehen, gar nichts – auch das gehört dazu, die Aufmerksamkeitsspanne von Anonymous kann manchmal sehr kurz sein. Anonymous mag nicht vergessen, aber dem Internet-Bewusstsein gelingt die Synchronisation nicht immer.

Bei einigen Themen sortiert sich das Kollektiv nach Ländern. In Deutschland beispielsweise engagierte sich Anonymous gegen Neonazis: Eine Gruppe namens »Anonymous Anarchists« startete im April 2011 die »Operation Blitzkrieg« und blockierte zeitweise Websites von Rechtsextremen mit DDoS-Angriffen, kurz vor Weihnachten wurde die Plattform gestartet, auf der Namen und Adressen von angeblichen Neonazi-Sympathisanten veröffentlicht wurden. In Österreich gelangen der Gruppe AnonAustria mehrere Aktionen:[86] Sie kaperten im Juli 2011 die Websites von

86 Anonymous – Gegen Polizei und Parteien: Aktionen in Österreich, der-Standard.at, 28.9.2011, http://derstandard.at/1317018686914

SPÖ und FPÖ, enterten den Server des »Gebühren Info Service«, der österreichischen Einzugszentrale für Rundfunk- und Fernsehgebühren, und kopierten 214.000 Kundendaten, 96.000 davon mit Bankverbindungen. Ende September 2011 veröffentlichte AnonAustria die Daten von 24.938 Polizisten, die von einem Polizeiverein kopiert werden konnten. Zufällig will die Gruppe im September über rund 600.475 Datensätze der Tiroler Gebietskrankenkasse gestolpert sein, darunter die Daten von Schlagersänger Hansi Hinterseer und Schauspieler Tobias Moretti. Einige wurden veröffentlicht, die meisten Daten jedoch nicht. Im Oktober traf es dann die Wirtschaftskammer Österreich, von der 6200 Adressdatensätze kopiert wurden. So vielfältig die Aktionen auch waren, in der Vorgehensweise unterschieden sie sich kaum.

»Somos Anónimos. No olvidamos. No perdonamos. Esperanos«[87]

Beginnend am 15. Mai 2011 mit Massendemonstrationen in 50 Städten entlud sich in Spanien die Wut der Generation »Wedernoch«, derjenigen Schulabsolventen, die weder einen Job hatten noch studierten. Die Jugendarbeitslosigkeit war seit Jahren hoch, bei den unter 25-Jährigen lag sie bei 45 Prozent. Eine Generation fand keine Arbeit, während das Land unter der Schuldenkrise ächzte. Die Bewegung der »Indignados«, der Empörten, trommelte im Vorfeld der Kommunal- und Regionalwahlen im Web zur »Spanish Revolution«. Sie machten sich auf, um öffentliche Plätze zu besetzen, erst durch riesige Demonstrationen, später mit Zelten und Schlafsäcken. Auf einem der Fotos von der Puerta del Sol in Madrid ist eine junge Demonstrantin zu sehen, mit weißem T-Shirt, hochgerollten Ärmeln, einem Palästinensertuch um den Hals. Sie trägt ein selbstgemaltes Banner, »Tahrir Square« ist

87 Aus dem Anonymous-Aufruf zur »Operación Goya«, 13.2.2011, http://goo. gl/Kk5le

darauf zu lesen, ein Gruß an die Aufständischen in Ägypten. Die Jugend der Welt erlebte einen Moment der (wenigstens gefühlten) Solidarität. Nicht nur, aber auch der selbstverständliche Umgang dieser Generation mit dem Internet schien eine Brücke zu schlagen von Kairo nach Barcelona, von Istanbul nach Rom.

Der Staat antwortete, schickte Polizisten, es kam zu Auseinandersetzungen, Demonstranten wurden verletzt. Erst nach einem Monat wurde das Protestlager in der Hauptstadt Madrid, in dem zeitweise mehrere Tausend lebten, wieder abgebaut. Mitten in der aufkeimenden sozialen Bewegung, die mehr Demokratie forderte und den etablierten Parteien ihr Misstrauen aussprach: Guy-Fawkes-Masken. Die Jugendlichen organisierten sich zum Teil über Facebook und Twitter – und auch in Spanien gab es Anonymous-Aktivisten, die beschlossen, den Massenprotesten nicht nur virtuelle Unterstützung zu liefern. Masken in der Öffentlichkeit, ganz wie bei den Scientology-Protesten, und Angriffe auf Websites der Regierung waren die Folge.

Im Februar 2011 hatten spanische Anonymous-Anhänger ihre eigene »Operation Payback« ins Leben gerufen, die »Operación Goya«. Anlass war ein Gesetzesvorhaben, das die Löschung von Websites ohne Gerichtsverfahren ermöglichen sollte – die großen Musiklabel und Hollywood-Unternehmen hatten darauf gedrängt. Das spanische Kultusministerium sollte die Befugnis bekommen, Websites mit Raubkopien aus dem Netz zu entfernen. Der alte Konflikt, Anonymous gegen die »Rechteindustrie«, lokal gespiegelt. Nachdem im Juni drei spanische Anonymous-Anhänger wegen ihrer Beteiligung an DDoS-Attacken festgenommen worden waren – offenbar wurde bereits seit der »Operation Payback« gegen sie ermittelt –, veröffentliche »AnonOps Communications« am 11. Juni 2011 eine Botschaft an die Regierung. Darin heißt es:

»Wir wissen, dass Sie schon von uns gehört haben: Wir sind Anonymous. Wir mussten feststellen, dass Sie es für nötig hielten, drei unserer Mitstreiter festzunehmen. Sie behaupten, es handele sich dabei um die Anführer von Anonymous und es gehe um ihre Teilnahme an DDoS-Angriffen auf diverse Websites. Nun, zunächst einmal: DDoSing ist eine friedliche Protestform im Internet. Das ist nichts anderes, als wenn man friedlich vor einem Geschäft sitzt und den Eingang blockiert.«

Außerdem wurde eine Website der spanischen Polizei lahmgelegt. Die Verhaftungen hatten in Barcelona, Valencia und Almeria in Südspanien stattgefunden. Die spanische Polizei erklärte, man habe seit Oktober 2010 mehr als zwei Millionen Zeilen Chatprotokolle und Text auf Websites ausgewertet, um herauszufinden, wer die Köpfe der spanischen Anonymous-Ableger waren.

> »Noi siamo Anonymous. Noi siamo Legione. Noi non perdoniamo le ingiustizie. Noi non dimentichiamo la libertà. Aspettateci---sempre---«[88]

Der bekannte Anonymous-Text, in italienischer Sprache, im Februar 2011 tausendfach veröffentlicht: »Wir sind Anonymous. Wir sind Legion. Wir vergeben nicht. Wir vergessen nicht. Rechnet mit uns.« Auch die italienische Polizei war Anonymous auf der Spur. Die italienischen Ermittler erklärten, Anonymous sei zwar die größte Hacker-Gruppe, aber die mit den wenigsten technischen Fähigkeiten. Einige würden Software aus dem Internet herunterladen, von der die IP-Adresse der Angreifer übertragen werde – ein Hinweis auf die Loic-Software. Bei insgesamt 32 Durchsuchungen wurden 15 Personen festgenommen, eine davon war noch minderjährig.

Der vermeintliche Anführer, ein 26-Jähriger, wurde in der

---

88 Aus dem Anonymous-Aufruf zur »Operation Italy«, 13.2.2011, http://goo. gl/EvZaj

Schweiz geschnappt. Nach 30 weiteren Verdächtigen sollte noch gefahndet werden. Die italienischen Anonymous-Anhänger hatten unter anderem die Websites der nationalen Regulierungsbehörde für Telekommunikation, die Energiekonzerne Enel und Eni, die Rundfunkanstalten Rai und Silvio Berlusconis Mediaset angegriffen. Ein weiteres Ziel: ein Zentrum zum Schutz der Internetsicherheit, das »Centro Nazionale Anticrimine Informatico per la Protezione delle Infrastrutture Critiche«. Am 26. Juli 2011 veröffentlichte Anonymous acht Gigabyte Daten – Ermittlungsinterna, Details über Mitarbeiter, Daten großer Firmen.[89]

>»Bizler ›Anonim‹iz. Bizler çoğunluğuz. Bağışlamayız. Unutmayız.
>Bizi bekleyin.«[90]

Gerade erst hatte Recep Tayyip Erdogan bei den Parlamentswahlen in der Türkei erneut triumphiert, da präsentierte seine Regierung einen weitreichenden Vorschlag: Bestimmte Wörter und Websites sollten für türkische Surfer aus dem Web verschwinden.[91] Für eines von vier Online-Filterpaketen sollten sich die Nutzer künftig entscheiden. Der Eingriff in die Netzinfrastruktur sollte »sittlich Anstößiges« filtern, außerdem sicheres Surfen für die ganze Familie ermöglichen. Kritiker fürchteten einen Angriff auf das freie Netz und auf das Recht zur freien Meinungsäußerung. »Wir schränken das Internet nicht ein, im Gegenteil. Aber wenn es um die Verbreitung unanständiger Inhalte geht, ist ein Filter notwendig«, erklärte Erdogan. »Fasst mein Internet nicht an«, skandierten Tausende Demonstranten Mitte Mai 2011 in

89 Anonymous hacks Italy's critical-national-IT protection, John Leyden, The Register, 25.7.2011, http://reg.cx/1Q81
90 Aus dem Anonymous-Aufruf zur »Operation Turkey«, 7.6.2011, http://goo.gl/AXT4H
91 Online-Filter in der Türkei: Erdogan plant das Web 0.0, Maximilian Popp und Oliver Trenkamp, Spiegel Online, 24.6.2011, http://spon.de/adowU

Istanbul. Mit Online-Filtern hatten sie Erfahrung, in der Türkei war YouTube zwei Jahre lang gesperrt, weil die Betreiber sich nicht auf die Zensurvorgaben der türkischen Regierung einlassen wollten.

»Während der vergangenen Jahre wurde wir Zeuge, wie die türkische Regierung das Internet zensiert, indem Seiten wie YouTube, Rapidshare, Fileserve und Tausende andere blockiert wurden. Zuletzt sperrte die Regierung den Zugang zu Google-Diensten. Diese Zensur ist nicht zu entschuldigen. Das Internet ist eine Plattform für Freiheit, ein Ort, an dem wirklich alle zusammenkommen können, um zu diskutieren und Informationen auszutauschen, ohne ein Einschreiten der Regierung zu befürchten. Wir, Anonymous, werden dabei nicht untätig zusehen. Wir werden gemeinsam mit den türkischen Bürgern gegen die Zensurpläne der Regierung kämpfen.«

Anonymous-Anhänger in der Türkei brachten ihre Loic-Software in Stellung und feuerten den »Laser« auf Websites der Regierung ab. Der Staat antwortete prompt, am 12. Juni 2011, einem Sonntag, wurden 32 Personen wegen der DDoS-Angriffen festgenommen. Acht von ihnen waren noch nicht volljährig. Vergeltung kam auch von anderer Seite: Offenbar patriotisch motivierte Hacker aus der Türkei bekannten sich später dazu, AnonPlus gehackt zu haben. Dahinter verbirgt sich ein anonym nutzbares soziales Netzwerk für die Netz-Bewegung – es ist die Anonymous-Antwort auf Facebook und Google+, ohne deren Zwang zur Angabe eines echten Namens.

Das waren nur drei Beispiele von vielen. Anonymous-Anhänger findet man mittlerweile überall in Europa und in vielen weiteren Ländern rund um den Globus. Sie werden dort aktiv, wo die Freiheit des Netzes bedroht ist.

»In drei Tagen ist kino.to sowieso wieder online.«

Drei oder vier Dutzend Jugendliche standen am 9. Juni 2011 in Dresden vor dem Gebäude der Staatsanwaltschaft und protestierten gegen »Info-Mörder« und die »Content-Mafia«.[92] Ermittler hatten zwei Tage zuvor in Deutschland, Spanien, Frankreich und den Niederlanden zahlreiche Wohnungen, Geschäftsräume und Rechenzentren durchsucht, um die Betreiber des deutschsprachigen Raubkopie-Verzeichnisses kino.to und einiger angeschlossener Streaming-Dienste dingfest zu machen. Mehr als 20 Razzien fanden in Deutschland parallel statt, mehr als 250 Polizisten und Steuerfahnder waren im Einsatz, unterstützt von 17 Computerexperten. Wie die Staatsanwaltschaft Dresden mitteilte, seien 13 Personen verhaftet worden, zwölf in Deutschland und eine in Spanien. Insgesamt seien 14 Haftbefehle ausgestellt worden. Der verbliebene Verdächtige wurde im November 2011 gefasst.

Die Nachricht schlug ein. Auf Facebook wurde die Meldung auf »Spiegel Online« binnen kürzester Zeit mehr als 45.000 Mal empfohlen – ein Rekord.

Über kino.to ließen sich mit wenigen Klicks aktuelle Kinofilme und Fernsehserien ansehen. Die allermeisten Besucher dürften das Angebot kostenlos genutzt haben, für ein wenig mehr Komfort – besseres Bild, weniger Werbung – mussten ein paar Euro im Monat gezahlt werden. Kino.to war vor allem eines: einfach. Doch das System kino.to hat auch dazu gedient, die Betreiber reich zu machen. Über ein verschachteltes Netzwerk von Verzeichnissen und Filehostern, zu denen sich Nutzer einen Premium-Zugang kaufen konnten, sollen Millionen Euro umgesetzt worden sein. Für die Hintermänner bedeutete das: schöne Autos und eine angemietete Villa auf Mallorca. Für die Strafverfolger aber auch, dass hier Kriminelle am Werk waren, die sich illegal bereicherten. Auf der abgeschalteten Website war zu lesen:

92 Demo gegen Urheberrechte: »Wir alle schauen kino.to«, Rick Noack, Spiegel Online, 10.6.2011, http://spon.de/adnT7

»Die Kriminalpolizei weist auf Folgendes hin: Die Domain zur von Ihnen ausgewählten Website wurde wegen des Verdachts der Bildung einer kriminellen Vereinigung zur gewerbsmäßigen Begehung von Urheberrechtsverletzungen geschlossen.«

Noch im selben Jahr wurden die ersten Beschuldigten zu Haftstrafen verurteilt. Die »Gesellschaft zur Verfolgung von Urheberrechtsverletzungen« (GVU), die bei den Vorermittlungen geholfen hatte, jubelte. Im Web hingegen solidarisierten sich schon bald die Fans des Angebots mit den Betreibern – zunächst war ihnen das Ausmaß der kriminellen Aktionen und die umgesetzten Summen wohl nicht völlig klar, auch wenn es schon in den ersten Meldungen hieß, dass siebenstellige Beträge verbucht worden seien – und zwar als Gewinn. Unter dem Namen Anonymous wurde zu einer spontanen Demonstration aufgerufen, doch von den mehr als 200 Facebook-Nutzern, die ihr Kommen angekündigt hatten, schaffte es dann nicht einmal jeder Vierte tatsächlich vom Computer nach Dresden. Für das Vorgehen der »Rechte-Lobby« und der Strafermittler hatten die jungen Aktivisten vor Ort kein Verständnis. »Unser Internet lassen wir uns nicht wegnehmen«, rief ein 20-Jähriger ins Mikrofon. Eine 14-jährige Realschülerin erzählte zudem, es gebe längst Ersatz, neue Websites, über die sich Internet-Nutzer auch weiterhin kostenlos mit Raubkopien versorgen könnten, und nach drei Tagen war dann ein kino.to-Klon online.

Auch mit der Rechteverwertungsgesellschaft GEMA legte sich Anonymous in Deutschland an. Die Gesellschaft für musikalische Aufführungs- und mechanische Vervielfältigungsrechte streitet sich seit Jahren mit YouTube-Eigner Google über Lizenzen für die Plattform. Viele Musikvideos sind deshalb für deutsche Nutzer gesperrt. In der Stellungnahme des Kollektivs heißt es dazu: »Wir beobachten mit Sorge eure überhöhten Forderungen bezüglich urheberrechtlich geschützten Materials auf YouTube und anderen Plattformen dieser Art. Anonymous empfindet dieses Vorgehen als eine Einschränkung des freien Informationsflusses.«[93] Hingewiesen wird außerdem auf die Möglichkeit, die Seite über einen Server in den USA aufrufen und eigentlich gesperrte Inhalte doch sehen zu können.

Weil die GEMA die Google-Tochter YouTube verklagt hatte – ein Dutzend rechtlich geschützte Werke wurden offenbar nicht schnell genug gesperrt – stockten die Verhandlungen zeitweise. Details zu den Verhandlungen hielten beide Seiten streng unter Verschluss. Die GEMA forderte wohl einen bestimmten Betrag pro Videoabruf, Google wollte die Rechteinhaber offenbar lieber direkt an den erzielten Werbeeinnahmen beteiligen. Für Anonymous-Anhänger schien klar zu sein, dass die GEMA mit hohen Geldforderungen einer Einigung im Weg stand – kurz: dass der börsennotierte Konzern Google bei diesen Verhandlungen der Gute und die GEMA der Böse ist. Im Juni und August 2011 starteten Anonymous-Anhänger deswegen DDoS-Attacken auf die GEMA-Website und machten diese für Stunden unerreichbar.

Die Forderungen der Anti-Urheberrechts-Aktivisten mochten extrem erscheinen, doch spätestens mit der Piratenpartei ist eine politische Größe entstanden, die nicht zuletzt auf der Überzeugung fußt, dass das Urheberrecht in Zeiten digitaler Vervielfältigung einer Reform bedarf. Die wenigsten würden dabei wohl so weit gehen zu fordern, dass illegale Plattformen wie kino.to weiterhin am Netz bleiben müssen. Doch das Gefühl, dass eine große, von mächtigen Lobbyverbänden unterstützte Unterhaltungsbranche derzeit versucht, dem Internet und der digitalen Welt die Zügel anzulegen, ist unter jüngeren Menschen durchaus

93 Anonymous-Stellungnahme zur GEMA, 17.6.2011, http://youtu.be/g-qFLX26-O8

verbreitet. Was natürlich einerseits mit dem bequemen (und nicht selten kostenlosen) Zugang zu all den Filmen, Songs, TV-Serien zu tun hat, den die zahlreichen Tauschbörsen, Download- und Streamingplattformen bieten. Andererseits aber auch mit der ernstzunehmenden Überzeugung, dass ein freies, nicht ständig und umfassend überwachtes Internet eine an sich wünschenswerte Einrichtung ist, die der Menschheit als Ganzes zugutekommt. Nicht immer lassen sich diese beiden Motivationen klar voneinander trennen.

Die netzpolitische Szene in Deutschland, allen voran der Chaos Computer Club (CCC), tut sich jedoch weiterhin schwer mit Anonymous. Die Solidaritätsbekundung mit den kino.to-Betreibern und die DDoS-Attacken auf die GEMA dürften da nicht geholfen haben, denn es waren Aktionen, über die »echte« Hacker nur lachen können.

Echte Hacker, wie sie sich im rund 3000 Mitglieder starken Chaos Computer Club treffen – etwa beim CCC-Camp, im August 2011 in Finowfurt, in der brandenburgischen Steppe.[94] Vielen dort galt Anonymous als digitaler Mob. Bei einem der zahlreichen Vorträge rund um das Hacken und die damit verbundene Kultur ging es auch um Anonymous. Offiziell hält der Club nicht viel von den Verstößen von Anonymous gegen die Spielregeln, noch dazu von Aktivisten, die sich mit Computern oft nicht besonders gut auskennen. Ein ehemaliges CCC-Vorstandsmitglied nennt sie »Computer Hooligans«. Jacob Appelbaum (ein amerikanischer Internetforscher, Hacker und WikiLeaks-Unterstützer) mischte sich ein. »Ich muss doch nicht Foucault zitieren können, um eine politische Agenda zu haben!«, rief er dazwischen. Er plädierte dafür, Anonymous und den Freiheitskampf zu unterstützen und

94 Hacker-Sommercamp: Anonymous bricht die Regeln der Alt-Hacker, Judith Horchert, Spiegel Online, 13.8.2011, http://spon.de/adq3m

sich nicht künstlich von einer Bewegung abzugrenzen, die ohne Frage für die richtigen Ziele einstehe, Ziele wie Internet-Freiheit, die jeder der Anwesenden teilen könne.

Doch derzeit scheint es eher danach, als verbinde eine regelrechte Feindschaft die etablierten Hacker und den ungestümen Nachwuchs. »Da haben sich Hau-drauf-Gruppen gegründet, und nun gibt es Konflikte«, sagt Sandro Gaycken, der über Sicherheitspolitik im Internet forscht. »Das Establishment lehnt den jugendlichen Aktivismus ab.« Mit Establishment meint Gaycken hier die in den achtziger und neunziger Jahren entstandene Hacker-Szene, eine überschaubare Gruppe, deren Protagonisten sich untereinander oft kennen – und die sich einer weitergehenden Ethik verschrieben haben. Diese besagt, dass man mit Sicherheitslücken verantwortungsvoll umgehen muss: Man weist die Verantwortlichen darauf hin und gibt ihnen die Möglichkeit, das Leck zu stopfen, bevor man damit an die Öffentlichkeit geht. Die Hacker der alten Schule hielten sich oftmals vornehm zurück und setzten ihre Fähigkeiten nicht einfach nur aus Spaß ein. »Aus ganz praktischen Gründen, die wollten ihre Freiheit im Internet nicht riskieren«, sagt Gaycken. So wurde die Szene alt, begabte Hacker gründeten Unternehmen oder heuerten bei der Industrie an, das Wissen war einigermaßen unter Kontrolle.

Nun beginne eine neue Phase des Internets, sagt Gaycken, und das sei »sehr schlecht für die Szene«, denn die Neuen halten sich nicht an die alten Regeln. »Das sind meist junge Menschen, die sich politisch engagieren wollen. Die haben aber keine Lust, auf eine Demonstration zu gehen, nach der nichts passiert, über die nicht einmal berichtet wird«, sagt Gaycken. Also gehen sie ins Internet. »Teenager waren schon immer gerne mal auf Krawall aus. Jetzt, wo die Technologie zum Massenphänomen wird, spielt sich das eben im Netz ab.« Dass jeder bei Anonymous mitmachen könne, es keine hohen Einstiegshürden gebe, sei von Vorteil. »Im Prinzip ist das die alte Agenda des Chaos Computer Clubs: Jeder kann mitmachen, jeder kann für die Gruppe sprechen, ein anarchistischer Haufen.« Blockaden und Angriffe auf Websites nennt Gaycken ein »konstantes Begleitphänomen«.

»Wenn du das hier liest, liegt die Chance bei 99 Prozent, dass du einer von uns bist.«[95]

So heißt es in der Erklärung des im August 2011 gestarteten Blogs »We are the 99 Percent«, einer ständig erweiterten Sammlung von Fotos, auf denen vor allem Amerikaner selbstgemachte Plakate mit ihrer Lebensgeschichte in die Kamera halten. Es sind ganz persönliche Alpträume. Die Menschen berichten von hohen Krediten, die sie für ihr Studium aufgenommen haben, von Arbeitslosigkeit, zahlreichen Nebenjobs, von Krankenversicherungen, die sie nicht versichern wollen. Die Blog-Betreiber erklären: »Wir machen viele Überstunden für wenig Geld und ohne Rechte. Wir bekommen nichts, während 1 Prozent der Bevölkerung alles bekommt. Wir sind die 99 Prozent.« Hunderte Fotos hat das Blog gesammelt, auffallend viele Einsendungen sind von jungen Frauen, die über hohe Schulden klagen, die sie für ihre Ausbildung aufnehmen mussten. Außerdem gibt es mehrere Einträge von älteren Männern und Frauen, die nach Jahrzehnten Arbeit mit kaum etwas dastehen. Einige beschreiben tragische Einzelfälle, Schwerkranke sind darunter, die durch das löchrige Sozialnetz der USA gefallen sind. Auch blauäugig scheinende Teenager, die Kunst studieren. Doch vor allem sind es ganz normal wirkende Menschen, die alles richtig machen wollten. In der Summe ergeben diese Einzelschicksale eine abgehängte Gruppe, die sich selbst als typisch für die Mehrheit der amerikanischen Gesellschaft begreift.

95 wearethe99percent.tumblr.com

»Ich bin 23 Jahre alt, ein Jahr verheiratet und habe gerade meinen Job bei einer Firma verloren, die 30 Jahre existiert hat. Noch geht es uns gut, aber ich habe Angst vor der Zukunft. Ich bin die 99 Prozent.«

Das Blog traf, mitten in der Bankenkrise, einen Nerv. Die »99 Prozent« gehen zurück auf den Journalisten David DeGraw, der eine Artikelserie mit dem Titel »The Economic Elite vs. The People of the United States« veröffentlicht hatte – und auf der Seite AmpedStatus.com für Reformen trommelte, damit nicht ein Prozent der Bevölkerung bestimmt, wie die anderen 99 Prozent zu leben haben.

Im Januar 2011 taten sich die 99-Prozent-Bewegung und Anonymous zu »A99« zusammen und präsentierten eine Liste mit Forderungen für mehr soziale Gerechtigkeit.[96] Ein paar Leute schrieben etwas ins Internet – doch bis daraus ein breiter Protest werden sollte, vergingen noch Monate. Anonymous versuchte es außerdem mit der Operation »Empire State Rebellion« und forderte im März den Rücktritt von US-Notenbankchef Ben Bernanke. Für den 14. Juni riefen »A99« und Anonymous zu Protesten auf, die in mehr als 20 Städten stattfinden sollten und zum totalen Flop wurden. In New York sollen gerade einmal 16 Demonstranten aufgetaucht sein – eine Busladung der allgegenwärtigen Touristen war eindrucksvoller.

Mitte Juli 2011 rief dann das konsumkritische Magazin »Adbusters« aus Kanada zur Besetzung der Wall Street auf, jener Straße in New York, an der die Börse liegt und in deren Umgebung mächtige Finanzkonzerne ihre Büros haben. Es war nicht irgendein Aufruf, dahinter steckten Protest-Veteranen, die viel

96 The Real Role Of Anonymous In Occupy Wall Street, Sean Captain, Fast Company, 17.10.2011, http://goo.gl/a6IDX

über soziale Bewegungen und Protestformen wussten. Sie stellten die Wall-Street-Blockade in eine Reihe mit den Protesten der Globalisierungskritiker und nahmen die losen Organisationsformen hinzu, die sie im Internet beobachtet hatten. Sie meldeten keine Demonstration an und setzten sich an die Spitze, sondern pflanzten eine Idee.

Am 17. September 2011 schlugen Zehntausende Demonstranten in Manhattan ihre Zelte auf, errichteten Barrikaden und blieben wochenlang dort. Die Aktion sollte an die Belagerung des Tahrir-Platzes in Ägypten und an die Camping-Proteste in Madrid erinnern. So weit jedenfalls der Plan. Anonymous sprang darauf an und verbreitete die »Occupy«-Idee. Am 23. August veröffentlichten Anons einen Aufruf auf YouTube:

»Hallo Bürger des Internets. Wir sind Anonymous. Am 17. September werden wir in Lower Manhatten einfallen, Zelte aufbauen, Kochstellen, friedvolle Barrikaden und die Wall Street für ein paar Monate besetzten. Wenn wir uns aufgebaut haben, werden wir sogleich unsere eine, schlichte Forderung vielstimmig wiederholen. Wir wollen Freiheit.«

Die Sache nahm Fahrt auf, Medien berichteten von der bevorstehenden Blockade, und am 17. September 2011 protestierten rund tausend Menschen an der Wall Street, zwei Dutzend davon laut einem Bericht von »Fast Company« mit Guy-Fawkes-Masken. Sie richteten sich im Zuccotti-Park ein, der Privatbesitz ist – die Polizei konnte ihn nicht ohne weiteres räumen. Jeden Abend um sieben trafen sich die Demonstranten zur »Generalversammlung« und besprachen das weitere Vorgehen. Anfangs nur mit Schlafsäcken, später übernachteten 100 bis 200 Menschen in Zelten in dem Park.

Die »Occupy«-Bewegung nahm ihren Anfang. Regelmäßig wurden Kundgebungen abgehalten, nicht nur in New York. Mit der Zeit nahmen die Proteste zu, immer mehr Bürger reihten sich ein, doch die Entwicklung ging nur langsam vor sich. Dann, am 24. September, änderte sich das plötzlich.

Die Szene ging um die Welt: Eine kleine Gruppe, vielleicht sechs oder sieben Personen, überwiegend junge Frauen in sommerlicher Kleidung, steht demonstrierend auf einem Gehsteig, einige halten Transparente hoch. Umgeben sind sie von einem orangefarbenen mobilen Zaun, mit dem breitschultrige Polizisten in blauen Hemden die kleine Gruppe von den übrigen Passanten abschirmen. Da spaziert von rechts ein weiterer Polizist ins Bild. Er hebt die Hand und sprüht beinahe beiläufig Pfefferspray in die Gruppe, auf Augenhöhe. Die Szene ist im Video bis auf Superzeitlupe verlangsamt, mit am Computer eingesetzten Pfeilen und kurzen Textschnipseln wird erläutert, was da zu sehen ist – hier ist die Sprühdose, hier steckt der Polizist im weißen Hemd, das ihn als höherrangig ausweist, sie wieder weg und spaziert in aller Seelenruhe davon. Die Demonstrantinnen hinter dem orangefarbenen Zaun sinken derweil zu Boden. Hier wird das Video wieder auf Normalgeschwindigkeit beschleunigt, und nun sind die Schmerzensschreie der eben noch friedlich demonstrierenden Frauen zu hören, eine streckt beschwörend die Hände nach oben, die Augen fest zugepresst, eine andere hustet erbarmungswürdig. Bei YouTube ist die Szene mit der Überschrift »NYPD-Polizisten greifen Occupy-Wall-Street-Demonstranten mit Pfefferspray an« im Jahr 2011 mehr als 800.000 mal abgerufen worden, gefilmt offenbar mit einer Handykamera. Jetzt hatte die Bewegung ihre ersten Märtyrerinnen. Harmlose, friedliche Demonstrantinnen, von der Staatsgewalt mit überflüssiger, bösartig wirkender Brutalität attackiert. Alle Vorurteile über einen gefühllosen Staat, der die Interessen der Finanzkonzerne rücksichtslos verteidigt, schienen bestätigt. Nun explodierte die »Occupy«-Bewegung.

»Occupy« wurde zum Mem, im Internet und auf den Straßen. Im Rahmen von »Occupy Frankfurt« zelteten erst Dutzende, dann

Hunderte vor der Zentrale der Europäischen Zentralbank, nachts wärmten sie sich an brennenden Blechtonnen. In Verbindung mit den Anonymous-Masken und dem Euro-Logo wurde das zum beliebten Motiv für Fotografen. Die Occupy-Bewegung ist nun ein großes Medienthema, in immer mehr Städten wird protestiert, blockiert und gezeltet, und immer sind Guy-Fawkes-Masken bei der großen Allianz aus Globalisierungskritikern und diversen linken Gruppierungen und Netzwerken zu sehen. Parteien waren bei den Protesten allerdings unerwünscht.

Es gab mehrere große Demonstrationen, auch die Gewerkschaften machten mobil – und bei etlichen der Proteste kam es zu Auseinandersetzungen mit der Polizei. Aus New York kamen gespenstische Fotos: Jugendliche mit Guy-Fawkes-Masken flohen vor Polizisten mit Schlagstöcken, durch Häuserschluchten und Unterführungen. Es sind apokalyptische Bilder. Mit Anonymous wurden sie allerdings nur selten in Verbindung gebracht, die Rede war nun überwiegend von der Occupy-Bewegung. Trotzdem kam Anonymous so im Herbst 2011 auf die Titelseiten vieler Zeitungen. Am 17. Oktober zum Beispiel: Das »Hamburger Abendblatt« zeigte auf der Titelseite drei Anonymous-Anhänger mit Guy-Fawkes-Masken, die vor der HSH Nordbank in der Innenstadt campten, eine rothaarige Frau, einen Mann in schwarzem Kapuzenpullover, einer im schwarzen Anzug mit weißem Hemd, Krawatte und rotem Schal. Oder die »Basler Zeitung«, die »Finanzsystem gerät weltweit in Kritik« titelte und Demonstranten vor den Bankentürmen in Frankfurt zeigte, vorne im Bild einer mit der Grinsemaske. Es war eine sehr heterogene Masse, die da protestierte. Das Feindbild war diffus: die Banker, das Kapital, das System. Bevor Forderungen aufgestellt wurden, ging es zunächst in Arbeitsgruppen. Wie Anonymous war auch Occupy ein loses Kollektiv, ohne Instanzen, mit ein paar Grundregeln. Gewalt lehnten sie ab, den Staat stellten sie nicht völlig in Frage, nur gerecht sollte es bitteschön zugehen.

Die Occupy-Bewegung war vor allem in den USA stark, dort blockierten Occupy-Anhänger sogar zeitweise wichtige Häfen. In den Protestcamps ließen sich Prominente blicken, um ihre Unterstützung für den Kampf gegen soziale Ungerechtigkeit zu demonstrieren. In der »New York Times« erschienen bis Mitte Dezember 2011 allein 429 Artikel zum Thema »Occupy Wall Street«. Die deutschen Protestcamps waren vergleichsweise klein, zum Teil dominiert von routinierten Demonstranten, die bei jeder sich bietenden Gelegenheit auf die Straße gehen. Die deutschen Occupy-Camps mussten sich auch zu einer Linie gegen obskure Gruppen durchringen. So suchte zum Beispiel die esoterisch angehauchte »Zeitgeist«-Bewegung Anschluss, die sich unter anderem für eine Abschaffung von Geld und Märkten einsetzt.[97] Diffus, unklar – vielleicht haben die Protest-Genossen in den USA einfach mehr zu verlieren, vielleicht ist der Leidensdruck dort hoch genug, höher als hierzulande.

Den Schulterschluss mit den Kritikern des Finanzsystems sehen einige Anonymous-Anhänger durchaus kritisch. »liekmud-kip«, »wopot« und »winter« aus Hamburg machen bei »Occupy Hamburg« nicht mit. »Das sind uns zu viele Spinner«, sagt einer von ihnen. In den USA sei das etwas anderes, für den Massenpro-test aus der Mitte der Gesellschaft heraus haben sie Respekt. Doch in Deutschland sind ihnen zu viele »Aluhüte« dabei, so nennen sie Verschwörungstheoretiker und andere verwirrte Gestalten. Andere Anons versuchten der Occupy-Bewegung dabei zu helfen, sich gegen die Vereinnahmung durch Rechtsextreme zu wehren. Sie richteten eine entsprechende Botschaft an die Adresse der NPD und sollen Websites der Partei zeitweise lahmgelegt haben. In Hamburg schafften es die Occupy-Anhänger immerhin, eine Rede von Deutsche-Bank-Chef Josef Ackermann zu stören. Bei

97 Occupy-Proteste in Deutschland: »Zeitgeist« ist unerwünscht, Felix Dachsel, Taz, 30.10.2011, http://www.taz.de/!80916/

seiner Rede vor der Hamburger Handelskammer am 24. November unterbrachen sie ihn mit Rufen und Pfiffen, bis er sie ans Mikrofon bat. Acht Aktivisten folgten der Aufforderung, zwei mit Grinsemaske. Diskutiert wurde dann doch nicht, weil Ackermann es ablehnte, eine vorbereite Erklärung von einem der Maskierten zu hören. Von anderen Anwesenden wurden sie beschimpft. Schließlich durften die Occupy-Störer am Ende von Ackermanns Rede eine Frage stellen, die dieser souverän mit Allgemeinplätzen beantwortete – Punktsieg für Ackermann.

Anonymous trat in den USA im Zusammenhang mit der Occupy-Bewegung vor allem als Internet-Unterstützungskommando auf, zum Teil wurden Website-Blockaden angekündigt und wohl auch ausgeführt, das Weitertragen von Nachrichten und Aufrufen war die Hauptaufgabe der Anonymen. So ermittelten sie den Namen und Dienstgrad des Polizisten, der die jungen Frauen in New York im September mit Pfefferspray attackiert hatte. Anonymous veröffentlichte außerdem weitere Dossiers über Polizisten und Bankmanager, sogenannte Dox. Auch nach einem weiteren Zwischenfall mit Pfefferspray wurde das Kollektiv aktiv. Studenten der University of California protestierten am 18. November und besetzten einen Weg auf dem Campus. Die Campuspolizei der Universität schritt ein – und als sich eine Gruppe friedlich sitzender Studenten nicht fortbewegen wollte, griff ein stämmiger Polizist zum Pfefferspray und schoss, im Vorbeischlendern, den Studenten das giftige, orangefarbene Gemisch gezielt ins Gesicht.[98] Nun hat Pfefferspray mit dem Lebensmittel Pfeffer nicht besonders viel zu tun, es handelt sich trotz des Namens um einen Kampfstoff. Ein Video des fragwürdigen Einsatzes wurde umgehend auf YouTube veröffentlicht, und Anonymous machte es sich zur Aufgabe, die Identität auch dieses Polizisten herauszufinden. In Windeseile

98 Police pepper spraying and arresting students at UC Davis, 18.11.2011, http://youtu.be/WmJmmnMkuEM

war der Pfefferspray-Cop bloßgestellt. Nun wurden er und seine beiläufige Brutalität zum Mem gemacht. Zahlreiche Fotocollagen wurden erstellt, in denen der Polizist in berühmte Kunstwerke oder zeitgeschichtliche Aufnahmen hineinmontiert wurde.[99] Und die Produktseite des Pfeffersprays auf Amazon bekam eine ganze Reihe neuer Kundenrezensionen, die einem die Tränen in die Augen treiben, allerdings vor Lachen.[100]

> »Praktisches, tragbares Gemüse-Verteilungssystem. Schulen, Armentafel, Familienfeiern. Wenn es zu scharf wird, einfach mit ein paar Waterboarding-Sessions abwaschen.«

> »An dem College, an dem ich arbeitete, gibt es ein großes Problem mit Studenten, die ihre Meinung sagen. Wir dachten, dieses Spray würde dem ein Ende machen. Es hat zwar für etwas Unbehagen und medizinische Probleme gesorgt, aber sie nicht ruhiggestellt. Jetzt müssen wir wohl wieder zu Plan A greifen – und das College so teuer machen, dass sich es ohnehin keiner mehr leisten kann. Das ist wirklich schade, denn wir haben mehr für das Spray ausgegeben, als wir den meisten Lehrkräften zahlen.«

Zurückschlagen mit Web-Humor und Manipulation digitaler Öffentlichkeiten – hier gingen Chan-Kultur und sozial motivierter Protest nun eine fruchtbare Verbindung ein.

Eine weitere Unterstützungsaktion: Am 21. Oktober 2011 veröffentlichten Hacker im Namen von Anonymous mehr als 600 Megabyte Daten der International Association of Chiefs of Police (Icap), einen Tag vor deren Jahrestagung. Darunter waren interne Dokumente, Namen, Adressen und Sozialversicherungs-

---

99 Casually Pepper Spray Everything Cop, Know Your Meme, 20.11.2011, http://chzb.gr/ty1fLi

100 Defense Technology 56895 MK-9 Stream, Amazon Customer Reviews, http://goo.gl/Vn2s8

nummern. Außerdem dabei: 1000 Logindaten der Boston Police Patrolmen's Association und 1000 Namen, Adressen, Telefonnummern und Sozialversicherungsnummern von Polizisten in Alabama.[101] Fraglich ist allerdings, ob solche Aktionen einer friedlichen Protestbewegung wirklich helfen oder diese nicht vielmehr kriminalisieren und die Polizisten gegen die Demonstranten aufbringen.

Während die einen auf der Straße ihren Kopf hinhielten, lieferten andere über das Internet Unterstützung zu – so gesehen ist der Vergleich der Occupy-Bewegung mit den vom ägyptischen Tahrir-Platz ausgehenden Protesten gar nicht so falsch. Dennoch ist Occupy nicht der dritte, starke Arm von Anonymous, neben AnonNet und AnonOps. Im Gegenteil, die Anonymous-Operation »Empire State Rebellion« scheiterte, und in den Protestlagern spielte Anonymous praktisch keine Rolle, auch wenn einzelne Anons vor Ort stark involviert waren. So arbeiteten in New York Anonymous-Aktivisten daran mit, dass Fotos und Livebilder der Proteste ins Internet gelangten.[102] Mit Hilfe dezentral organisierter Medien sollten die Demonstranten ihre eigenen Geschichten erzählen können. Etwas abseits vom Zuccotti-Park wurde dazu eine Technikzentrale eingerichtet, ein kleiner Raum, vollgestellt mit Computern. Doch Occupy war von Anfang an breiter aufgestellt. Bei der Bewegung haben Teile von Anonymous mitgemacht, es war nicht per se eine Aktion, die von Anonymous geplant wurde. Zu wenig *lulz*, alles zu ernst in den Protestcamps für Anonymous. Zu den *moralfags* gesellten sich die *groundfags*, jene Anons, die nicht nur öffentlich im Netz Position bezogen, sondern sich zu den Occupy-Aktivisten in die Camps begaben.

Eine Revolution wurde aus Occupy in den USA nicht: Am

101 Anonymous releases private police information in name of Occupy Wall Street, Meghan Kelly, Venture Beat, 21.10.2011, http://goo.gl/h4oXJ
102 Inside Occupy Wall Street's (Kinda) Secret Media HQ, Sean Captain, Wired, 16.11.2011, http://goo.gl/W6qPx

15. November 2011 löste die Polizei in New York das Camp auf, unter Ausschluss der Öffentlichkeit. Journalisten wurden daran gehindert, den Polizeieinsatz zu beobachten, Polizeihubschrauber drängten die TV-Helikopter gezielt ab. Polizisten räumten Occupy-Camps in Oakland, Chapel Hill, Portland, Salt Lake City, Denver, Burlington und St. Louis – diese Aktionen koordinierten unter anderem die US-Bundespolizei FBI und die Heimatschutzbehörde.[103] Am 10. Dezember 2011 wurde »Occupy Boston« nach 72 Tagen aufgelöst, Polizisten verfrachteten das Camp, die Zelte, Bücher, Grills und Garküchen an einem frühen Samstagmorgen in bereitstehende Müllwagen. Damit war auch eines der am längsten bestehenden Protestlager abgeräumt. Ohnehin hatten sich die Aktivisten überlegt – wiederum angestoßen vom »Adbusters«-Magazin –, wie man denn die harschen Wintermonate verbringen sollte. »Adbusters« hatte vorgeschlagen, nach Hause zu gehen und Kräfte für den Frühling zu sammeln. Ob Anonymous diesen langen Atem mitbringt? Beim »Projekt Chanology« gelang das, bei der »Operation Leakspin« nicht, da verloren die Aktivisten zwischenzeitlich das Interesse. Wie es bei der Occupy-Bewegung ausgeht, wird der Frühling 2012 zeigen.

»Wenn du ein Hacktivist bist oder einfach die Informationsfreiheit schützen möchtest, dann mach mit und vernichte Facebook, um deiner Privatsphäre willen. Facebook hat Daten an Regierungsbehörden und verdeckte Zugänge an Sicherheitsfirmen verkauft, damit sie Leute weltweit ausspionieren können.«[104]

Es passte alles so schön zusammen: Ein YouTube-Video mit Anonymous-Logo und Computerstimme, als Ziel ein großer Konzern, der Grund des Angriffs die Bedrohung der persönlichen Freiheit

103 Were this week's Occupy movement crackdowns a coordinated effort?, Nate Jones, Metro, 15.11.2011, http://goo.gl/GKfiC
104 http://youtu.be/Q6crH8qmyZ8

eines jeden Netzbürgers. Anonymous kündigte am 16. Juli 2011 die Zerstörung von Facebook an, dem mit gut 800 Millionen Nutzern größten sozialen Netzwerk des Webs. Am 5. November 2011, dem Guy-Fawkes-Day, sollte es so weit sein.

Nach Veröffentlichung dieses Aufrufs geschah dann ein paar Wochen lang erst mal gar nichts. Das Video wurde nicht besonders oft angeklickt, es verbreitete sich erst allmählich. Und das auch nicht über die sonst üblichen Kanäle, die zahlreichen Anonymous-Blogs und -Foren, sondern vor allem über die Medien. Denn als diese das Video schließlich entdeckten, zimmerten vor allem Boulevardblätter daraus schnell reißerische Meldungen. Auslöser dürfte die kurze Meldung einer Nachrichtenagentur gewesen sein, danach gab es kaum Halten mehr: »Super-Hacker wollen Facebook vernichten«, schrieb der Kölner »Express« am 9. August 2011, »zerstören« nannte es die »ComputerBild« einen Tag später. »Facebook wird vernichtet«, wusste das T-Online-Portal wiederum einen Tag darauf. Und am 5. November 2011 meldete T-Online dann völlig überraschend: »Anonymous hat Facebook nicht vernichtet.« Skandal! Dabei hatte Anonymous das doch versprochen! »Hier haben die Hacker den Mund wohl etwas zu voll genommen«, heißt es weiter in dem Artikel auf T-Online.

Worüber offenbar niemand vorher nachgedacht hatte: Wie soll eine lose Truppe von Aktivisten ein Netzwerk von 800 Millionen Nutzern »vernichten«, das von einem Unternehmen mit Milliarden-Umsatz betrieben wird? Es ist unwahrscheinlich, dass die Kapazitäten von Anonymous für eine DDoS-Attacke, selbst unter Zuhilfenahme von Botnets, ausreichen könnten, um Facebook in die Knie zu zwingen. Dazu betreibt Facebook zu viele Rechenzentren weltweit und ist an hohe Zugriffszahlen zu sehr gewöhnt. Jeden Tag werden zu Facebook beispielsweise 250 Millionen Fotos hochgeladen – die Betreiber haben mit hohem Datenaufkommen viel Erfahrung. Schon zuvor, bei der »Operation Payback«, war klar, dass die DDoS-Kapazitäten nicht für einen Angriff auf einen der großen Anbieter ausreichen würden. Einzelne Websites ließen sich so lahmlegen, aber Amazon, Google und Facebook waren außer Reichweite. Und ein Hacker-Angriff? Selbst wenn Anonymous-Anhänger eine Sicherheitslücke entdeckt hätten, wäre das Risiko geblieben, dass Facebook-Techniker sie in der Zeit bis zum 5. November entdecken würden. Und was hätten Angreifer ausrichten können, das nicht von Facebook vor der »Zerstörung« des sozialen Netzwerks entdeckt worden wäre? Davon abgesehen: Was war aus dem Grundkonsens von Anonymous geworden, keine Medien anzugreifen? Immerhin wird Facebook selbst von etlichen Anonymous-Anhängern genutzt, um Botschaften zu verbreiten und neue Anhänger anzuwerben.

Schon in der Vergangenheit hatte es Ankündigungen von Anonymous gegeben, Ankündigungen zu Aktionen, die im Rahmen des Machbaren lagen, aus denen dann aber trotzdem nichts wurde – einfach, weil jeder versuchen kann, im Namen von Anonymous eine Aktion loszutreten. Ausgerechnet bei der Facebook-Meldung schlugen etliche Medien an. Die Zerstörung von Facebook ergibt eben eine gute Überschrift. In den Chaträumen von Anonymous tauchten plötzlich Neulinge auf, angelockt durch die Berichte. Wo man denn mitmachen könne? Wann es denn losgehe? Genervte Anons reagierten mit einer neuen Botschaft:

»Eines ist euch vielleicht nicht ganz klar: Anonymous ist ein lose Vereinigung von Aktivisten, die für die Freiheit kämpfen. Vor allem im Netz. Was aber nicht zutrifft, ist, dass alle am selben Strang ziehen. Es gibt zum Beispiel welche, die unbedingt Facebook zerstören wollen. Das heißt aber nicht, dass alle das wollen. Ein Großteil der Gruppe distanziert sich von diesem Vorhaben.«[105]

105 http://youtu.be/56TZUdqaXYI

Über einen einflussreichen Twitter-Account, der von Anony-mous-Anhängern betrieben wird, wurde außerdem mitgeteilt: »Wir ziehen es vor, uns mit den echten Machthabern anzulegen, nicht mit den Medien, die wir selbst als Werkzeuge nutzen.« »Seid nicht albern«, wurden diejenigen ermahnt, die zur Facebook-Vernichtung aufriefen.

Andere Anons deuteten die Aktion um, riefen weiter zur »Ope-ration Facebook« auf, wollten unter dem Schlagwort aber einen Massen-Austritt aus dem Netzwerk initiieren oder eine Spamwel-le lostreten oder sogar beides. Wer sich die Mühe machte, in den Chatkanälen nachzufragen, wusste jedenfalls schnell: Facebook würde wohl eher nicht vernichtet werden. Nachdem Teile von Anonymous an der Aktion weiter festhielten und erklärten, Face-book solle wegen seiner Datensammelwut so stark wie möglich geschädigt werden, überall im Internet, fragte die »Taz« bei einem Aktivisten nach.[106] Was denn nun am 5. November sei? »Es kann sein, dass die Aktion riesengroß wird und Hunderttausende Facebook verlassen. Vielleicht schweigen aber auch die Vöglein im Walde.« Dazu muss man wissen, dass bei Facebook beispiels-weise im März 2011 jeden Tag 833.000 neue Mitglieder-Konten registriert wurden.

Am Guy-Fawkes-Day 2011 blieb es ruhig. Zehn Tage später, am 15. November, passierte dann tatsächlich etwas – von einer »Zer-störung« allerdings weit entfernt. Über manipulierte Klicks fraß sich ein Porno-Wurm durch das Facebook-Netz, findige Hacker hatten eine Sicherheitslücke entdeckt, über die sich den Nutzern JavaScript-Code unterschieben ließ. Wer leichtgläubig genug war, der Aufforderung in dieser Botschaft zu folgen und einen Codeschnipsel in die Adresszeile seines Browsers zu kopieren, veröffentlichte dann ohne weiteres Zutun selbst Pornobilder –

106 Anonymous-Aktivisten gegen Facebook: »Das Internet ist meine Front«, Alissa Staroub, Taz, 4.11.2011, http://www.taz.de/!81221/

und schickte die den Facebook-Freunden weiter, die vielleicht ähnlich leichtgläubig reagierten.

Die Facebook-Techniker arbeiteten mit Hochdruck daran, die Schwachstelle zu schließen. Doch das dauerte, und unterdessen verbreiteten sich die Bilder weiter. Einige der Fotos, Sex-Montagen mit Justin Bieber, erinnerten an 4chan-Humor. Dann wiederum enthielt der Spam zum Teil Links auf eine Website zum Thema »Laptops mieten« – Werbung also. Zu dem Angriff bekannte sich doch zunächst niemand, und das Gerücht, es handele sich dabei um den »Fawkes Virus« und Anonymous stecke dahinter, wurde von Unbekannten noch am selben Tag im Namen von Anonymous dementiert.

Während Anonymous-Anhänger sich in vielen Ländern der westlichen Welt ihren Kernthemen widmeten – Internetfreiheit, Urheberrecht oder einfach *lulz* –, während andere sich gegen die Auswüchse des Finanzkapitalismus stemmten, ging Anonymous in Südamerika einen anderen, noch deutlich ernsteren und gefährlicheren Weg: In Mexiko begannen Hacker einen Kampf gegen die Korruption und gerieten so mit den mörderischen und mächtigen Drogenkartellen der Region in Konflikt.

»Ihr habt einen großen Fehler gemacht, als ihr einen von uns entführt habt.«

Das Video ist nichts für Menschen mit schwachen Nerven. »Wir sind Anonymous«, heißt es zu Anfang, unterlegt mit einer stilisierten rotierenden Weltkugel, wie man sie aus Nachrichtensendungen rund um den Globus kennt. Dann aber folgen Bilder, die auf drastische Weise deutlich machen sollen, wie der Alltag in Mexiko heute aussieht: eine Hinrichtung mit Kettensäge, grauenvoll verstümmelte Leichen, von Drogenkartellen getötete Menschen.

Das Video macht die Regierung für das Leid und die grassierende Korruption im Land verantwortlich – und kündigt einen

Gegenschlag an. »Wir haben feststellen müssen, dass die Mexikaner alleingelassen wurden. Sie haben niemanden auf ihrer Seite, niemanden, an den sie glauben können.« Nun werde man etwas unternehmen, und zwar mit der Hilfe möglichst vieler Freiwilliger rund um den Globus, »die gesamte weltweite Hacker-Community« sei aufgerufen, »alle Regierungsbehörden in Mexiko rücksichtslos anzugreifen: ihre Websites, ihre E-Mails, ihre Server«. Dazwischen lächelt die Guy-Fawkes-Maske von Videoeinwänden in den Straßen einer namenlosen Stadt.

Das Video ist Teil einer Aktion, mit der Anonymous in Mexiko versuchen wollte, eine Besserung der katastrophalen Verhältnisse zu erreichen. Von Korruption ist darin die Rede, und es ist klar, dass nicht zuletzt die Zusammenarbeit mit den Drogenkartellen gemeint ist, deren blutiger Krieg Mexiko seit Jahren lähmt und quält. Seit die mexikanische Regierung den Drogenbanden im Jahr 2006 offiziell den Kampf angesagt hat, kamen im Drogenkrieg Schätzungen zufolge mehr als 45.000 Menschen ums Leben. Die Organisation Human Rights Watch spricht von einem Klima der Rechtlosigkeit, die Menschen übten aus Angst vor den Kartellen und ihren Unterstützern längst Selbstzensur.

Mindestens vier Menschen wurden im August und September 2011 offenbar von Kartellmitgliedern ermordet, weil sie die Drogenmafia öffentlich – im Netz – kritisiert hatten. »Das wird allen widerfahren, die merkwürdige Dinge im Netz veröffentlichen«, stand auf einem Pappschild, das auf einer Brücke in der Grenzstadt Nuevo Laredo am Rio Bravo gefunden wurde. Von der Brücke hingen zwei Leichen hinab. In Nuevo Laredo ereigneten sich weitere, nicht minder verstörende Morde. Zweimal wurden dort in den letzten Monaten des Jahres 2011 Menschen tot aufgefunden, eine Frau, die Journalistin María Macías Castro, und ein Mann. Beiden war der Kopf abgetrennt worden. Neben den Leichen wurden Schilder platziert, die nahelegten, dass die Opfer allzu kritisch über die Kartelle geschrieben hätten.

In einem der Fälle ist allerdings höchst zweifelhaft, ob es sich bei der Leiche tatsächlich um jenen »Rascatripas« handelte, der dem menschenverachtenden Pappschild zufolge »nicht verstanden hatte, dass man bestimmte Dinge nicht in Social Networks verbreiten sollte«. Vielleicht hatten die Kartell-Killer auch einfach ein anderes Opfer ausgewählt, gequält und ermordet, um für noch mehr Abschreckung zu sorgen.

Fakt ist: Wer sich in Mexiko online oder offline über die Kartelle und ihre mörderischen Methoden äußert, riskiert sein Leben. Die Polizeibehörden sind machtlos oder, das vermuten Aktivisten, korrupte Beamte arbeiten mit den Drogenbaronen zusammen. Je nach Region ist das eine oder andere der Fall. Die Menschenrechtsorganisation Human Rights Watch beklagte 2011 eine drastische Gewaltzunahme wegen des harten Vorgehens der mexikanischen Regierung gegen Drogenbanden. Die Zahl der Morde und Misshandlungen hätten ebenso zugenommen wie der Missbrauch von Gewalt durch Sicherheitskräfte. In den fünf vom Drogenkrieg am stärksten betroffenen Bundesstaaten hätten Sicherheitskräfte in mindestens 170 Fällen Foltermethoden angewendet. Zudem seien 39 Menschen spurlos verschwunden, während 24 weitere ohne gesetzliche Grundlage getötet worden seien. Human Rights Watch beruft sich auf Zeugenaussagen von rund 200 Menschen.

Die Menschen in weiten Teilen Mexikos leben in Angst – umso erstaunlicher war das Video, das einige lokale Anonymous-Aktivisten im Oktober 2011 ins Netz stellten. Dem für seine Brutalität berüchtigten Drogenkartell Los Zetas wurde darin unverhohlen gedroht. Wenn ein entführter Anonymous-Aktivist aus der Region Veracruz nicht unverzüglich freigelassen werde, drohe »Krieg«, heißt es in dem Clip.

Ein Aktivist, der eigenen Angaben zufolge dem inneren Kreis von Anonymous in Südamerika angehört, nennen wir ihn »Hacienda«, erklärte uns im Chat, dass tatsächlich ein dem Kollektiv verbundener junger Mann entführt worden war, vermutlich von den Zetas. Er habe sich an einem sogenannten »Paperstorm« beteiligt, also Flugblätter verteilt. Dabei sei es um den geplanten Neubau eines Sportstadions gegangen. Mehrere der Flugblatt-Verteiler seien entführt worden.

Man sei im Besitz umfangreicher Daten von Los-Zetas-Unterstützern und werde diese veröffentlichen, falls die Forderung nicht erfüllt werde. Es ging um Namen, Fotos und Adressen von Taxifahrern, Polizisten, Politikern und Journalisten, die angeblich als Zuträger für das Kartell arbeiteten. »Ihr habt einen großen Fehler gemacht, als ihr einen von uns entführt habt«, heißt es in dem Video weiter. Als Frist legten die Aktivisten den 5. November fest – wieder einmal der Guy-Fawkes-Day.

Um ihrer Forderung Nachdruck zu verleihen, gaben die Hacker gleich eine Kostprobe ihres Könnens. Sie knackten die Website des mexikanischen Politikers Gustavo Rosario Torres und hinterließen dort diese Anschuldigung: »Gustavo Rosario ist ein Zeta.« Rosario ist der ehemalige Oberste Staatsanwalt des mexikanischen Bundesstaats Tabasco.

Aktionen wie diese könnten für das Zetas-Kartell nicht nur peinlich, sondern für viele Menschen lebensgefährlich werden. Für verfeindete Kartelle wären derart enttarnte Mitglieder einfache Ziele – einmal ganz davon abgesehen, ob es sich bei den derart Beschuldigten wirklich um Zetas-Zuträger gehandelt hätte. Die anonyme Drohung verbreitete sich schlagartig im Netz und fand ein breites Medienecho. Ein Beamter der US-Drogenfahndung DEA sagte dem »Houston Chronicle«, die Kriminellen müssten die Drohung ernst nehmen. Rivalisierende Gruppen würden veröffentlichte Namen zu nutzen wissen. Allein in der Stadt Veracruz im Osten Mexikos waren im Monat zuvor 32 Leichen gefunden worden, eine Gruppe Paramilitärs namens »Matazetas« bekannte sich zu den Morden, sie sieht sich als bewaffneter Arm des Volkes und kämpft gegen die Drogenbanden.

Ein Frontalangriff auf eine vollkommen gesetzlose, zu Mord und Folter bereite Gruppe, von keiner Polizeigewalt im Zaum gehalten – hatte sich Anonymous diesmal übernommen? Auch in den IRC-Chaträumen und anderswo entstand nun eine hitzige Debatte über das Video und das weitere Vorgehen. Anonymous-Aktivisten bemühten sich, die »Operation Cartel« zu stoppen. So erklärten »Skill3r« und »Glyniss Paroubek« in der mexikanischen Zeitung »Milenio«, man werde die Aktion abblasen und nicht verantwortungslos Menschenleben gefährden. Gemeint waren damit die Personen, die enttarnt werden sollten.

Andere widersprachen. Unter anderem Barrett Brown, der öffentlich verkündete, einen Rückzug von dem Plan habe es nie gegeben. Es habe eine entsprechende Abstimmung gegeben, erklärte Brown. Einige der Aktivisten würden im Einflussgebiet der Zetas leben, unter anderem in Veracruz und Nuevo Leon – und hätten beschlossen, trotz allem weiterzumachen. Ein amerikanischer Mexiko-Experte des Strategieberatungsunternehmens Stratfor warnte daraufhin, es gebe Hinweise, dass die Drogenkartelle selbst Hacker für Online-Kriminalität beschäftigten. Es sei nur logisch, dass die Banden ihre Computerexperten einsetzen würden, um die Identität von Bloggern und Hackern zu ermitteln. Wer so aufgespürt wird, müsse damit rechnen, entführt, verletzt oder getötet zu werden. Würde bald der Besitz einer Guy-Fawkes-Maske in Mexiko nun zum lebensgefährlichen Risiko?

Anfang November 2011 dann die überraschende Nachricht: Der von dem Drogenkartell verschleppte Anonymous-Aktivist habe sich im IRC-Chat selbst gemeldet, nachdem er freigelassen wurde. »Hacienda«, der eigenen Angaben zufolge einer der Gründer des lateinamerikanischen Anonymous-Arms ist, sagte uns, der Mann habe sich im Chat als der Freigelassene zu erkennen gegeben und seine Identität mit Wissen über Namen und Ereignisse untermauert, das nur er besitzen konnte. Dann habe er eine Warnung weitergegeben: Wenn nun dennoch Namen oder andere

Informationen über Zuträger oder Angehörige des Zeta-Kartells veröffentlicht würden, würden zehn Mitglieder seiner Familie getötet. Das hätten seine Kidnapper ihm angedroht. Im Blog »Anonymous Iberoamerica« wurde berichtet, die Zetas hätten gedroht, für jeden einzelnen veröffentlichten Namen zehn Menschen zu töten. Vier der fünf Entführten seien freigekommen, einer sei offenbar tot. Die mexikanischen Behörden äußerten sich nicht zu dem Fall und hatten bereits zuvor erklärt, keine Bestätigung für die Entführung des Anonymous-Aktivisten zu haben.

Die Freilassung betrachte man als Sieg, die angedrohte Veröffentlichung von inkriminierenden Informationen unterbleibe jetzt, so der Anonymous-Insider »Hacienda«. Ohnehin verfolge man eigentlich einen ganz anderen Plan: Unter dem Namen »OpCorrupcion« werde man demnächst in großem Stil die Korruption und die Verstrickung von Politik, Polizei und Behörden mit den Kartellen offenlegen. Man habe schon vor Monaten eine Datenbank mit E-Mails von Regierungsbeamten gehackt. Diese Zehntausende Mails umfassende Datenbank werde derzeit nach Hinweisen auf Korruption in Mexikos Verwaltung und Regierung untersucht.

Darin fänden sich auch Hinweise auf Kontakte von Beamten zum Zeta-Kartell. Nun werde man sich wieder auf das eigentliche Ziel konzentrieren, die Bloßstellung korrupter Regierungsmitglieder und Beamter. »Die Narcos waren nicht das Ziel«, so »Hacienda«.

Die E-Mails enthielten beispielsweise Hinweise, dass mexikanische Senatoren Geld angenommen hätten, um die Zahlenden vor Strafverfolgung zu schützen. Ende Dezember 2011 würden die Ergebnisse voraussichtlich veröffentlicht. Das zu Anfang dieses Kapitels zitierte Video mit den drastischen Bildern aus dem Drogenkrieg soll der Einstieg in eine neue Phase der Aktivitäten von OpCorrupcion sein, der Anonymous-Aktion gegen die Korruption in Mexiko. Es gehe darum, dem mexikanischen Volk das

Gefühl zu geben, »dass jemand auf ihrer Seite steht«, sagte uns »Hacienda«.

Eine sehr kleine Stichprobe der erbeuteten E-Mails, die wir einsehen konnten, deutet darauf hin, dass sich dort wirklich Hinweise auf Korruption finden lassen: Da ist von Zahlungen an ungenannte Personen die Rede, von Zahlungsempfängern, die »langsam nervös« würden, und von Personen, die dann endlich freigelassen werden könnten.

Anderswo beklagt sich ein Offizieller, dass seine Heimatstadt seit Monaten in der Hand einer bewaffneten Bande sei, die von niemandem aufgehalten würde. Die Ranch, auf der die Bewaffneten zeitweise residierten, sei auch schon von einer hochrangigen Vertreterin der Verwaltung besucht worden. Ob die E-Mails tatsächlich echt sind, war zunächst nicht zu überprüfen.

Kurz darauf aber legte OpCorrupcion nach. Am 11. November 2011 veröffentlichte die südamerikanische Anonymous-Gruppe einen ersten Satz E-Mails aus dem Hack der mexikanischen Regierungs- und Behördendatenbank. Es handelte sich um Beschwerdemails mexikanischer Bürger an ihre Abgeordneten. Diese E-Mails sind überwiegend keine Dokumente einer verzweifelten Bevölkerung, es geht um alltägliche Beschwerden, um Müll in den Straßen, um Jugendliche, die an Alkohol und Drogen herankommen, um Schlaglöcher. Einer aber schreibt beispielsweise: »Wenn ihr schon die Gewalt der Narcos nicht unterbinden könnt, warum verbieten wir dann nicht wenigstens die Stierkämpfe?«

Die Veröffentlichung ist wohl eher symbolisch zu verstehen: Seht her, wir haben tatsächlich E-Mails aus den Beständen der Behörden, wir wissen, was Politiker in diesem Land einander schreiben. Dies sei der erste Schritt von OpCorrupcion, kündigte »Hacienda« an. Der zweite werde bald folgen: die gezielte Publikation von Material, das korrupte Beamte und Politiker bloßstellt. Die Marke Anonymous bekäme damit eine neue Facette: der gezielte Kampf gegen Korruption in einem gebeutelten Land, nicht mehr mit Hilfe relativ kruder Protestmethoden wie DDoS-Attacken, sondern mit gezielten Hacks, aufwendigen Auswertungen von internen Dokumenten der Behörden. Anonymous goes WikiLeaks.

DDoS-Attacken hatte es in Mexiko zuvor durchaus gegeben. Am 15. September 2011, dem mexikanischen Unabhängigkeitstag, brachen mehrere Behördenwebsites unter massiven Attacken zusammen, darunter die Seite des mexikanischen Verteidigungsministeriums. Schon im Februar 2011 hatte es DDoS-Angriffe gegen die Website eines Radiosenders gegeben, weil der einer seiner eigenen Moderatorinnen ein Sendeverbot erteilt hatte. Der Grund: Weil die Journalistin auf Sendung laut über die Frage nachgedacht hatte, ob der mexikanische Präsident Felipe Calderón möglicherweise alkoholkrank sei, drohte ihr der Verlust ihres Jobs. Nach den Attacken und wütenden Protesten durfte Carmen Aristegui dann wieder auf Sendung.

Mittlerweile hat sich der digitale Protest in Mexiko offenbar weiter professionalisiert. In den für Aktionen in Lateinamerika reservierten IRC-Channels seien täglich etwa 100 Mitstreiter anzutreffen, in Spitzenzeiten bis zu 500. Insgesamt, schätzt »Hacienda«, der eigenen Angaben zufolge etwa 30 Jahre alt ist und seit Mitte der neunziger Jahre im Bereich Computersicherheit arbeitet, gebe es in Lateinamerika etwa 1500 Anonymous-Aktivisten. Er selbst gehöre zu den Gründungsmitgliedern der dortigen Aktivistengruppe. Die Aktionen des lateinamerikanischen Arms von Anonymous würden, in Zusammenarbeit mit Anons in Spanien, unter der Dachmarke »ibero« geführt. Diese Dachmarke stehe nun neben »OpMena« (unter diesem Namen werden die Aktionen für Iran, Syrien, Tunesien und andere Länder Nordafrikas zusammengefasst), »Operation Payback« und den »US Operations« – über Letztere könne Barret Brown uns mehr sagen. Gemeint ist wohl unter anderem die »Operation Darknet«, mit der Brown und seine Mitstreiter die Anbieter von Kinderpornografie bekämpfen wollen.

Diverse Aktionen hat es in Mexiko bereits gegeben, die Attacken gegen den Radiosender im Februar 2011 etwa liefen unter dem Codenamen OpTequila. Doch OpCorrupcion sei bislang das ambitionierteste Projekt, so der Aktivist. Seit Monaten sei eine Gruppe von 10 bis 15 Aktivisten damit beschäftigt, die Zehntausende von E-Mails aus Behördenbeständen zu analysieren, zu sortieren und nach inkriminierendem Material zu suchen.

Das Konzept von Anonymous, die Gesichtslosigkeit und Anonymität der Helfer, hat in einem Land wie Mexiko eine andere, wesentlich weiter gehende Bedeutung als anderswo. »In Europa und den USA wachen die Leute nicht jeden Morgen auf und fragen sich, ob sie wohl heute getötet werden«, sagt »Hacienda«. »In Lateinamerika ist dein Leben 25 Cent wert.« Doch die verzweifelte Lage der dortigen Aktivisten habe auch ihre Vorteile:

»Wenn man nichts mehr zu verlieren hat, hat man auch keine Probleme mehr, etwas zu unternehmen. Wir versuchen, das Bewusstsein zu verändern. Alle Menschen in Mexiko wissen über die Korruption Bescheid, das ist kein Geheimnis. Aber die Menschen haben Angst, darüber zu sprechen. Ich weiß nicht, wer du bist. Ich weiß nicht, ob du mich umbringen wirst. Warum sollte ich mein Leben riskieren? Ich weiß, dass es sein könnte, dass meine Tochter morgen vergewaltigt und ermordet wird. Deine aber nicht. Also gehe ich lieber um acht Uhr nach Hause und mache die Tür hinter mir zu. Wir müssen die Haltung der Menschen verändern. Das hier könnte der Zündfunke sein, um die Dinge zum Besseren zu wenden.«

In diesem Klima der Angst erscheint das Anonymous-Modell als ideale Alternative zum traditionellen, in dieser Situation aber eben lebensgefährlichen Protest gegen die herrschenden Verhältnisse. Ein weiterer sehr profilierter Hacker aus der Region mit dem Netz-Namen »Skill3r« wird im Buch »Revolution 3.0«[107] mit diesen Worten zitiert: »In Mexiko kannst du nicht auf die Straße gehen und gegen irgendetwas protestieren, weil du zusammengeschlagen oder für irgendetwas verantwortlich gemacht wirst.« »Skill3r« weiter: »Der einzige sichere Platz für uns Hacker ist das Internet. Hier sind wir alle anonym.«

Die Veröffentlichung der E-Mails, das Aufdecken von Korruption werde sicher keine Revolution auslösen, da ist der lateinamerikanische Aktivist »Hacienda« ganz Realist. Aber OpCorrupcion könne »ein weiteres Post-it-Zettelchen im Bewusstsein der Mexikaner« werden. In den lateinamerikanischen Ländern beginne gerade erste, »was in der arabischen Welt schon vor Jahren angefangen hat«.

Natürlich versuchten sich immer wieder Polizisten und andere Eindringlinge in die IRC-Kanäle der Aktivisten zu schmuggeln, sagt »Hacienda« und ergänzt seine Feststellung mit einem Witz: »Wir begrüßen sie mit Kakao und Doughnuts.« Dann aber wird er ernst und beginnt, über die Gefahren der IRC-Kanäle zu sprechen:

> »Wenn man hier (im IRC-Chat) so viel Zeit verbringt, werden die anderen hier mehr und mehr zu so etwas wie Familie. Dramen, Probleme und so weiter tauchen plötzlich auf. Und man fängt an, Informationen über sich selbst preiszugeben. Das ist ein Fehler, aber was soll man dagegen machen?«

Die meisten, mit denen er sich im Chat austausche, wüssten, wer er ist, sagt »Hacienda«. Viele davon habe er schon persönlich ge-

---

107 Revolution 3.0 – Die neuen Rebellen und ihre digitalen Waffen, Matthias Bernold und Sandra Larrisa Henaine, Xanthippe Verlag, 2011

troffen, aber von anderen, die er durchaus als kompetente Hacker einschätzt, kennt auch er nur den Netz-Spitznamen. »Aber ich vertraue ihnen. Weil wir jeden Tag zusammenarbeiten.« Zusammenarbeiten an Hacks? Nicht nur, sagt »Hacienda«. Und ergänzt dann einen Satz, der eines zeigt: Auch in Lateinamerika, auch im Angesicht echten Grauens und echter Gefahr, trotz allen am Ende doch sehr bürgerlichen Engagements für eine bessere Welt hat Anonymous seine anarchischen Wurzeln nicht aus den Augen verloren. »Es geht auch«, sagt er, »um unsere Troll-Momente für die *lulz*.«

Nachwort

Wie geht es weiter? Als wir diese Zeilen schreiben, im Januar 2012, sind die Protestcamps der Occupy-Bewegung geräumt. Die Masken sind vorerst aus den Städten verschwunden. In Winterstarre verharrt Anonymous trotzdem nicht. Am 25. Dezember 2011 hackten sich Unbekannte in die Server von Stratfor, einem Strategieberatungsunternehmen, das kostenpflichtige Newsletter und spezifische Analysen zu Sicherheitsthemen und globaler Politik anbietet. Zu den Abonnenten gehören Firmenvertreter, Militärs und Medien, darunter die U.S. Air Force, Apple und der »Spiegel«. Auch der Name eines der Autoren dieses Buches steht in der Datenbank, die geknackt wurde. Mehrere Tausend Namen, Adressen und Kreditkarteninformationen wurden kopiert. Offenbar hatten die Verantwortlichen bei Stratfor sie unverschlüsselt gespeichert. Angeblich hat Anonymous insgesamt 200 Gigabyte Daten entwenden können. Listen mit persönlichen Daten wurden veröffentlicht, unter den Betroffenen waren auch Angehörige britischer Geheimdienste. Einige der Datenklau-Opfer fanden Abbuchungen an Hilfsorganisationen auf ihren Kreditkarten-Abrechnungen – frohe Weihnachten vom Internet.[108] Eine Million Dollar sollte so umverteilt werden.

»Das ist sehr wahrscheinlich nicht das Werk von Anonymous«, hieß es in einer Mitteilung am selben Tag. Schließlich greife man keine Medienorganisationen an, und wer Stratfor als Teil des mi-

108 Hackers Strike Think Tank, AP via Wall Street Journal, 27.12.2011, http://on.wsj.com/vUPLNG

litärisch-industriellen Komplexes betrachte oder als Think Tank, habe seine Hausaufgaben nicht gemacht. Die Namen von Abonnenten eines Newsletters zu veröffentlichen sei etwas anderes als ihre Kreditkartendaten mit allen zum Missbrauch nötigen Informationen für jeden Interessenten frei verfügbar ins Netz zu stellen. Barrett Brown rechtfertigte den Angriff hingegen. Zwar sei Stratfor kein großes, hochkarätiges Ziel, die Kundenliste aber dennoch von Interesse. Dass dabei »so einfach« Kreditkartendaten gefunden werden würden, habe man nun wirklich nicht ahnen können. Der Stratfor-Leak, der in seiner Ausführung an LulzSec erinnert, war innerhalb des Kollektivs umstritten. Auch von der deutschen Piratenpartei gab es Kritik: »Ich habe beispielsweise Verständnis dafür, wenn Greenpeace ein Transparent aufhängt. Wenn sie dazu aber eine Scheibe einschlagen, ist das nicht in Ordnung«, sagte Parteichef Sebastian Nerz.

Ebenfalls zu Weihnachten 2011 wurde »Nazi-Leaks« gestartet, eine Website, auf der Namen und Adressen von echten oder angeblichen Neonazi-Sympathisanten gesammelt werden. Dahinter stand die »Operation Blitzkrieg«, initiiert von linksstehenden Anonymous-Anhängern. Die Daten waren alt, standen aber bisher nicht in gesammelter Form zur Verfügung. Bereits bei einer Aktion im November, der »Operation Darknet«, bei der es gegen mutmaßliche Pädokriminelle ging, waren Namen und Adressen veröffentlicht worden. Die radikale Methode des öffentlichen Internet-Prangers passt zu Anonymous – verschreckt aber jene, die sich dem Kollektiv in der Hoffnung angeschlossen haben, hier so etwas wie die politisch aufgeweckte und zu leichterem Ungehorsam bereite Netz-Öffentlichkeit entdeckt zu haben. Auch manche Forscher und Journalisten müssen feststellen, dass ihr neuer Robin Hood launisch ist und im Zweifelsfall auch mal zuschlägt, ohne sich um die guten Sitten zu kümmern. Dieser Robin Hood ist bereit, für die tatsächlich oder vermeintlich gute Sache Gesetze zu brechen und Grenzen zu überschreiten – oder auch nur für die *lulz*.

Die Idee einer amorphen, gesichtslosen Bewegung von Informations-Anarchisten, der mit herkömmlichen Mitteln der Strafverfolgung nur schwer beizukommen ist, wird kaum mehr wegzukriegen sein aus dem Netz. Nur die totale Kontrolle und Überwachung des Internets, wie sie China anstrebt und die arabische Despoten letztlich erfolglos erreichen wollten, könnte daran etwas ändern. Solange das supranationale Gebilde Internet aber in dieser Form weiter existiert, wird es etwas wie Anonymous weiterhin geben – auch wenn sich die Aktivisten womöglich neue Wege werden suchen müssen, um anonym zu bleiben, und neue Taktiken, um aufzufallen und anzuecken.

Sie werden bleiben – nicht zuletzt weil das öffentliche Bild von Hackern sich wandelt. Zumindest in Deutschland gibt es in der Öffentlichkeit ein wachsendes Bewusstsein dafür, dass die Technik-Kenner mit ihrer Kritik an biometrischen Pässen, Wahlcomputern und Vorratsdatenspeicherung womöglich richtig liegen und nicht eine Regierung, die von absolut sicheren Systemen ohne jede Möglichkeit des Missbrauchs schwärmt.

Auch die Rolle des Internets im Arabischen Frühling hat das Web einer notorisch fortschrittsängstlichen Öffentlichkeit ein Stück sympathischer gemacht.

»Wer das Netz zensiert, verliert«, das ist nicht nur eine Botschaft, die von Anonymous stammen könnte, sondern eine Twitter-Meldung der »Digitalen Gesellschaft«, einer Berliner Internetnutzer-Lobby, deren Vertreter regelmäßig mit Politikern und Beamten zusammensitzen – ganz legal. Internet-Veteran Richard Stallman findet Anonymous schon ganz normal. Es sei eine logische Konsequenz: Menschen suchen sich Mittel und Wege, um zu protestieren. In der physischen Welt können sie Einkaufszentren stürmen und Straßen besetzen, schrieb er schon im Dezember 2010.[109] Im

109 The Anonymous WikiLeaks protests are a mass demo against control, Richard Stallman, Guardian, 17.12.2010, http://gu.com/p/2yq52/tw

Internet sehen die Methoden eben anders aus, da sind massenhafte Abfragen der neue, seiner Ansicht nach legitime Protest. Und die illegalen Hacker-Angriffe einiger selbsternannter Rächer diskreditieren nicht gleich die gesamte Bewegung.

Wie Anonymous in ein paar Monaten oder in einem Jahr aussehen wird, lässt sich kaum vorhersagen. Fraglich ist, ob das Kollektiv Institutionen ausbildet, so wie soziale Bewegungen schließlich Gewerkschaften hervorgebracht haben oder wie die Fürsprecher Freier Software sich organisiert haben. Bisher sind Versuche in dieser Richtung mehr oder weniger gescheitert, sieht man einmal von AnonOps ab, dem Chatnetzwerk, von dem nach wie vor viele Anonymous-Operationen ausgehen. Doch selbst wenn der Name »Anonymous« nicht fällt, sind die vom Kollektiv erprobten Mittel und Wege nun da und können von Gruppen genutzt werden, die sich um die Belange des Netzes kümmern.

Sicher ist eins: Wir werden uns an Anonymous gewöhnen müssen. Vielleicht verschwindet die Grinsemaske – den Hamburger Anons etwa gefällt der Rummel um dieses Symbol immer weniger. Von zu vielen wird sie mittlerweile verwendet, aufgeladen mit zu viel Bedeutung. Pseudonyme würde man schließlich auch einfach wechseln, darin habe man Übung. Man solle die Maske nicht überbewerten. Was bleibt, sind die *lulz* und der unbedingte Kampf für Netz-Freiheit, bei dem die Hacker-Ethik, die Kerngedanken von WikiLeaks und die von Anonymous verschmelzen.

Etwas ist den Internet-Trollen dann aber doch ans Herz gewachsen. Es ist ihre Beschwörungsformel, und solange die existiert, ist es noch nicht vorbei: »We are Anonymous. We are Legion. We do not forgive. We do not forget. Expect us.«

Aktuelle Entwicklungen lesen Sie auf SPIEGEL ONLINE: http://www.spiegel.de/thema/anonymous/

Glossar

4chan: Größtes englischsprachiges *imageboard*, 2003 von Christopher »moot« Poole nach japanischem Vorbild gegründet. Im Gegensatz zum später gegründeten Facebook setzt 4chan auf anonyme Nutzung. Das macht die Seite roher, oft lustiger, aber kommerziell schwer verwertbar.

Anon: So bezeichnen sich die Anonymous-Anhänger selbst. Mehrere Aktivisten heißen Anons. Als Abkürzung für Anonymous wird Anon in den Namen von Chaträumen, Blogs und Twitter-Kanälen verwendet.

/b/: Das bekannteste *board* von 4chan, nach einer verbreiteten aber drastischen Charakterisierung das »Arschloch des Internets«, in dem bis auf Kinderpornografie zu jeder beliebigen Tageszeit wirklich alles zu finden ist. Ursprungsort vieler Internet-Meme. Regelmäßige Nutzer bezeichnen sich selbst als */b/tards,* in Anlehnung an *retards* und *bastards.*

Bernd: Auf 4chan ist jeder »Anonymous«, beim deutschen Ableger Krautchan heißen alle Nutzer standardmäßig »Bernd«.

Bittorrent: Ein dezentrales Netzwerk zum Austausch von Dateien, in vielen Fällen Raubkopien. Wer etwas aus dem Netz herunterlädt, stellt es standardmäßig anderen Nutzern zur Verfügung. Um die über das Netz verteilten Teile einer Datei aufzuspüren, muss man mit Hilfe einer Bittorrent-Software Kontakt zu einem sogenannten *Tracker* aufnehmen. Die .torrent-Dateien, die mehrere Besitzer der gleichen Datei miteinander verbinden kann, bekommt man von einem Verzeichnis wie »The Pirate Bay«. Wenn Anonymous oder Hacker Daten »ins Netz stellen«, dann oft in Form von Torrents.

Chan: Sammelbegriff für einfache Webforen, sogenannte *image-boards*, auf denen anonym diskutiert werden kann und auf denen Bilder und kleine Dateien getauscht werden. Die Unterforen heißen *boards*. Bekanntestes Beispiel ist 4chan.

DoS, DDoS: Bei einer »Denial of Service«-Attacke wird ein Webserver mit massenhaften Abfragen lahmgelegt. Bei einer »Distributed Denial of Service«-Attacke verfügen die Angreifer über eine Vielzahl, oft Hunderte oder Tausende, ferngesteuerte Rechner. Die Besitzer wissen davon meist nichts, ihre Rechner wurden von Trojanern infiziert. So eine Zombie-Armee heißt *botnet*.

Dox: Eine Textdatei mit persönlichen Informationen über eine Person. In harmloseren Fällen eine Sammlung aus öffentlich zugänglichen Quellen, manchmal aber auch durch aufwendige Recherchen und/oder Datendiebstähle angereichert. Das Zusammenstellen so eines Dokuments wird *doxing* genannt.

Ebaum's World: Eine 2001 gegründete kommerzielle Entertainment-Plattform. Weniger bis gar nicht auf Profit ausgerichtete Blogs und Foren sind auf die kommerziellen Witz-Ausbeuter nicht gut zu sprechen. In den Anfangsjahren von Anonymous wurden Aktionen oft dieser Seite zugeschrieben, um nicht auf 4chan aufmerksam zu machen.

Encyclopædia Dramatica: Die Wikipedia der Chan-Kultur, wird maßgeblich von */b/tards* selbst gefüllt.

Epic: Wichtiges Adjektiv der Chan-Kultur und Anonymous-Sprache. Wenn sich eine Aktion oder ein Vorfall nicht als *epic win* oder *epic fail* klassifizieren lässt, ist wohl etwas schiefgelaufen.

Fag: Als *fag,* »Schwuchtel«, wird auf 4chan praktisch jeder beschimpft, auch ohne konkreten Anlass. Teil der pubertären Schockstrategie. Neuankömmlinge, im Internet sonst *newbies* genannt, heißen dort *newfags*. Wer Anonymous für eine positive Aktion gewinnen will, ist ein *moralfag*.

Hive: Das englische Wort für »Bienenstock« bezeichnet das angebliche Bewusstsein des Anonymous-Kollektivs. *Hivemind* heißt außerdem eine Funktion der DDoS-Software Loic, bei der diese auf zentral erteilte Befehle wartet.

Internet rules: Eine lose Sammlung von mehr oder weniger widersprüchlichen Regeln der Chan-Kultur.

Leak: Informationen, die eigentlich nicht für die Öffentlichkeit bestimmt waren und durch *social engineering* oder einen Hacker-Angriff ihren Weg ins Web finden. Bekannt geworden durch die Plattform WikiLeaks und diverse Ableger wie NaziLeaks.

Lulz: Wörtlich »Lacher«, maßgebliche Motivation von Anonymous neben Internet-Freiheit. In Anlehnung an die im Web gebräuchliche Abkürzung *lol* für *laughing out loud*.

Mem: Ein Internet-Mem ist ein Witz, ein Bild, eine Formulierung, eine Idee, ein Spruch. Er pflanzt sich im Web fort wie biologische Gene. Die kaskadische Form der Informationsverbreitung im Web hat dem Phänomen des spontanen Internet-Hypes ein perfektes Biotop geschaffen. Auch ein Jahre altes Video von einem lachenden Pinguin kann urplötzlich innerhalb weniger Stunden ein Millionenpublikum erreichen.

OP: In Internet-Foren eine Abkürzung für *original poster*, also denjenigen, der den ersten Beitrag in einem Diskussionsstrang erstellt hat. In der Schreibweise »Op« außerdem die Abkürzung für Operation, wie etwa »Operation Payback«.

Partyvan: Ausdruck aus der Chan-Kultur für die US-Bundespolizei FBI. Wenn der Partyvan erst vor der Haustür steht, ist der Spaß vorbei.

Pseudonym: Der Name, den sich ein Internet-Nutzer anstelle seines bürgerlichen gibt.

Proxy: Ein Proxy ist eine Zwischenstation, über die sich ein Nutzer mit dem Internet oder einem anderen Netzwerk verbindet. Kann eingesetzt werden, um die eigene Identität zu verschleiern, dazu existieren diverse kommerzielle Anbieter. Wenn die Polizei kommt, ist es mit der Anonymität dann oft trotzdem vorbei. Abhilfe schafft das nicht-kommerzielle TOR-Netzwerk, ein relativ abhörsicheres Netzwerk aus hintereinandergeschalteten Proxy-Servern. TOR steht, des Zwiebel-Prinzips der verschachtelten Schichten wegen, für »The Onion Router«.

Raid: In der Anonymous-Sprache ein Überfall.

Script kiddies: Spottbezeichnung für Möchtegern-Hacker, denen es an technischen Fähigkeiten mangelt und die deshalb auf vorgefertigte Tools oder Anleitungen zurückgreifen müssen.

Troll: Jemand, der nervt und provoziert, gerne aus dem Schutz der Anonymität heraus. Wird auch als Verb verwendet: Anonymous trollt Scientology. Wer Trolle nicht ignoriert oder konsequent aussperrt, sondern sich mit ihnen abgibt, hat schon verloren: »Don't feed the trolls.«

Zeitleiste

1. Oktober 2003: Christoper Poole startet unter dem Pseudonym »moot« das Webforum 4chan. Standardmäßig schreibt jeder Nutzer seine Beiträge als »Anonymous«. Ein Jahr später gründet Mark Zuckerberg Facebook.

12. Juli 2006: Überfall auf »Habbo Hotel«, der erste *raid* der 4chan-Nutzer, der Unbeteiligte trifft. Ein *epic win*.

22. Oktober 2006: Ein 4chan-Nutzer droht mit Bombenanschlägen auf Stadien, schafft es damit in die Nachrichten, gewinnt eine Wette und bekommt Besuch von der Polizei.

12. Dezember 2006: Ältester bekannter *caturday*-Thread auf 4chan, im darauffolgenden Jahr wird »I Can Has Cheezburger« geboren. Anonymous verteidigt seitdem Katzen gegen Tierquäler. Mit allen Mitteln.

20. Dezember 2006: Erster Hal-Tuner-*raid*, Anonymous legt sich mit einem rassistischen Radiomoderator an. Das ist lustig und trifft jemanden, der ohnehin unbeliebt ist. Erste *moralfag* Vorwürfe.

21. Juli 2007: »Voldemort tötet Snape«, zur Veröffentlichung des letzten Bandes von »Harry Potter« trollen 4chan-Nutzer die nachts vor den Buchläden wartenden Fans.

26. Juli 2007: Ein Fox-Sender berichtet im US-Fernsehen atemlos über »Hackers on Steroids«, spätestens seitdem ist Anonymous über die 4chan-Grenzen hinaus bekannt.

14. Januar 2008: Ein internes Scientology-Video mit Tom Cruise in der Hauptrolle wird im Netz veröffentlicht, Scientology wehrt sich und lernt den Streisand-Effekt kennen. Einen Tag später ruft ein Anonymous-Anhänger auf 4chan zum Protest gegen die Sekte auf.

10. Februar 2008: Rund 5500 Anons demonstrieren ganz in echt in mehreren Städten gegen Scientology, von da an finden die Proteste einmal im Monat statt.

25. März 2008: WikiLeaks veröffentlicht eine Sammlung mit Scientology-Dokumenten.

10. Juli 2008: Ein Hakenkreuz führt die Liste der aktuell am meisten gesuchten Begriffe bei Google an – dank 4chan.

16. September 2008: Sarah Palins private E-Mails werden veröffentlicht

3. Oktober 2008: Die Apple-Aktie bricht nach einer Falschmeldung kurzzeitig ein.

10. Februar 2009: In Australien protestieren Anons gegen geplante Internet-Zensur, »Operation Titstorm«.

Juni 2009: Im Webforum »Why We Protest« wird ein Bereich eingerichtet, in dem Netz-Hilfsaktionen für die iranische Opposition verabredet werden.

26. Juli 2009: Der große US-Provider AT&T blockiert zum Teil den Zugriff auf 4chan.

9. September 2009: DDoS-Attacke auf die Website des australischen Premierministers – aus Protest gegen die Einführung von Internetsperren.

18. November 2009: Dmitriy G. wird wegen der DDoS-Angriffe auf die Website von Scientology im Januar 2008 zu einer Gefängnisstrafe verurteilt – weitere Verurteilungen folgen.

17. September 2010: »Operation Payback« startet.

8. Dezember 2010: Unterstützung für WikiLeaks.

2. Januar 2011: Anonymous unterstützt die Aufständischen des Arabischen Frühlings, zunächst in der »Operation Tunisia«, später auch in Ägypten und weiteren Ländern.

Januar 2011: Anonymous verbündet sich in den USA mit der »99 Prozent«-Bewegung, die gegen ökonomische Ungerechtigkeit protestiert.

4. Februar 2011: Der Chef der IT-Firma HBGary Federal kündigt an, Anonymous-Anführer bloßzustellen – als Antwort hackt Anonymous die Firma und veröffentlicht die Daten selbst.

16. April 2011: Das Playstation-Netzwerk von Sony bricht zusammen, Anonymous protestiert mit der Aktion gegen das Vorgehen des Konzerns gegen Hacker. In der Folge haben Unbekannte Zugriff auf mehr als 100 Millionen Kundendaten – Anonymous bestreitet, damit etwas zu tun zu haben.

15. Mai 2011: Massenproteste in Spanien wegen hoher Jugendarbeitslosigkeit – zum Teil mit Anonymous-Masken.

Mai und Juni 2011: 50 Tage lang unterhält die Hacker-Gruppe LulzSec ihr Publikum mit immer neuen Einbrüchen und Datendiebstählen. Am 20. Juni wird die »Operation AntiSec« in Zusammenarbeit mit Anonymous angekündigt.

Juli 2011: Das Magazin »Adbusters« ruft zur Besetzung der Wall Street auf, die »Occupy«-Bewegung ist geboren. Anonymous unterstützt den Aufruf.

8. August 2011: Die Website des syrischen Verteidigungsministeriums wird von Anonymous-Anhängern gehackt.

August 2011: Anonymous wolle Facebook vernichten, schreiben Nachrichtenseiten aufgeregt. Die Aktion, für den 5. November angekündigt, fällt allerdings aus.

Oktober 2011: Anonymous legt sich mit Drogenkartellen in Mexiko an, nachdem angeblich Mitstreiter entführt worden waren.

15. Oktober 2011: Im Zuge der »Operation Darknet« enttarnt Anonymous mutmaßliche Pädophile, die im Internet Kinderpornografie getauscht haben sollen.

17. September 2011: Erste »Occupy«-Proteste an der Wall Street.

15. November 2011: Die New Yorker Polizei löst das Occupy-Camp auf, in Dutzenden US-Städten passiert ähnliches.

23. Dezember 2011: Anonymous startet »Nazi-Leaks«, eine Plattform, auf der die Kontaktdaten von angeblichen Neonazi-Anhängern gesammelt werden.

Literatur

Über Anonymous gibt es bisher vergleichsweise wenig ausführliche Betrachtungen. Die folgenden Autoren haben uns dabei geholfen, Anonymous besser zu verstehen:

- Epic Win for Anonymous: How 4chan's Army Conquered the Web, Cole Stryker, September 2011, The Overlook Press
- 4chan's Chaos Theory, Vanessa Grigoriadis, Vanity Fair, April 2011, http://goo.gl/nmWT4
- They're watching. And they can bring you down, Joseph Menn, Financial Times, 23. September 2011, http://on.ft.com/pZVtLp
- Inside the Anonymous Army of ›Hacktivist‹ Attackers, Cassell Bryan-Low und Siobhan Goman, Wall Street Journal, 23. Juni 2011, http://goo.gl/QINXx
- The Real Role Of Anonymous In Occupy Wall Street, Sean Captain, Fast Company, 17. Oktober 2011, http://goo.gl/a6IDX
- Is it a Crime? The Transgressive Politics of Hacking in Anonymous, Gabriella Coleman und Michael Ralph, OWNI.eu, Oktober 2011, http://goo.gl/tIvn5
- Anonymous: From the Lulz to Collective Action, Gabriella Coleman, The New Everyday, April 2011, http://goo.gl/ODfu8
- Anonymous 101: Introduction to the Lulz, Quinn Norton, Wired, 8. November 2011, http://goo.gl/HwY21
- Barrett Brown is Anonymous, Tim Rogers, D Magazine, April 2011, http://goo.gl/x9C11
- Anonymous, Till Krause, Süddeutsche Zeitung Magazin, Mai 2011, http://goo.gl/4124y

Danksagung

Für geduldige Auskunft den zahlreichen wie namenlosen Anonymous-Anhängern, die wir in Chats und von Angesicht zu Angesicht getroffen haben, insbesondere den drei Hamburger Aktivisten sowie Gregg Housh und Barrett Brown. Für Analysen und Einschätzungen der Forscherin Gabriella Coleman, die wir auf der Re:publica in Berlin trafen, dem Comiczeichner Alan Moore, sowie unserem Kollegen Frank Patalong, der bereits 2009 über Anonymous berichtet hat. Für seine Geduld, während wir dieses Buch im November 2011 geschrieben haben, unserem Netzwelt-Kollegen Matthias Kremp. Für Anmerkungen und Fehlersuche Annika Stenzel und Ingeborg Stöcker.

Um die ganze Welt des
GOLDMANN-*Sachbuch*-Programms
kennenzulernen, besuchen Sie uns doch
im Internet unter:

www.goldmann-verlag.de

Dort können Sie
nach weiteren interessanten Büchern *stöbern*,
Näheres über unsere *Autoren* erfahren,
in *Leseproben* blättern, alle *Termine* zu Lesungen und
Events finden und den *Newsletter* mit interessanten
Neuigkeiten, Gewinnspielen etc. abonnieren.

Ein *Gesamtverzeichnis* aller Goldmann Bücher finden
Sie dort ebenfalls.

Sehen Sie sich auch unsere *Videos* auf YouTube an und
werden Sie ein *Facebook*-Fan des Goldmann Verlags!

www.goldmann-verlag.de
www.facebook.com/goldmannverlag